会社分割をきわめる

会社強靱化の新たな技法

弁護士　後藤　孝典［著］

発行　㊞民事法研究会

はしがき

中小規模企業が、明治以降初めて自ら力強く生きる道を切り拓くために使うことのできる法的道具を手に入れた、それが会社分割だったのです。本書は、この視点から、会社分割制度がどのような法的構造から中小規模企業の強靭化に役立つことが可能であるのかを究明します。そして、事実として、どのように中小規模企業が強靭に生き延びることに成功した事例があるかを検証します。

従来、金銭債権を扱うあらゆる教科書、書籍という書籍が、債権者平等の原則を高らかに称揚してきました。本書は、この債権者平等の原則に疑問を提示します。債務超過に陥った債務者会社が収益を上げ債権者に弁済しようとするとき、金融債権は営業債権に後れることこそ正義ではないかと考えるからです。本書は、この理を基礎づける論理と、その考え方の正当性を具体的な事例をもって提示します。

平成13年に初めて商法に会社分割が登場した時点では、強烈に円高圧力をかけるアメリカに抗することもできず、日本経済はバブル経済崩壊に落ち込んでいました。これを解きほぐし、過剰な不良債権債務を早急に処理して銀行に健全性を取り戻し、早急に日本経済を回復する方法の一環として会社分割が導入されたのです。まず、三大銀行が衰弱した自分自身の事業再編成のために利用しました。上場している大手建設企業が過剰な債務と営業目的で買い込んだ不動産を本業から切り離すために、会社分割を利用しました。

次いで、営業活動は継続しつつ金融負債を分割会社に残留させ、稼得能力がある資産、生産設備、労働力は分割承継会社に移転して、会社を再生させる技術として使う方法が提唱されました。この方法は、債権者は不良債権を税法上の損金として処理することができ、債務者も不良債務を無税で処理できる方法でした。これが、「会社分割」シリーズ（かんき出版）で私が提唱した道でした。次いで経済産業省が、第二会社方式という呼称で、企業の事業再生手法として推奨しました。その後、会社分割を民事再生申立て、競争入札と連動して活用する新しい手法が登場しました。私が最も力を入れて提唱した手法です。

ところが、第二次安倍内閣が登場した平成25年春頃から、経済環境は回復するかに見え、倒産事件は減少し始めました。破産事件も、民事再生事件も、会社更生事件もはっきりと減少傾向を見せ始め、会社更生事件に至っては、平成28年には全国でただ１件だけでした。この傾向が顕著になるにつれて、会社分割を企業再生の手段として利用する件数も減少してきました。

しかし安倍内閣は、こともあろうに現実に進行している経済はデフレであるのに消費税を増税しました。蓄積された日本の巨富は国内に投資する道を見つけることもできず、外国への投資に向かい、日本の海外余剰資金は1800兆円を超えるまでになり、日本は絵に描いたように長いデフレ時代に入り込み、蛇の生殺しのような国力の低落傾向から脱却できません。

この大勢に抗して法人税法における会社分割の位置づけが、せめてもの事業活性化に貢献したいと願ってのことでしょう、適格組織再編が経済活動を刺激する方向へと変わってきました。平成29年度法人税法改正では適格会社分割から事業継続要件が大幅に緩和され、それとともに、株式交換、全部取得条項付種類株式、株式併合、株式売渡請求のそれぞれを使って一挙に少数派株主を社外に追い出し、最大株主をつくる適格要件の手法が導入されました（適格株式交換等――法人税法２条12号の16・12号の17。平成29年10月１日施行)。いずれも、端株処理とを併せ用いる手法です。

それだけでなく、スピンオフが適格の仲間入りしました。適格スピンオフは、株主は変わらないのに、会社のボディを二つに分けることができる技術です。加えて、有償なのに適格というスプリットオフが認められるようになりました。スプリットオフとは、会社のボディが同じのまま、その株主を替えてしまうことができる技術です。これで会社の一部を第三者に税法適格で売却できるようになったのです。分割後に売却すれば非適格になると思い込んでいた税法学徒にとって、これは適格の概念を引っくり返す大変革でした。

農業協同組合法と医療法が改正になり、営業会社ではない農業協同組合にも、医療法人にも、会社分割を利用できる恩沢が及ぶようになりました。日本経済の生産性向上実現のため、会社ではない組織体にも会社分割の手法を用いて経済合理性を追求しようとするものです。

ところが、これら会社分割法制の進展につれて、法人税法がわかりにくくなってきました。これら会社分割法制の進展が、会社法の改正によって実現したのではなく、法人税法の改正だけによって実現させようとしたことから生じた無理が原因です。会社法と法人税法との整合性が崩れ始めたのです。

平成29年6月に民法の改正法（債権関係）が公布され、債務引受、債権譲渡の法的構造、性格が明瞭になってきました。このおかげで、会社分割の技法の原理部分が堅牢になったといえるでしょう。

日本経済の発展のためには、科学技術向上による産業生産の効率性向上が死活的に重要です。それに、法経済的手法による生産効率性の向上も重要です。あわせて、法的税法的技術による生産効率の向上を軽く考えることはできません。本書は、このような認識の下に、会社分割法制が導入されて以降、約18年の道のりを振り返り、会社分割手法の普遍的有用性を確認したうえで、会社分割の新しい利用方法を提案します。

本書の校正を終えた令和元年11月現在、中国を震源地として、日本経済だけでなく、世界的に大きな経済不況が襲ってくる兆しがあります。不況になれば、債務者企業の再生のための技法が要請されます。本書はこのような社会的要請に備えようとするものです。

本書が中小規模企業の生命力の強化に役立つことに少しでも貢献できればと願ってやみません。

令和元年11月

弁護士　後　藤　孝　典

『会社分割をきわめる』

目　次

第Ⅰ部　会社分割制度の社会的意義の変遷

第1章　会社分割法制を必要とした時代背景……………2

1　危険の輪郭 ……………………………………………………2

2　貧弱すぎる倒産処理方法…………………………………………3

3　債務者のためではない、債権者のための不良債権処理…………4

4　跛行的民事再生法の登場…………………………………………5

第2章　会社分割の登場 ……………………………………7

1　債権者は無税償却、債務者は黙って従え ……………………7

2　金融債権と営業債権の違いの無視 ……………………………9

(1)　事業経営者から見た二つの債権……………………………9

(2)　金融債権者の権利実行を阻止するために…………………10

3　会社分割と民事再生申立て ……………………………………10

4　資産の移転が詐害行為か…………………………………………12

(1)　最高裁判決への疑問…………………………………………12

(2)　新設会社分割における等価交換の原理……………………13

(3)　債権は害されたか……………………………………………14

5　会社分割と民事再生手続の結合 ………………………………15

6　会社法の改正 ……………………………………………………17

(1)　会社法改正の理由……………………………………………17

(A)　ある案件にみる裁判所の理解 ……………………………17

(B)　会社法改正の経緯 ……………………………………………18

(C)　意味のない改正 ………………………………………………19

⑵　定着した会社分割……21
(A)　認知され評価された会社分割……21
(B)　債権者にとっても意味のある会社分割……22
7　倒産事件の減少……22
⑴　予想に反した倒産事件件数の減少……22
⑵　減少の理由は何か……23
8　新しい組織再編技術の登場……24
⑴　攻めに使う……24
⑵　新しい適格会社分割……25

第Ⅱ部　会社分割の基礎

第1章　会社分割の全体構造……28

1　資本から見た会社分割の分類……28
⑴　水平的組織再編……28
⑵　対等関係……29
2　分割対価から見た会社分割の分類……30
⑴　資本に対する支配の維持、喪失……30
⑵　新設分割……30
(A)　新設分割の意義……30
(B)　適格分割⑴……31
(C)　適格分割⑵……31
(D)　分社型分割⑴……32
(E)　分割型分割⑴（人的分割）……32
(F)　会社法上の分類と法人税法上の分類……33
(G)　法人税法と会社法の錯綜……34

(3)　吸収分割……35
(A)　吸収分割の意義……35
(B)　適格分割(3)……35
(C)　適格分割(4)……36
(D)　分社型分割(2)（物的吸収分割）……36
(E)　分割型分割(2)（人的吸収分割）……37
3　法人税法の考え方と会社法の考え方の違いの理由……37
4　会社法の世界観と法人税法の世界観の違い……38
(1)　物的分割・分社型分割、人的分割・分割型分割……38
(2)　分割対価資産（分割対価、対価）……39
(A)　分割対価資産の意義……39
(B)　法人税法における分割のとらえ方……39
〈図１〉　新設会社分割の基本図……40
〈図２〉　吸収会社分割の基本図……41
(C)　分割対価資産と法人税法……42
〈図３〉　法人税法上の「分割型分割」のイメージ（単独新設分割型分割）…42
5　法人税法上の会社分割……43
(1)　物的分割、人的分割……43
(2)　税法上の分類……44
(3)　剰余金の配当……45
(A)　剰余金の意義……45
(B)　剰余金に関する制限の不適用……46
(C)　剰余金の配当は株式分配……46
(D)　全部取得条項付種類株式との組み合わせ……46
(4)　株式平等原則……49
(A)　株式平等原則と属人株……49
(B)　名称の問題……50
(5)　適格分割、非適格分割……51

第２章　債務の承継（改正民法〈債権関係〉対応） …52

1　債務引受 ……52

(1)　債権者の承諾のない債務の承継 ……52

(A)「債権者の同意ない債務承継はあり得ない！」……52

(B)　条文の理解の仕方 ……53

(2)　免責的債務引受 ……53

(A)　民法の改正 ……53

(B)　二種類の債務引受 ……54

(C)　債務引受と債務の承継 ……55

(D)　求償権非発生 ……55

(E)　負債の出資 ……56

(F)　会社法上の会社分割による債務引受と改正民法上の債務引受との違い ……56

2　会社分割の偉観 ……57

(1)　抜け殻分割 ……57

(A)　抜け殻分割（合併類似分割型分割） ……57

(B)　分割会社の始末 ……60

(2)　債権譲渡との違い ……61

(A)　債務引受と債権譲渡 ……61

(B)　債権譲渡禁止特約 ……61

(C)　債権譲渡と債権の承継 ……62

(D)　債権譲渡の威力 ……63

(3)　事業譲渡 ……64

(A)　事業譲渡と会社分割 ……64

(B)　事業譲渡が選択される理由 ……67

(C)　事業譲渡の優位点 ……68

3　包括承継 ……69

(1)　**会社分割は何を分割するのか**……69
(2)　**事業の承継は要件**……70
(A)　承継する権利義務の規定は不可能……70
(B)　義務だけがある場合の分割……72
(C)　労働契約の承継……74
(D)　債務だけの承継……74
(E)　売買との区別……75
(F)　追加された適格分割手法……75
(G)　消費税等の税務上の扱い……76

第3章　分割できること、できないこと……79

1　ヒトを分割できるか……79
(1)　**役員は当然分割できる**……79
(2)　**従業員を分割できるか**……80
(A)　会社分割は従業員を分割すること「も」できる……80
(B)　会社分割は従業員を分割しない技術でもある……82
(3)　**株主を分割できるか**……83
(A)　株主を分割する技術……83
(B)　スプリットオフ……84
2　担保権を分割できるか……85
(1)　**銀行の会社分割**……85
(2)　**動産が担保になっている場合**……86
(3)　**株式の担保**……87
(4)　**抵当権はどうなるか**……89
(5)　**根抵当権は分割できるか**……92
(A)　根抵当権者の会社分割……92
(B)　根抵当債務者の会社分割……94
(6)　**連帯保証はどうなるか**……95

(A)　連帯保証の性質 …………………………………………95
(B)　連帯保証と債権者の会社分割 ……………………………96
(C)　主債務者の会社分割と連帯保証の命運 …………………97
(D)　主債務者の人的分割の場合 ………………………………98
(E)　分割異議は実務では？ ……………………………………99
(F)　連帯保証の免責 ……………………………………………100
3　医療法人は分割できるか……………………………………101
(1)　医療法人をめぐる組織再編法制…………………………101
(2)　医療法人の実態と法改正の矛盾…………………………103
(3)　医療法人の分割の特徴……………………………………104
4　農業協同組合（農協）は分割できるか ……………………104
(1)　農業協同組合への分割制度の導入………………………104
(2)　農業協同組合の分割の特徴………………………………105
(3)　会社法上の分割との相違…………………………………106

第4章　会社分割の「高級な」使い方 ……………………111

1　金銭対価なしで、他人の会社を手に入れる方法 …………111
(1)　吸収分割を重視せよ――企業統合方法として……………111
(A)　会社法と法人税法の関係 …………………………………111
(B)　デラウエア州会社法 ………………………………………112
(C)　組織再編技術の多様化と背景の哲学 ……………………113
(D)　アメリカ流の考え方 ………………………………………114
(E)　アメリカの対日本要求と会社法改正 ……………………115
(2)　三角合併より優れている三角吸収分割……………………116
(A)　三角吸収分割での対価自由化 ……………………………116
(B)　吸収分割の優れている点(1) ………………………………116
(C)　吸収分割の優れている点(2) ………………………………117
2　〈物語〉騙しの事業承継――会社分割と「一人会社」……………120

(1)　従業員に事業を承継させる…… 120
(2)　Ａ１たちの間違い…… 129
(A)　二重の一人会社 …… 129
(B)　Ｂ１らの誤解 …… 130
(C)　Ａ１の誤解 …… 131
〈図４〉　出資／物的分割と本事例の株式譲渡の考え方 …… 132
(3)　最高裁は「一人会社」に甘い…… 134
(A)　利益相反と「一人会社」 …… 134
(B)　会社が病的な段階の株主の発言力 …… 137
(C)　本事例で考えてみる …… 138
(4)　親族外事業承継…… 139
(5)　全株主が賛成している場合…… 141
(A)　株式の譲渡制限はあるが …… 141
(B)　何か見落としていないか …… 142
(C)　理不尽な要求をする心性貧困な者たちを排撃する…… 143

第Ⅲ部　「分割型分割」とは何か

第１章　会社分割の原理 …… 146
1　分割対価による等価交換の原理 …… 146
(1)　会社分割の原型は新設分割…… 146
ワンポイント①　合同会社も会社分割ができる…… 147
(2)　組織再編対価による等価交換の原理…… 147
ワンポイント②　資本金がなくても会社をつくれる…… 148
(3)　分割対価はどこへ行くのか～物的分割と人的分割～…… 148
(4)　平成29年度法人税法改正…… 149

ワンポイント③ 会社のエンジン…… 150
⑸ 吸収分割の場合…… 152
⑹ まとめ…… 152
2 包括的承継の原理…… 154
⑴ 包括的承継の意義…… 154
⑵ 事業の承継…… 156
⑶ 残存債務の扱い…… 156
⑷ 物権の承継…… 158
⑸ 債務の承継…… 158
⑹ 特定包括承継…… 159
⑺ 特定包括承継と分割計画書の意味…… 160
⑻ 特定包括承継と事業の承継…… 161
⑼ 会社分割の包括承継と相続・合併の包括承継の違い…… 163
⑽ 債務の移転と詐害行為…… 164
(A) 分割承継会社に移転する債務の履行の見込み…… 164
(B) 分割会社に残留する債務の価値…… 167

第２章 「剰余金の配当」の出現…… 172

1 人的分割の消滅…… 172
⑴ 人的分割から「剰余金の配当」へ…… 172
⑵ 分割承継会社の株式交付日…… 173
(A) 会社法では「成立の日」に…… 173
(B) 法人税法の規定との対比…… 174
(C) 分割エンジンと配当エンジン…… 175
(D) 剰余金の配当の「効力が生ずる日」…… 175
(E) 新設分割設立会社「成立の日」と剰余金の配当が「効力を生ずる日」は一致させられる…… 175
2 会社法と法人税法との不整合…… 176

(1)　**危うい出発点** …… 176
(2)　**「分割型分割」とは何か** …… 177
3　吸収分割と法人税法の適用 …… 178

第３章　法人税法の混乱、スピンオフの純化のために …… 180

1　会社法と法人税法との齟齬 …… 180
(1)　**会社法は法人税法に優越するのか** …… 180
(A)　会社の組織に関する規定は会社法が優先するはず …… 180
(B)　法人税法の規定の意味は？ …… 181
(2)　**会社分割と剰余金の配当との峻別** …… 182
(A)　法人税法の分割型分割の定義 …… 182
(B)　会社法の規定の構造 …… 183
(C)　エンジンは二つ！ …… 184
〈図５〉　平成28年度法人税法改正　直接交付型の分割型分割 …… 185
(3)　**「特定分割型分割」という分割はあり得ない** …… 188
(4)　**法人税法の混乱の歴史** …… 188
〔表１〕　法人税の混乱の経緯一覧（法人税法組織再編杜撰項目） …… 190
2　「分割型分割」は必要ない …… 192
(1)　**「分割の日」とはいつの日か** …… 192
(A)　法人税法に登場する「分割の日」 …… 192
(B)　会社法の規定では …… 192
(2)　**会社法上は分割ではなく剰余金の配当の日** …… 194
(A)　「分割型分割の日」は会社法から導かれない …… 194
(B)　剰余金の配当の日 …… 195
(3)　**法人税法の規定を検証する** …… 195
(A)　「分割型分割」はないし、「分割の日」もない …… 195
(B)　「分割型分割」と剰余金の配当とは排他的関係にある理由 … 196

(C)　株式配当、適格株式配当からも分割型分割を排除…………… 196
(4)　スピンオフへ………………………………………………………… 197
(A)　分割対価資産を「分割の日」に交付することに意味は
ない　…………………………………………………………………… 197
(B)　「剰余金の配当」は「分割型分割」から解放された ………… 198
(5)　法人税法は改正するよりほかに道はない……………………… 199
(6)　まとめ…………………………………………………………………… 200
(A)　法人税法上の分割型分割は会社法上不可能……………………… 200
(B)　分割型分割の規定は不要 ………………………………………… 201

第Ⅳ部　スピンオフ、スプリットオフ、スプリットアップの世界へ

第１章　バラ色の会社分割（平成29年法人税法改正）… 204
1　本書後半の内容 ……………………………………………………… 204
(1)　支配関係による適格会社分割…………………………………… 204
(2)　スピンオフ……………………………………………………………… 205
(3)　スプリットオフ～戦略的な会社分割技法に発展する可能性……… 205
(4)　スプリットアップ…………………………………………………… 206
(5)　スクイーズアウト…………………………………………………… 207
(6)　第Ｖ部「和菓子屋草薙事件」 ………………………………… 208
2　平成29年度法人税法改正を踏まえた適格分割 …………………… 209
(1)　完全支配関係がある場合の分割………………………………… 209
〈図６〉　完全支配関係のある会社間の適格分割(1)――吸収分割①
（法人税法２条12号の11イ、同法施行令４条の３第６項１号イ）… 210
〈図７〉　完全支配関係のある会社間の適格分割(2)――吸収分割②

（法人税法２条12号の11イ、同法施行令４条の３第６項１号ロ）… 210
〈図８〉　完全支配関係のある会社間の適格分割(3)――単独新設分割（法人税法２条12号の11イ、同法施行令４条の３第６項１号ハ）… 211
〈図９〉　完全支配関係のある会社間の適格分割(4)――複数新設分割①（法人税法２条12号の11イ、同法施行令４条の３第６項１号ニ(1)）…… 212
〈図10〉　完全支配関係のある会社間の適格分割(4)――複数新設分割②（法人税法２条12号の11イ、同法施行令４条の３第６項１号ニ(2)）…… 212
(2)　**同一の者による完全支配関係がある場合の会社分割**…… 214
〈図11〉　同一の者による完全支配関係のある会社間の適格分割(1)――吸収分割①（法人税法２条12号の11イ、同法施行令４条の３第６項２号イ）…… 214
〈図12〉　同一の者による完全支配関係のある会社間の適格分割(2)――吸収分割②（法人税法２条12号の11イ、同法施行令４条の３第６項２号ロ）…… 215
〈図13〉　同一の者による完全支配関係のある会社間の適格分割(3)――単独新設分割①（法人税法２条12号の11イ、同法施行令４条の３第６項２号ハ(1)）…… 216
〈図14〉　同一の者による完全支配関係のある会社間の適格分割(4)――単独新設分割②（法人税法２条12号の11イ、同法施行令４条の３第６項２号ハ(2)）…… 216
〈図15〉　同一の者による完全支配関係のある会社間の適格分割(5)――複数新設分割（法人税法２条12号の11イ、同法施行令４条の３第６項２号ニ）…… 218

第２章　戦略的分割技法 …… 221

1　スピンオフ …… 221
(1)　**二系統あるスピンオフ**…… 221
(2)　**スピンオフの特徴――そしてスプリットオフ、スプリットアップ** …… 222

⑶ スピンオフ直前の適格分社型分割 …… 223

〈図16〉 スピンオフ直前の適格分社型分割（法人税法２条12号の11イ、同法施行令４条の３第６項１号ハ） …… 223

⑷ 二系統のスピンオフ …… 225

〈図17〉 「分割型分割」型のスピンオフ（法人税法２条12号の９イ） …… 225

〈図18〉 単独新設分社型分割（会社法763条１項12号ロ。ただしスピンオフとは呼ばない） …… 225

〈図19〉 「分社型後日」型のスピンオフ（法人税法２条12号の15の３、同法施行令４条の３第16項１号） …… 226

(A) 会社法と法人税法とを一元化せよ …… 226

(B) 会社分割の中核技術 …… 227

(C) エンジンが違う …… 227

(D) 法人税法上の剰余金の配当の意味 …… 227

(E) 一日遅れの分割型分割 …… 228

⑸ 適格スピンオフ――適格単独新設分割で事業が独立して継続する場合 …… 229

〈図20〉 適格スピンオフ（独立事業要件、法人税法２条12号の11ニ、同法施行令４条の３第９項） …… 229

⑹ 無対価の適格吸収分割と適格分社型分割（非スピンオフ） …… 231

〈図21〉 完全支配関係のある会社間の無対価・吸収分割⑴（法人税法２条12号の11イ、同法施行令４条の３第６項１号イ） …… 231

〈図22〉 完全支配関係のある会社間の無対価・吸収分割⑵（法人税法２条12号の11イ、同法施行令４条の３第６項１号ロ） …… 232

⑺ 適格グループ内資産移動 …… 233

〈図23〉 同一の者による完全支配関係のある会社間の吸収分割型分割（法人税法２条12号の11イ、同法施行令４条の３第６項２号イ） …… 233

⑻ 適格資産売却スピンオフ …… 235

〈図24〉 同一の者による完全支配関係のある会社の新設分割型分割

（法人税法２条12号の11イ、同法施行令４条の３第６項２号ハ(1)） …… 235
(9) **適格事業承継株式分配（適格スピンオフ）** …… 238
〈図25〉 新設分社型分割＋適格株式分配（法人税法２条12号の15の３、同法施行令４条の３第16項） …… 238
2 スプリットオフ …… 240
(1) **変態スプリットオフ** …… 240
〈図26〉 変態スプリットオフ(1) …… 241
〈図27〉 変態スプリットオフ(2) …… 242
(2) **金銭不使用変形スプリットオフ** …… 243
〈図28〉 金銭不使用変形スプリットオフ(1) …… 243
〈図29〉 金銭不使用変形スプリットオフ(2) …… 246
3 スプリットアップ …… 248
〈図30〉 スプリットアップ(1) …… 248
〈図31〉 スプリットアップ(2) …… 250
4 スクイーズアウト …… 254
〈図32〉 現金交付スクイーズアウト …… 254
〈図33〉 株主権放棄スクイーズアウト …… 256
〈図34〉 節約スクイーズアウト（非適格株式交換＋増資＋適格株式売渡請求） …… 262
〈図35〉 飛び込み心中スクイーズアウト …… 265

第Ⅴ部　和菓子屋草薙事件

第１章　小説・事業再生 …… 270
1 倒産必至 …… 270

2　再生への道 …… 276
3　再生の手法 …… 278
4　当て馬と競争入札 …… 288
5　銀行交渉 …… 293
6　債権者説明会 …… 295
7　会社分割 …… 297
8　民事再生申立て …… 298
9　入札開始 …… 298
10　落　札 …… 300
11　手続終結 …… 302
12　新たな展開 …… 304

第2章　「和菓子屋草薙事件」法律問題の解説 …… 305

1　会社分割と民事再生法の連携による事業再生 …… 305
2　会社分割の登場――債権者による無税償却、債務者による損金計上を実現する方法 …… 306
3　会社分割と民事再生との結合 …… 307
4　ビットの問題 …… 310
(1)　早期事業譲渡 …… 310
(2)　オープンかクローズドか …… 311
(3)　当て馬の必然性 …… 311
(4)　血縁者による事業承継の終焉 …… 312
5　駿河屋事件 …… 314

あとがき …… 319

・著者紹介 …… 322

第Ⅰ部

会社分割制度の社会的意義の変遷

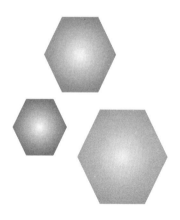

第1章　会社分割法制を必要とした時代背景

1　危険の輪郭

大東亜戦争の末期、航空戦力を失った日本は、町といい、都市といい、至るところが爆撃され焼夷弾で焼き尽くされてしまいました。私が入学する予定だった小学校では、校舎が丸焼けになってしまい、終戦後疎開先から戻って始まった1年生の授業は、文字どおりの「青空教室」でした。屋根がないのです。それでも教室でした。なぜなら授業はあったからです。

日本の復興はまことに目覚ましく、校舎は小学校在学中にできあがり、中学生の頃には木造の建物が立ち並び、高校生の頃には中心市街地には鉄筋コンクリートのデパートが立つようになり、大学の教養部は木造でしたが、学部の建物は鉄筋コンクリートで新築されたばかりでした。

そして、どこの街でも不動産価格は確実に毎年、毎年上昇し続けました。昭和の終わる1980年代末頃まで、不動産の価格は必ず値上がりするものだとみな信じていましたし、一生懸命働けば、必ず喰うに困ることはなく、貯金もできる、と誰もが信じられるようになっていました。

ところが、日本の経済的復興に逆比例して、アメリカの対日貿易赤字額は上昇し続けたため、アメリカはとうとうドルの高値を維持できなくなり、昭和60（1985）年、世界5か国によってドル安円高誘導を目指すプラザ合意を強行し、日本の円は1年間で2倍になるほど切り上がりました。それ以降は何がなんだかわからないほど、金融は緩和され、物価は異常に高騰し、不動産価格は怒涛をゆく昇龍のように上昇しました。

そして、なぜだかよくわからない理由で大蔵省は金融機関潰しを始め、不動産事業への融資規制が強行されました。高速道路を走る自動車が急ブレーキを踏んだのです。実現したのは自動車の転倒、また転倒です。経済は急激に崩壊しました。不動産の買い手はいなくなり、資金の借り手はいなくなり、銀行の貸付金は返済されないまま凍りつき、大銀行、大証券会社の倒産が相次ぎ、企業として消滅し、200兆円を超えるほどに不良債権が積み上がり、企業には過剰債務がしがみ付き、日本経済は谷のように深い暗渠（あんきょ）に沈んでいったのです。

2　貧弱すぎる倒産処理方法

大規模な経済崩壊が始まった平成6（1994）年頃まで、日本には企業、特に大規模企業の大量倒産を処理できるような法律は、まるで存在しませんでした。和議法という、破産予防のための強制和議を目的とする法律があるにはあったのですが、大正12年に施行されたカビの生えたような法律で、債権者が申し立てて和議ができても債務者は履行しないで逃げ切ることができましたし、債務者が申し立てても債権者による担保権実行を止めることができないという辻褄の合わない法律でした。破産予防にもならず、私たち弁護士は、この法律を使う気にもならなかったのです。

では、どう対処したかといえば、債権者たちが集まって債権者委員会をつくり、債務者代理人弁護士と話し合いで財産処分と債務処理を協議して決めるという私的整理がもっぱらでした。このため、債務者中小規模企業の経営者たちは連帯保証責任を追及されるのに備えて、妻子を守るため、まず妻を離婚して自宅不動産を財産分与し、債権者は債権を回収するため、夜陰に乗じてトラックを債務者の倉庫に乗りつけて商品を勝手に運び出し、銀行の若手行員たちは夜襲してくる債権者から債務者の倉庫を守って夜を明かす、などという戦後闇市時代とさほど違いはない五里霧中を這いずりまわる態でありました。

3　債務者のためではない、債権者のための不良債権処理

大規模経済崩壊が始まる頃、平成5（1993）年に、大蔵省の指導で、不良債権処理に困り抜いた金融機関162社が、共同債権買取機構という鵺のような組織をつくり、この組織に金融債権を売却して帳面から消すという処理を始めました。確かに簿価と売却価格との差額は損金には一応なりますが、この方法では債権者銀行からその債権を買い取る資金は、当の債権者銀行が共同債権買取機構に貸し付けなければならないうえ、それら債権者金融機関は債務者に対して求償権を持ちますから、担保不動産が処分され、かつ債務者が倒産しなければ、実質上の効果はない。しかし債務者が倒産すれば、二次損失が発生するという、何のために共同債権買取機構を設立したのか、銀行員たちは自分が何をしているのか、さっぱりわからなくなる、というような仕組みでした。 その後、動産及び債権の譲渡の対抗要件に関する民法の特例に関する法律、特定債権等に係る事業の規制に関する法律、債権管理回収業に関する特別措置法（サービサー法）、金融業者の貸付業務のための社債の発行等に関する法律（ノンバンク社債発行法）、金融システム改革のための関係法律の整備等に関する法律（金融システム改革法）、自己競落会社（兵庫銀行系ノンバンクに対する金利減免債権の流動化のための特別目的会社）、金融機能の再生のための緊急措置に関する法律（金融再生法）に基づく整理回収機構（RCC）による債権買取り、不良債権の証券化、産業再生機構など、債権売却による損金処理を実現するためのさまざまな法律と方策が目まぐるしく打ち出されました。

しかし、そのいずれも、債権者の目で不良債権を見ることしかできない

処理方法でした。日本には鎌倉時代以降徳政令が何度も繰り返し施行されてきたことや、江戸時代の農村には百姓株式と結びついた永代質地請戻慣行が地鳴りのように伏在した歴史が続いた、その意味を現代に活かそうとする知恵者はいなかったのです。債務者の立場を考えないでも不良債権を処理できるという思い込みは、考えてみれば偏頗でもあり、愚かでありました。債権者にとっては無税償却できるかどうかが最大の関心事であり債務者などは眼中になく、債務者は自ら過剰債務を処理するなどという生意気な態度にでるべきではなく、債権者銀行がその債務者に対する債権を不良債権として処理する気持ちになるまで、じっと待っていろ、という無言の威迫が債務者を刺していたのです。

経済崩壊で倒産に瀕していた企業とは、債権者金融機関だけではなかったのです。当該金融機関に融資を受けた膨大な数の債務者企業が、倒産してしまっているか、倒産に瀕していました。債権者を再生しなければならないと同時に、実は、債務者をも再生させなければならなかったのです。

4　跛行的民事再生法の登場

平成12（2000）年４月１日、民事再生法が施行されました。経済崩壊で大量に発生した破産予備軍の処理法です。債権者平等の原則に基づく債権の回収と、債務者の再生をともに実現しようとする、和議法とは比較にならないほど、精緻で、よくできた法律でした。

しかし、この民事再生法の根本に横たわる債権者平等の原則には、根本的な欠陥があったというのが私の理解です。それは、金融債権と営業債権との差を無視し、ともに債権として平等に扱ってしまうという欠陥です。もう少し率直な表現を用いれば、日本経済全体のいち早い復活を実現するという観点からは、金融債権と営業債権とのその性質の違いに着目すれば、平等に扱うべきではなく、営業債権の復活をより重視し、金融債権の復活はより劣後すべきであったというのが私の主張です。皮肉なことに、まさに不患寡債務者のための不良債務処理ではない、「而患不均」（等しからざるを患う）の精神が災いしたのです。

この民事再生法の跛行性は、民事再生法の美点として称揚されていました。誰も民事再生法の欠陥であると指摘することはなかったのです。債権者平等の原則は、債務超過の事業体を解体し債権者に配当する局面では最も重要な原則であるとすることには私も同意します。しかし、これから債務者を再生し、再生させることによって債権者に対する配当原資を取得しようとするときには、金科玉条の原則とすべきではない、といいうのが私の主張です。営業債権と金融債権の差を重視すべきだと主張したのは、私が初めてではなかったかと思います。

第２章　会社分割の登場

1　債権者は無税償却、債務者は黙って従え

債権と債務は、見る側の違いで、実は同じものです。債権の処理にあたっては、債権者側からも処理することができ、債務者側からも処理することができなければなりません。もちろん国税との関係でも処理できなければ処理したことにはなりません。債権者にとってだけの処理であれば無税償却しました、で終わりたいところです。しかし、それでは債務者は益金計上しなければならず、かえって債務者の死を意味します。しかし債務者が死んでしまっては債務者はもう二度と立ち上がれませんし、実は、累々たる債務者の屍の上には債権者も立ち上がれなくなるのです。永久かつ絶対に返済は期待できないからです。

しかし、小泉内閣が打ち出した不良債権処理方法の一方法として初めて会社分割制度が導入された時点では、会社分割制度は天文学的な不良債権を抱え込んでしまった債権者金融機関のため、その不良債権を一刻も早く処理するために導入されたものと説明され、一般の認識も債権者のための制度という認識でした。貸出不良債権の回収不能状態に陥った金融機関を一刻も早く泥沼状態から救出することは国家的課題であると誰もが認識していたからです。

当時、銀行の抱える不良債権の向こう側には、不良債務に身動きならな

くなった債務者がいることは、当然識者はそのような認識を持っていたでしょうが、一般の認識としては不良債権処理とは、理論上当然に、過剰な不良債務によって身動きならなくなった債務者を同時に救出することを意味するとは、口に出しては認識されていなかったのです。私が、銀行の支店長たちと不良債務の処理のための交渉を始めた平成15（2003）年頃でも、銀行員たちの態度は、不良債権処理は銀行がなすべき課題であって、過大な不良債務の処理を要請される債務者とは、銀行が当該債権処理を決断したときにのみ、問題になる債務者に限られるのだから、債務たちは黙って従えと言わんばかりの態度が普通でした。

資金の流動性を喪失し新規の貸出しもできなくなった債権者債務者関係において、債権者が不良債権を無税償却することができる場合には、債務者に課税が発生してしまうという初歩的は課税知識は、銀行員は誰でも持っていたでしょうが、事実として、銀行員たちは誰もそのような事実を気に掛ける余裕さえ失っていたのです。

それでは、債権者にとっても無税償却でき、同時に、債務者にとっても損金処理できる方法がないでしょうか。これが、会社分割による債務処理の方法が登場する前までの、識者の共通の課題でありました。

そして、もっと重要なことは、無税償却できた債権者は、その後債務者から返済を得ることが期待でき、債務者は債権償却による益金を税法上損金処理した後になって債権者に返済するということができる方法があり得ないか、といいう問題です。そのような方法がないのなら、創り出さなければならなかったのです。

それがありうると主張したのが、私の『債務超過でもできる会社分割』（かんき出版、平成15年第1版）でした。等価交換の原理に支配される物的新設会社分割を使い、分割会社は、最終的には、民事再生手続か特別清算で消滅させ、分割承継会社は再生して返済能力を獲得して復活し、債権者に旧債務を返済する方法です。

なお、本書では、会社法の条文で新設分割設立株式会社と表記されている会社をも、法人税法上の用語を使い分割承継会社と呼んでいます。

2　金融債権と営業債権の違いの無視

(1)　事業経営者から見た二つの債権

債権と一口にいっても、事業経営者から見れば、債権には性質がまったく違う二種類の債権があります。一つは金融債権です。二つ目は営業債権や労働債権です。事業資金を株式市場から獲得できる公開企業は若干違うでしょうが、設備資金さえ金融機関からの借入れに依存している中小規模企業になればなるほど、事業の収益性が低下し債務超過になり事業継続の見通しが困難になるにつれて、この二つの性質の違いは大写しになってきます。

そのような苦境に至ると、債務が金融債務であれば金融機関に借入債務を返済しても、新たな借入れ（ロールオーバー）は期待できず、返済（債務の履行）が収益に結び付きません。債務が商品の仕入れ債務などの営業債務か労働債務であれば、返済（仕入れ決済）は次の仕入れや雇用継続に結び付き、返済（債務の履行）は収益に結び付きます。金融債務の返済は後ろ向きであり営業債務、労働債務の返済は前向きです。

今、手元にある資金には量的限界があり、ある一定額だけしかないとすれば、営業債務、労働債務を返済することが、より生産的であり、より効果的です。だからといって金融債務は返済しなくてよいといっているのではありません。営業債務、労働債務をいま返済すれば明日は収益が上がってくる事実を冷静に見るべきだと強調しているのです。その収益で返済する方法をとれば、事業は生き延び、営業債務、労働債務も、金融債務も返済できる道が開けるはずだといいたいのです。

⑵　金融債権者の権利実行を阻止するために

しかし、これを実現するには、営業債務、労働債務を返済してから収益が上がってくる道筋が見えてくるまで、しばらくの間、金融債権者による権利実行を阻止しなければなりません。金融債権者は手形振込み、預金と相殺、債権差押え、あるいは不動産の仮差押え、担保権実行など法的武器を持っています。しかし、それが実行されれば、債権者に対する平等返済は実行不能に陥り、破産しかなくなるのが普通です。

このことで、私は痛い目にあった経験があります。東日本大震災の直後、会津でのことです。銀行債権者に集まってもらい、会社分割による返済計画と民事再生による事業再生計画を繰り返し説明していました。三回目の説明集会の直後、地方銀行の一つが再生計画の要になっていた不動産に仮差押えをかけたのです。もういけません。他の銀行も黙っているわけにはいかなくなります。結局私の依頼者は破産しか道がなくなりました。

このようなことが起きないようにするため、私は金融債権者に集まってもらい、会社分割を含む債権返済計画の概要を提示した直後に、会社分割を実行するようにしているのです。この場合の分割方式は、物的新設分割という最も基本的な形を基礎とし、それに加えて、金融債務と分割承継会社の全株式を、担保の付着した不動産などと一緒に分割会社に残し、稼得能力のある資産を分割承継会社に移転する方法です。

3　会社分割と民事再生申立て

会社分割を実行した後、金融債権者が仮差押えなどを仕掛けてくる前に、債権者の権利実行を阻止するため、私は、分割会社だけについて、民事再生の申立てをする方法をとってきました。民事再生の申立てをすれば、その直後に債権者集会か、債権者説明会（民事再生規則61条）を開いて、会社分割を実行したこと、分割承継会社の発行した株式は分割会社に交付したこと、分割承継会社の営業状況、その後の配当までの手順の見通しなどを説明してきました。

物的新設会社分割により、分割承継会社の発行する全株式を分割会社に保有させ、金融債権者に当該債権についての債務者である分割会社に分割承継会社の発行する全株式を間接的に支配できる方法を用意し提供しておくのです。つまり、会社分割一般に対する債権者の不安の原因は、彼ら分割会社債権者らは分割承継会社の債権者ではない点にあるのですから、分割承継会社の全株式を分割会社の資産とすることによって彼らの不安を除くのです。

金融債権者はこの分割承継会社の全株式を仮差え、あるいは競売をすることができます。もちろん、実際にそのような仮差押えか競売を実行すれば、間違いなく分割承継会社は倒産します。つまり分割会社債権者に、債権回収の最終的な望みを絶つ権限を与えておくのです。彼らは、債権回収の不安から解放され、債権回収にも責任が付きまとうことを自覚するに至るのです。

しかし、そのような手段に出てくる金融債権者に出あったことは一度もありません。金融債権者たちは私のその後の計画を最後まで聞こうとします。私は分割承継会社に営業を継続させて収益を確保し、分割会社を民事再生法の定める裁判手続に乗せて単独の債権者による権利行使を阻止し、分割承継会社から上がってくる収益、債務者会社の事業価値についての公認会計士による鑑定評価額に基づく事業の買手（スポンサー）の探索の方法、その結果、スポンサーからの買収金や貸付金を得て、民事再生手続を通して債権者に公平な配当実行をする、と話し続けます。この方法は金融マンたちに評判がよく、私は銀行員や支店長だけでなく、高利金融業者からも、すぐれた方法だという評価の言葉を何度も直接に聞いています。この一連の手続の詳細については第Ｖ部で詳述します。

4　資産の移転が詐害行為か

(1)　最高裁判決への疑問

ここ10年間ほど、会社分割は詐害行為になる場合があるという判決が相次ぎました。詐害行為とは、債務者の法律行為によって債権者が十全の返済が受けられなくなることをいい、詐害行為取消とは、そのゆえに債務者の法律行為を取り消して、逸出した財産を取り戻すことができるとする、債権の効力（民法424条）をいいます（詐害行為の条文は平成29年改正によって大幅に改変されました。しかし、この改変内容は会社分割と詐害行為を論ずるにはとりあえずは関係がないので、ここでは触れません）。

問題は、取引的法律行為でもない、組織再編行為がなぜ詐害行為になるのか、です。会社分割が詐害行為になるかどうかをめぐって論争もあり、判決も肯定否定があって、揉めたあと、最高裁判決（平成24年10月12日）は、会社分割によって分割会社から財産権が分割承継会社に承継されていくのに、債権者の当該債権が分割会社に残留させられ、その分割に異議権も与えられていない場合には債権者を保護する必要があるから詐害行為になる場合がある、という判決を出しました。しかし、これで会社分割が詐害行為になるという理由になるでしょうか。最高裁にしては理論の脇が甘い判決だと思います。

私の疑問は、ある債権者が当該会社分割によって、分割承継会社に移転されることもなく、分割会社に残留させられたとしても、当該債権者が会社分割の前に期待できた債権回収額よりも会社分割後のほうが債権回収額が大きくなったとすれば、その場合は、もはや詐害行為とはいえないではないか、という点にあります。回収額が多くなったゆえに詐害行為取消をするというのでは、筋が通らないでしょう。

詐害行為取消はあくまで債権の効力の範囲内で考えるべきであって、物権の移動を根拠にすべきではないのです。資産が分割承継会社に承継されていくことは詐害行為の本質論ではなく、会社分割の前に期待できた債権回収額よりも会社分割後のほうが債権回収額が小さくなることが本質論ではないでしょうか。

⑵　新設会社分割における等価交換の原理

まず、新設会社分割における等価交換の原理が承認されなければなりません。物的分割（分社型分割）は資産が出ていくだけではないのです。分割対価という資産が入ってくるのです。そして重要なことは、出ていく資産の価値と入ってくる資産の価値は等しいのです。これは会計学上も簿記学上も法人税法上も原理中の原理です。

物的新設分割の場合、分割会社から分割承継会社に承継された資産の経済価値は分割承継会社の株式（新設型再編対価、会社計算規則２条３項43号）となって分割会社に戻ってくるのです。つまり純資産額に変動が生じないのです。物的新設分割ではなく、人的分割（分割型新設分割、会社計算規則２条３項50号）の場合は分割承継会社の株式は分割会社によって分割会社の株主に交付されますから、株主の目から見れば、やはり一度は出ていく同一価値物がその同じ手に戻ってくるのです。この方法は平成29年４月１日施行（ただしこの部分の施行は同年10月１日）の改正法人税法で適格になることにより明確になりました（スピンオフの適格化）。

税法上の適格組織再編なのです。適格とは資産の譲渡損益が認識されず課税が繰り延べられることをいいます。つまり税法上は、資産は他人の手に渡ってはいない（これが税法適格の意味です）、と明確に認識されることとなったのです。上記最高裁判決が法的有意性を維持するには、まず上記改正法人税法の論理を覆してみせなければなりません。

この点、会社分割が詐害行為になる場合があると早い時期で判決したことで知られている東京地裁の判決（平成22年５月27日）では、分割の対価として分割会社が分割承継会社から交付を受けた分割承継会社の株式（戻ってきた株式）は、分割会社の債権者にとって「保全、財産評価及び換価などに著しい困難を伴うものであって、その一般財産の共同担保としての価値が棄損され、債権者が自己の有する債権について弁済を受けることがより困難になったといえる」から詐害行為だ、というのです。

ところが、この事案では債務者は債務超過であった渋谷のクレープ飲食屋で、もともと価値が低いクレープ作成諸道具（鉄板とフライパンン返しと、他に何があるでしょうか）資産が価値が低い承継会社株式になっただけのことで、価値が高いものが「会社分割によって」価値が低いものになったわけではないのです。理論的な検討に耐え得ない判示です。

この判決が、分割会社の事業用資産が分割承継会社の株式になったから価値が低くなると述べている下りは、極めて不当です。これは、株式に対する差押え、強制執行が法的には可能であることを無視するものであり、税法的にいえば、「財産評価基本通達」に基づいて企業株式に禁止的に高額な評価が加えられて高額な課税がされている相続税法施行の実態を無視するものです。また行政法の世界から見ても、経済産業省が会社分割に「第二会社方式」という呼び名を付けて企業の事業再生手法として喧伝、称揚し、現に「株式会社地域経済活性化支援機構」が「第二会社方式」という呼称の会社分割を使って、事業再生を実現している事実を軽視するものでしょう。

⑶ 債権は害されたか

私は、分割会社が資産超過の場合は、分割会社の債権者の債権回収額は会社分割により分割前よりも大きくなることを数学的に証明できます。分割会社が債務超過の場合でも、会社分割後に民事再生手続に入る、上記に説明した方法をとった場合にも、分割会社の債権者の債権回収額は分割前よりも大きくなる場合があることを、実例をもって、証明することができます。

会社分割という法現象は、資産と負債だけが移動するのではないのです。

事業価値が移動するのです。法律家は経済価値の移動にあまりにも鈍感です。資産が全く移動しない負債だけの移動による会社分割が可能だという点に最大限注意されなければなりません（つまり、株主資本等変動額が零未満の場合。会社計算規則49条２項）。私は実際に資本金がマイナスである新設会社分割の設立登記をしたことがあります。その会社はいまも生きています。また、「のれん」だけが移動する会社を新設会社分割をしたこともあります。その会社も東京青果市場で生きています。法人税法が資産調整勘定の規定（法人税法62条の８第１項）をおいていることを考えてください。民法は「財産権を目的としない法律行為」には詐害行為の規定（民法424条２項）を適用しないとしている（改正民法も条文に変更はない）ことの意味を考えてください。民法では、マイナスを財産権とはいわないでしょう。

債務超過となり、危機的経営状態に陥った会社が組織再編をしようとするときは、資産が別法人に移動したか否かには、特別の意味はないのです。この意味で上記最高裁判決は間違っています。詐害行為というのは、債権者が自己の債権が害されたことをいうのですから、会社分割前に期待された債権回収額と会社分割後に実現した債権回収額を比較し、期待回収額が大きくなったか、小さくなったかで判定すべきです。大きくなったのであれば、それは詐害行為ではないのです。

5　会社分割と民事再生手続の結合

過大な不良債権を処理する法律として、平成12（2000）年４月１日に民事再生法が施行されました。先にも少し述べたように、この法律は金融債権と営業債権を区別して処理する性質、機能は持っていないため、事業会社を「再生」させる力は極めて微弱です。法律施行当時、この法律を使って再生に成功した案件はほとんどなかったでしょう。施行直後はもちろん、現在でも、民事再生法によって事業の再生に成功した案件が多いとは思えません。過去の実績としては、負債も大きいが資産も大きい会社が、人聞きの悪い「破産」を避けて、資産を処分し、処分で回収した資金を債権者に一部配当し、穏やかに会社を整理、清算するために民事再生法を使う案件、つまり清算型と呼ばれる処理が多かったのです。

ところが会社分割法制が、ちょうど１年後の平成13年４月１日に、当時の商法の中に登場しました。会社分割は、立法当初から不良債権処理のために使うことが期待されていいました。実際、会社分割を大々的に使ったのは、大手金融機関と上場建設会社でした。大手金融機関は企業金融と個人向け金融とを切り離すため、会社分割と合併を同時的に行う使い方でした。つまり組織再編目的に使ったのです。上場建設会社の場合は、ほとんどすべての建設会社が、大量に売れ残った不動産と過剰な金融債務（不動産を購入するための資金の借入れ）とを抱え込んでいましたから、分割会社に不動産と過剰な負債を残し、分割承継会社に建設業にかかわる優良資産を切り離し、負債の長期返済と、優良資産による事業の再生を実現する方法として会社分割を使ったのです。私自身が民事再生法をどのように使ったかといえば、民事再生法が施行された際は、負債も大きく資産も大きい会社の資産を処分し、債権者に一部配当し、分割会社を整理、清算する、いわゆる清算型処理のために使う事例でした。会社分割法制ができて以降は、後者の、分割会社に過剰な負債を残し、分割承継会社に優良資産を切り離し、負債の長期返済と、優良資産による事業の再生を実現する、いわゆる自主再生型の手法として会社分割を使うようになりました。

しかし、大規模な会社の不良債権処理が一段落してからは、過剰な不良債務で債務超過に陥り、事業収益も悪化してきた、信じられないほど大量の数の企業を何とかしなければならない時期がきました。物的新設分割の方式で、分割会社に過剰な負債を残し、分割承継会社に事業を切り離し、直後に分割会社は民事再生に入るという方式で何とかならないだろうか、と考えるようになったのです。

6　会社法の改正

(1)　会社法改正の理由

(A)　ある案件にみる裁判所の理解

平成24年春、雪がまだ道路に残っている寒い日に、業績が思わしくないうえに平成23年の東日本大震災による影響で、さらに悪化した洋食屋の事業再生が私の法律事務所に持ち込まれました。東京周辺に20数店舗ほど営業店舗があり、従業員も非正規を入れて200人ほどです。

資金繰りが悪化していたので、主力銀行にだけ事業再生計画の骨子を話して一応の了解を得たうえ、急ぎ物的新設分割の方式で会社分割を実行し、分割会社に不動産、賃貸借契約、過剰な銀行負債を残し、分割承継会社に事業を切り離し労働者を移転して営業は続行し、直後に分割会社は東京地裁に民事再生を申し立て、金融債権者向けに債権者説明会を開いて計画案を説明し、裁判所での開始決定の審理に臨みました。

主任裁判官は、なぜ民事再生の申立て直前に会社分割を実行したのか、とかなり気色ばんだ詰問です。私は、倒産を回避し、営業を続行し、営業債権者に営業債務を支払い続けるにはこの方法しかない、と述べました。すると裁判官は、民事再生法には早期に弁済しなければ事業の継続に著しい支障を来すときは、裁判所の許可を得て少額債権を弁済できるという規定（民事再生法85条４項）があるではないかという再度の詰問です。会社分割前に民事再生を申し立て、裁判所から少額債権弁済の許可を得ればいいではないかという意味です。

私は、書面で、この事件の債務者洋食屋は肉類の食材だけで１か月に2000万円の支払いがあること、それだけの金額を「少額」といえるのか、それに弁済許可は通常の裁判所の判断スピードで２週間ほどかかる、２週間食材が入らなければ、洋食屋事業は潰れれてしまう、「少額」という条文で処理すべしという裁判所の見解は現実性がない、という内容の書面を裁判所に提出しました。主任裁判官は、納得したわけではないが、書面は預かるという回答でした。

(B)　会社法改正の経緯

会社分割が法定された時点以降、新設会社分割においても吸収会社分割においても、会社分割によって分割承継会社に移動させられる分割会社の債権者は、分割会社に対して債権の履行請求ができなくなってしまいますから、会社分割に異議を申し立てることができます。したがって分割会社は、そのような分割会社に履行請求ができなくなる債権者に会社分割に異議があるかどうかを、官報に公告し、かつ各別に催告するか、あるいは官報公告と定款に規定している公告方法（日刊紙）の両方の公告をする必要があります。そして異議が出た場合には弁済するか、担保を提供するか、信託会社に財産を信託しなければならない定めになっています（会社法810条など）。つまり分割承継会社に移動させられる債権者（債務が移転した分割承継会社と連帯して担保する連帯保証もない債権者を含む）には丁寧な保護規定があるのです。

一方、会社分割によって分割会社に残留させられる債権者については、会社分割が法定された時点ではこのための保護規定はなかったのです。立法者としては、会社分割（分社型分割）には等価交換の原理が働き分割承継会社の株式が分割会社に戻ってくるのだから、分割会社に残留させられた債権者は会社分割に異議を述べる権利を与えなくても、バランスはとれていると考えていたわけです。資産を経済的価値概念で把握しようとする、いかにも会計学的考え方です。

ところが、上記のように、金融債権者やサービサーたちは、分割承継会社の株式を差し押えて競売するという法的には正統な手続を実はとりたくなかったからでしょう、資産は分割承継会社に移転するし、分割会社には資産が残っていないから分割会社に残留させられた債権者にとって、そのような会社分割は詐害行為になると金融法律雑誌で騒ぎ始め、上記のように、東京地裁も最高裁も、会社分割には会計学的等価交換原理が一貫していることを無視して、そうだそうだと尻馬に乗った判決をだしたという実相です。

そこで一部の会社法学者たちは残留債権者保護のために、会社法の規定を改正すべきだと提案するようになり、現実に平成27（2015）年施行の会社法改正で、会社分割で分割会社に残留された債権者は、新設分割の場合はその分割計画の内容が、吸収分割の場合は分割契約書の内容が、分割承継会社に債権の履行を請求することができないという内容であっても、その残留「債権者を害することを知って」会社分割をした場合には、残留債権者は分割承継会社に対して、承継した財産の価額を限度として、当該債務の履行を請求できると、改正されたのです（新設分割につき764条４項、吸収分割につき759条４項の新設）。

(C)　意味のない改正

この改正で、分割会社に残留された債権者は、分割会社に対して権利行使できることは勿論分割承継会社に対しても権利行使できることになったのですから、どちらにも債権の履行を請求できることになり、債権者としては債権回収の見通しが立ち、分割承継会社に対しても請求できることから分割承継会社に対する訴訟が多発するようになる、はずでした。

しかし事実はどうだったでしょうか。事実としてそのような訴訟が提起されたのでしょうか。私は、そういう話を聞いたことがありません。

その理由は二つあります。

①　もし、そのような請求訴訟が分割承継会社に提起されれば、保全訴訟（仮差押え、仮処分）も事前ないしは同時に提起されることもあって、分割承継会社は分割で承継された資産を販売できなくなり、あるいは使えなくなり、あるいは営業債権者の信用を失い、仕入れ商品は搬入されなくなり、売る商品はなくなり、労働者は給料の支払見込みがないので辞めていき、営業を継続できなくなるか、債務者は営業を続行する意欲を失い、その多くは倒産するでしょう。したがって債権者は

まったく債権回収できなくなるのです。債権の権利行使が法律上できなくなることはないでしょうが、債権回収額が減少する場合が増加することは確実でしょう。権利を行使できるということと、債権を回収できるということとは違う話です。愚かな法改正であったと思います。この法改正に従事した学者たちからそのような反省の弁を聞いたことがありません。そのような自覚があるのでしょうか。

② もう一つは、上記の会社法改正、つまり、新設分割につき764条4項、吸収分割につき759条4項の新設がなされた、その同じ改正で、会社法764条に7項が新設され、「新設分割会社について破産手続開始の決定、再生手続開始の決定又は会社更生手続開始の決定があったときは、残存債権者は、新設分割設立株式会社〔分割承継会社〕に対して第4項の規定による請求をする権利を行使できない」(〔　〕は著者注。本書の表現）と規定がおかれたことです。吸収分割についても全く同内容の規定が設けられました（759条7項)。

つまり、新設分割でも吸収分割であっても、分割会社が民事再生（破産、会社更生でも同じ）開始決定を受けた場合は、残留債権者は分割承継会社に対して債権の履行を請求できなくなるのです。なぜ民事再生が始まれば債権の履行請求ができなくなるかといえば、上記のように会社分割が行われたときの債権の履行請求は詐害行為取消請求訴訟に至るのですが、その詐害行為取消請求訴訟には欺瞞があったからです。表向き詐害行為取消訴訟は、ある特定の債権者だけが利益を得ることを許さず債権者の公平な取扱いを実現するための手続だと学者たちは言ってきたのですが、これは真実ではありません。実は、勝訴した原告だけが勝訴の利益を一人占めし、他の債権者に分配する仕組みはなかったのです。学者たちの論理上の説明や法的構成とは真逆でした。ところが民事再生に入れば（破産でも会社更生でも同じですが）裁判所の選任した監督委員が原告となり否認訴訟と呼ばれる訴訟を提起し(民事再生法135条）勝訴すれば法律関係は原状に戻り（同法132条)、訴訟の利益は届出債権者の全員に及ぶ仕組みになっています。ですから、分割会社が民事再生に入れば詐害行為取消訴訟のような不公平は排除され公平な取扱いになるから詐害行為訴訟を許すべきではないので、残留債権者は分割承継会社に対して債権の履行を請求できなくなるのです。

こうしてみると、新設分割につき764条４項、吸収分割につき759条４項を設けたのは何の意味もない改正であったのです。なぜこのように無駄な改正をしたのでしょうか。この法改正に従事した学者たちからそのような反省の弁を聞いたことがありません。そのような自覚があるのでしょうか。

⑵　定着した会社分割

⒜　認知され評価された会社分割

このようにして、①物的新設分割の方式で、②分割会社に過剰な負債を残し、分割承継会社に事業を切り離し、③直後に分割会社は民事再生に入ることによってて債権者の一方的な権利行使を阻止し、事業を継続させて債務者を再生させ、④金融債権者に配当できる原資を確保する、という私が実践してきた会社分割と民事再生の結合方式が、条文上明確に、追認されることになったのです。私は、この改正法立法担当者は私の考え方を理解していたのだと確信しています。

この改正以降、このような狙いを持った会社分割は、詐害行為だと目の敵にされることもなくなりました。「株式会社地域経済活性化支援機構法」に基づいた「株式会社地域経済活性化支援機構」が、事業再生の技法としてかなりの件数で会社分割の手法を用いています。全国の第二地方銀行以上の規模の銀行の約８割が、事業再生の手法として会社分割を評価している状況になってきました（政府系金融機関の法務関係者からの聴取りによる）。

会社分割を債務超過の会社がその事業を再生する技法として用いる方法が、公認され、社会的認知を受けるようになり、巡航速度に入ったのです。

(B)　債権者にとっても意味のある会社分割

会社分割と同時に民事再生（破産、会社更生）に入らなければならないということから、弁護士を付けなければ、このような会社分割はまず実行できなくなったという面はあります。しかし、これで、債権者に対する返済計画も立てないで、債務を返したくない一心で会社分割を強行する種類のコンサルタントたちは手を出せなくなったのですから、債権者にとっても意味のある改正であったといえるでしょう。

7　倒産事件の減少

(1)　予想に反した倒産事件件数の減少

平成24（2012）年の年末、中小企業者等に対する金融の円滑化を図るための臨時措置に関する法律（中小企業金融円滑化法。いわゆる「リスケ法」）が期限切れを迎える直前、再度登場した第二次安倍内閣がその円滑化法の再々延長をしない方針をとることを知りました。私は、平成25年３月31日のリスケ法の終了以降、大量の中小規模企業の倒産が増加する予想に震え、倒産増加件数の予測を数値としてはじき、その対策のため、識者に会い、その要路に立つ政治家たちに私の予測を伝え、その対策についての私の考えをまとめて出版しようと、平成25年３月末頃には原稿をほとんど書き上げました。

ところが実際には、リスケ法が終了しても中小規模企業の倒産件数が増加することはなかったのです。逆に、事業会社の倒産事例が減少し始めたのです。

会社分割法制が登場した平成13年には1110件あった民事再生申立事件が次第に減少し、平成25年には209件、平成26年は165件、平成27年は158件まで減少してきました（園尾隆司「法的整理と私的整理は今後どこへ向かうのか――倒産事件減少の背景と将来の展望――」金融法務事情2050号)。会社更生事件も平成13年には47件あったものが次第に減少し平成28年が１件（この事件には債務者側代理人として私も関与しました)、平成29年も１件だけでしょう（吉田晃一「東京地裁における商事事件の概況」商事法務2141号)。

なぜ、このように倒産件数が減少してきたのでしょうか。中小規模企業の経営状態が改善してきたのでしょうか。金融政策の要路に立つ人たちも、ようやく徳政令の意味を学び始めたのでしょうか。

(2)　減少の理由は何か

アベノミックスの旗を掲げる第二次安倍内閣登場以後、国内の長引くデフレを別にすれば、日本の対外資産の膨張まで考慮に入れた経済状態が改善してきたことは確かでしょう（金融庁「金融再生法開示債権等の状況」では全国銀行集計の不良債権比率は平成24年３月期の2.3％から平成29年９月期の1.2％に減少している)。しかし平成25年以降、中小規模企業の抱えていた不良債権の総額が、民事再生申立件数の減少に歩調を合わせて減少したのだとは到底考えられません。

私は平成28年春以降、東北地方にある小規模な事業会社の代理人として、ある地方銀行と債務額切下げ交渉をしたことがあります。その会社は、業績の悪い部門と極端に業績の悪い部門と二つの事業を有していました。すでに約定弁済は無理で、少額の一部弁済だけは続けている状態でした。私は、極端に業績の悪い部門の資産売却を条件に、自主再生の道を歩むから債務額の切下げを認めてくれ、それが無理ならDDS（債権の一部を劣後債権に転換する方法）を考えてくれという要求を出しました。これに対し銀行担当者からは、「極端に業績の悪い部門の資産売却は当面実現不可能でしょう。DDSには（引当金を積まなければならないから）応じられない。今、無理なく返済できる金額だけの返済を継続してくれれば、それで銀行としては了承する」という返事でした。現在無理なく返済できる月額だけの返済では満額返済には120年はかかりますよと私が切り返したところ、「それでも構いません」というのが担当者の返事です。私は二の句が継げなくなってしまいました。

要するに、銀行が、中小規模企業に返済を迫らなくなったのです。中小企業金融円滑化法は廃止になりましたが、それ以降も同法が定めていた手法に類似した手法（銀行に年2回、債権回収を宥恕した事例の件数を金融庁に報告させるという方法）がとられていたのです。このため銀行は事実上中小企業金融円滑化法が存続していた当時と同様の回収宥恕をせざるを得なかったのです。背後には、不良債権そのものが劇的に減少したことがあるのでしょう。金融庁公表の金融再生法開示債権（要管理債権、危険債権、破産更生等債権の合計、千億円単位）では、平成14年3月期432.070、平成25年3月期119.030、平成29年9月期70.450と一貫して減少しています。しかし、私の推測では、日本の全銀行の裏庭の土蔵の中で塩漬けになった不良債権の額は、平成29年11月現在でも30兆円前後はあるのではないか、と思っています（単なる推測で、根拠はありません）。

いずれにせよ、銀行の持っている不良債権は、いつかは処理しなければなりません。この意味で、不良債権処理のために、会社分割の手法を用いなければならない必要性は大きく減少はしたにせよ、なくなったわけではないでしょう。

8　新しい組織再編技術の登場

⑴　攻めに使う

以上、会社分割の技法を、1990年代以降のバブル経済崩壊による過剰な不良債権、不良債務の処理のために、どのように使用してきたかについて、お話ししてきました。しかし、会社分割という技法は、後ろ向きに、守りに使えるだけではありません。新設分割も、吸収分割も、第三者の事業を買収する法的技術として使用できます。私は、私が主宰する月１回の研究会に協力を得て、ここ16年間ほど、会社分割を民事再生法、事業譲渡、特別清算、一般社団法人、民事信託、営業信託、生命保険などと組み合わせて利用する方法の研究を続けてきました。これらの研究活動は、M&A、相続対策、事業承継、組織再編に関連して使うことができる手法です。

第二次安倍内閣の登場以降の日本の国内景気動向は相変わらずデフレ基調にあります。消費税10%増税が本当に実施されたら、国内景気は大きな傷を負うでしょう。

(2)　新しい適格会社分割

平成29（2017）年度は、民法（債権関係）の改正と法人税法、同法施行令の改正が重なりました。民法改正による「免責的債務引受」の明文化、「指名債権の譲渡禁止特約違反の譲渡の許容」などは事業の積極的な展開に貢献するでしょう。

平成29年度法人税法では適格会社割が大幅に拡大されました。株式交換、全部取得条項付種類株式、株式併合、株式売渡請求のそれぞれと端株処理を併せて使うことによって一挙に少数派株主を社外に追い出し最大株主をつくる方法を、適格要件の下に実現する手法が規定されました（適格株式交換等。法人税法２条12号の16・12号の17。平成29年10月１日施行）。いずれも、会社分割と株式交換、または会社分割と全部取得条項付種類株式、それに端株処理とを併せ用いて、会社の不要な部分を切りだすとともに、一部を小数点以下の端株にしてしまい切り捨てる方法で少数派株主を追い出し完全支配株主をつくる手法です。手法としては新しい技法ではありません。

また、適格でスピンオフ（適格の分割型分割、適格の分社型分割と適格の株式分配の組み合わせ）ができるようになったうえ、適格の有償スピンオフ（会社と株主の同時分離）が認められました。会社から出ていくことに抵抗する株主だけを外に出すだけではなく、抵抗する事業部門と抵抗する株主を一括して外に出てもらう方法を税法適格でできるようになったのです。

会社分割は平成29年度法人税法改正で新しい時代に入り込んだといえるでしょう。これら改正スピンオフ等は第Ⅳ部で図示しながら詳細に解説します。

第Ⅱ部

会社分割の基礎

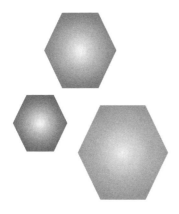

第１章　会社分割の全体構造

1　資本から見た会社分割の分類

(1)　水平的組織再編

会社分割という思想は、事業主体である会社が効率的に事業を遂行するにはその事業組織をどのように編成したらよいか、とう命題を追求することにあったといえるでしょう。この意味では、やはり有効な組織再編技術である合併、株式交換と変わるところはありません。ただ、合併、株式交換では組織再編の号令をかける主体と号令をかけられる主体の二社が上下の関係に位置しています（新設対等合併だけは水平関係です）。会社分割では二社の上下関係は極めて希薄です。新設分割は単独の会社が、文字どおり新たに単独会社を設立する方法ですから上も下もありません。ただ、単独新設分割は子会社をつくる資本出資行為ですから上下関係をつくる分割であるともいえます。

吸収分割は二社の関係に変化を与えるのですから一見上下関係があるように思いますが、吸収される会社（紛らわしいのですが、条文上は、吸収される会社を吸収分割会社と呼びます）は、吸収合併のように、吸収する会社（条文上は、吸収分割承継会社と呼びます）に吸収されて会社が亡くなってしまうわけではありません。全部吸収分割では、吸収される会社の資産負債の全部が吸収分割承継会社に吸収されるのですが、吸収される会社の法人格が亡くなってしまうわけではなく、法人格という皮一枚は残ります。合併では合併会社の発行する合併対価は被合併会社に交付されるのではなく、被合併会社の株主に交付され、被合併会社の法人格は消滅してしまいます。これに対し吸収分割では資産負債の全部が吸収分割承継会社に吸収される場合であっても吸収分割対価は、吸収分割会社の株主に交付する方法もあります（人的分割＝剰余金の配当）が、吸収分割会社に交付される方法（物的分割）もあり、それが主な方法なのです。

資産負債の全部が吸収分割承継会社に吸収され、吸収分割対価が、吸収分割会社の株主に交付される方法では（人的分割＝剰余金の配当）、抜け殻吸収分割になります。この分割の形は吸収合併とほとんど同じです。なにが違うかといえば、吸収合併では被吸収合併会社が消滅しますが、吸収分割では、吸収分割会社の外皮一枚だけが残る点です。しかし、この方法を実際に利用することはほとんどありません。なぜなら、新設分割における抜け殻分割であれば、吸収分割のように契約の相手がいませんから、新設分割会社一人で抜け殻分割をすることができますから、この方が手間がかからないからです。この意味で、吸収分割でも二社間の水平関係は維持されているのです。

(2) 対等関係

ここで上下関係と言い、水平関係というのは、いずれも一つの会社の資本から別の会社の資本を見た表現です。上下関係を前提とする組織再編が見られるのは、他の会社の資本の50％超とか、過半数近くの株式議決権を握っているか、握られている関係にある場合です。したがって合併とか株式交換は一つの企業グループ内で、すでに何らか資本関係のある企業間で組織再編を図るときに用いられるか、外部企業の買収に用いられるにしても、資本規模が大幅に違う企業間で用いられることが多いでしょう。会社分割は一つの企業グループとその外に位置する企業との組織再編とか、企業買収に使われるにしても、似たり寄ったりの資本規模企業間の買収に用いられることが多いと、一応、いえるでしょう。この性質のため、中小規模企業間での組織再編には会社分割が使われることが圧倒的多いことになります。

2　分割対価から見た会社分割の分類

(1)　資本に対する支配の維持、喪失

会社分割行為は本質的に出資行為です。出資するものは権利義務（資産負債）ですから、現物出資の一種です。したがって、会社分割を理解するには、会社の資本を出した株主は、会社分割によって資本に対する支配を失ってしまったのか、それとも維持しているのか、また会社分割によって法人税が課税されるのか、されないのか（課税の繰り延べ）という視点から見ると便宜でしょう。

(2)　新設分割

(A)　新設分割の意義

まず新設分割とは、分割する会社からその事業に関する資産、負債、雇用契約その他の権利義務が移動し、その移動してきた資産、負債、雇用契約その他の権利義務を材料として新しく会社が新設される分割のことをいいます。

資産と負債などが出ていく会社を新設分割会社と呼び、資産と負債などを受け入れて設立される会社を新設分割設立会社（または新設分割承継会社）と呼びます。つまり、新設会社分割とは分割会社が新設分割設立会社を設立する資本出資行為なのです。

会社計算規則ではこの移動してくる資産と負債のことを、新設型再編対象財産と呼びます。ゴツイ名称ですが意味はわかりやすい。この財産が新

設分割設立会社の資本額を定める基礎になります。分割対価とは、分割会社から新設分割設立会社に移動した新設型再編対象財産を受け取ることの対価です。この対価（株式、社債、新株予約権など）を新設型再編対価と呼びます。受け入れ財産とはつまり新設分割設立会社の資本になるのであり、分割対価とはつまり新設分割設立会社の発行株式などです。

(B)　適格分割(1)

この分割対価は分割会社に向かい、分割会社の内部に留まったままの場合は、新設分割会社の株主から見て、自分が出した分割会社への資本は直接に支配しており、また新設分割設立会社の資本は分割会社を通して間接に支配しているといえます。したがって、自分が負担して出捐した資本に対する支配は少しも失っていないわけです。

そのゆえに、新設型再編対象財産の価額は、資産と負債の出自である分割会社での帳面価格（簿価）を引き継いでいると考えます。これに符牒を合わせ、新設型再編対価の価額は分割会社での帳面価格（簿価）と同じだと考えます（等価交換の原理）。このため、この分割では誰も、儲かってもいないし損してもいないから、法人の課税がありません。この課税がない会社分割のことを、法人税法上、適格分割（法人税法62条の３第１項）と呼びます。

(C)　適格分割(2)

上記分割対価が分割会社に入って、すぐ、分割会社の株主に対し、分割会社から剰余金の配当として、その持株数に均等に（つまり按分して）交付された場合は、新設分割会社の株主から見て、自分が出した分割会社の資本の一部はいまも直接に支配しており、また新設分割設立会社の資本はその価値を維持したまま形態を新設分割設立会社の株式と変え、その株式は今自分が持つことになります。さきほどまで両手で持っていた分割会社の資本は、今、その一部（つまり、新設会社分割にあたって新設分割設立会社に移動していった財産の残りの部分の価値）は右手に残っており、出ていった部分（つまり、分割会社にあった財産のうち新設分割設立会社に移動していった財産の価値）は、いまは左手で持っているのだから、両方とも自分が支配しています（これがスピンオフです）。

したがって、新設型再編対象財産の価額は、資産と負債の出自である分割会社での帳面価格（簿価）を引き継いでいます。これに符牒を合わせ、新設型再編対価の価額は分割会社での帳面価格（簿価）と同じです（等価交換の原理）。このため、この分割では誰も、儲かってもいないし損してもいないから、法人税の課税がありません。この課税がないことを、法人税法上、適格分割（法人税法62条の2第2項）と呼びます。

(D)　分社型分割(1)

分割対価が、上記(B)の分割では分割会社の内部に入って留まっているのだから分割設立会社の発行した分割対価（つまり株式）全部が分割会社に握られています。このため分割対価が株式の場合、分割設立会社は分割会社の子会社になったのであり、分割会社は分割設立会社の親会社になったのですから、これを分社型分割と呼ぶのです。新設分割による分社型分割があることになります。

他方吸収分割であっても吸収分割承継会社の新株（その他金銭、新株予約権、社債など）が吸収分割会社に戻り、その内部で留まる形があります。これは〈吸収分割型分社型分割〉などとは呼ばれず、このままの形では何の芸当もありませんから「分社型分割」と呼ばれるだけです。ただし、法人税法の世界に入れば、このかたちから「効力発生日＝分割の日」を経て、新設分割による「分割型分割」の同類の妖精として、スピンオフの世界に華麗に変身していくことができるのです。この意味で、なお、「分社型分割」の一員であることに、重大な意味があるのです。後述します。

(E)　分割型分割(1)（人的分割）

上記(C)の分割では、分割会社の内部に入って留まっていないで分割会社の株主に均等に交付されていますから、分割設立会社の発行した対価（つまり株式）全部が分割会社の株主に握られています。その株主から見れば、自分が最初分割会社に出した資本が、いまや右手にある分割会社の株式となり、左手にある分割設立会社の株式になって、二つの会社に分割されたと同じだから、分割型分割と呼ぶのです（ただし、分割の日に株式が交付される場合に限られる。法人税法２条12号の９）ただ、これは法人税法上の名称です。法人税法にそういう定義があります。会社法には相当する定義がありません。旧商法時代からの慣習上、人的分割と呼んでいます。

(F)　会社法上の分類と法人税法上の分類

なお、会社法上の会社分割の分類は、新設分割と吸収分割の二つだけです。新設分割とは、ある会社が新たに会社（子会社）をつくる分割であり、吸収分割はある会社の一部の資産負債が既存の別の会社に吸収されていく分割です。分割の前にも会社が二つあり、分割後にも会社が二つあります。

この会社法上の分類は、会社という組織的有機的実在（いわばボディ）の分割と結合という視点から見ているだけの言葉であって、分割承継会社が発行した新株式（分割対価）が分割の結果、どこへ行くのかには興味はない分類なのです。新株式がどこへ行くか、とは、すなわち資本の支配がどこに及んでいるかということです。ですから会社法には適格会社分割という概念そのものがないのです。概念がないから言葉もありません。新株式が分割会社の株主に按分で交付されたり、非按分で交付されたりすることは、「会社分割の世界」の話ではなく、「剰余金の配当」の世界の話と理解されているのです。「剰余金の配当」の世界とは、株式を資本の余剰と把握する世界です。この点で会社法は徹底しており、目の前にある株式が本当の意味での資本の活動の結果生産された余剰ではなくても、その形や、その動きは資本の余剰と同じではないかという地点で割り切ってしまい、分割承継会社が生み出す分割対価＝株式を、すべて「剰余金が配当されたもの」として把握しているのです。つまり、会社法の世界は形の世界なのです。まるで金襴の衣装を纏い面を付けたシテが、能の舞台で謡に合せて静かに舞うのに似ています。

これに対し法人税法上の会社分割の分類は、分社型分割と分割型分割の二つしかありません。分社型分割とは分割対価＝株式が分割会社の「ボディ」に入り、そこで留まる分割の形です。分割型分割とは分割対価＝株式が分割会社の株主に交付される形です。

この分類は、会社という組織的有機的実在（いわばボディ）の分割と結合にはまったく興味がなく、分割承継会社が発行する株式が、どこへ行くのか、だけを観ている分類です。すなわち資本の支配がどこに及んでいるかということだけを見ているのです。ですから法人税法には分割に関与する会社が一つだけなのか、二つなのかに関心がありません。そのため法人税法には新設分割という考え方も、言葉もなく、吸収分割という考え方も、言葉もありません。ただただ株式という資本の僕(しもべ)がどこまで、何を支配しているのかだけに興味があるのです。会社分割の結果、資本の支配内容に変化がなければ適格分割であり、分割承継株式の行き先によっては、資産に支配が及ばなくなったら非適格として課税するというわけです。

(G)　法人税法と会社法の錯綜

ところがです。やっかいなことに、分割型分割は、法人税法に規定された独立した会社分割の形ではないのです。法人税法は会社分割の形を新しくつくり出すということに、まったく興味がないのです。会社法上の分社型分割と、会社法上の「分割の日」における分割会社株主に対する分割対価株式の交付が合体し、結び付けられたものに過ぎないのです。法人税法は会社法の上に乗っかっているのです。なぜそのようなことになったのかといえば、法人税法は最も見た目のよい適格分割を法人税法会社分割の基礎に据えたいからでしょう。会社法が静かな能が好きなら、法人税法は動きの激しいジャズダンスが好きなのでしょう。

さらにやっかいなことは、いかに分割型分割が見た目にはカッコがよくても、分割型分割は「分割の日」だけのことなのです。「分割の日」の後から、それよりもっとカッコがよいジャズダンスが始まるのです。「分割の日の後の日」に会社法上の分社型分割で分割会社のボディの中に入って寝ていた分割対価を、分割会社が、その株主たちに交付し始めることです。これが現物分配、株式分配、適格株式分配です。新たなスピンオフの始まりです。

会社分割は法人税法の平成29年改正で、はなはだ込み入った世界に入り込みました。その原因は、法人税法が分割型分割という、いかにも新しい分割の形のようなものをつくってしまった罪です。分割型分割という独立した「分割の形」は会社法上も法人税法上も成立し得ないのです。商業登記法上も存在しません。しかし、その「分割型分割」が改正税法のマドンナであることは間違いありません。すこし複雑になりますから、3以下で紙数をかけて後述します。

(3)　吸収分割

(A)　吸収分割の意義

まず吸収分割とは、分割会社からその事業に関する資産、負債、雇用契約その他の権利義務が別の既存の会社に移動し、その移動してきた資産、負債、雇用契約その他の権利義務を別の既存の会社が承継する分割のことをいいます。

資産と負債などが出ていく会社を吸収分割会社と呼び、資産と負債などを受け入れる会社を吸収分割承継会社と呼びます。

会社計算規則ではこの移動してくる資産と負債のことを、吸収型再編対象財産と呼びます。ゴツイ名称ですが意味はわかりやすい。この財産が吸収分割承継会社の資本額を定める基礎になります。分割対価とは、吸収分割会社から吸収分割承継会社に移動した吸収型再編対象財産を受け取ることの対価です。この対価を吸収型再編対価と呼びます。この受け入れ財産とはつまり吸収分割承継会社の資本に入り込み、対価とはつまり吸収分割承継会社の（社債、新株予約権、金銭などのほか）株式です。

(B)　適格分割(3)

この対価は吸収分割会社に向かい、吸収分割会社の内部に留まったままの場合は、吸収分割会社の株主から見て、自分が出した吸収分割会社の資本は直接に支配しており、また吸収分割承継会社の資本は吸収分割会社を通して間接に支配していると考えます。したがって、自分が負担して出捐した資本に対する支配は失っていないわけです。

そのゆえに、吸収型再編対象財産の価額は、資産と負債が出てきた吸収分割会社での帳面価格（簿価）を引き継いでいると考えます。これに符牒を合わせ、吸収型再編対価の価額は吸収分割会社での帳面価格（簿価）と同じだと考えます（等価交換の原理）。このため、この分割では誰も、儲かってもいないし損してもいないから、法人の課税がありません（繰り延べになります）。この課税がないことを、法人税法上、適格分割と呼びます。

(C)　適格分割(4)

上記対価が吸収分割会社に入って、吸収分割会社から吸収分割会社の株主に対し、直接に、あるいは吸収分割会社を介して間接に、吸収分割会社から剰余金の配当として、その持株数に均等に（つまり按分して）交付された場合は、吸収分割会社の株主から見て、自分が出した吸収分割会社の資本の一部はいまも直接に支配しており、また吸収分割承継会社の資本は吸収分割承継会社の株式となり、その株式は今自分が持っています。さきほどまで両手で持っていた吸収分割会社の資本は、今その一部は右手に残っており、出ていった部分は、いまは左手で持っているのだから、両方とも自分が支配しています。

したがって、吸収型再編対象財産の価額は、資産と負債が出てきた吸収分割会社での帳面価格(簿価)を引き継いでいます。これに符牒を合わせ(等価交換の原理)、吸収型再編対価の価額は吸収分割会社での帳面価格（簿価）と同じです。このため、この分割では誰れも、儲かってもいないし損してもいないから、法人税の課税がありません。この課税がない会社分割のことを、法人税法上、適格分割と呼びます。

(D)　分社型分割(2)（物的吸収分割）

ただ、分割対価が、上記(B)の分割では吸収分割会社の内部に入って留まっているのだから吸収分割承継会社の発行した対価（つまり株式）全部が吸収分割会社に握られています。このため吸収分割会社は二つに割れて、出ていった一部は吸収分割承継会社の一部として吸収されていき、残部は吸収分割会社に残っていますから、分社型分割と呼ぶのです。ただ、これは法人税法上の名称です。法人税法にそういう定義があります。会社法にはそれに似た定義がないのです。慣習上、物的吸収分割と呼んでいます。

(E)　分割型分割(2)（人的吸収分割）

上記(C)の分割では、分割対価は分割会社の内部に入って留まっていないで吸収分割会社の株主にその株式の割合に応じて交付されていますから、吸収分割承継会社の発行した対価（つまり株式）全部が吸収分割会社の株主に握られています。その株主から見れば、自分が最初吸収分割会社に出した資本が、いまや右手にある吸収分割会社の株式となり、左手にある吸収分割承継会社の株式になって、二つの会社に分割されたと同じだから、これを分割型分割と呼ぶのです。ただ、これは法人税法上の名称です。法人税法にそういう定義があります。会社法にはそれに似た定義がないのですが、慣習上、人的吸収分割と呼んでいます。

3　法人税法の考え方と会社法の考え方の違いの理由

上記の法人税法上の言葉と会社法上の言葉の区別を面倒くさがらないでください。大事な区別なのです。それは法人税法では資本の目から組織体である会社を見て分割の違いに名称を付けており、会社法は組織体である会社の目から資本を見て分割の違いに名称を付けているのです。

法人税法で分社型分割というのは、資本による支配形態に変更はないが、組織体である会社が二つに分かれた、という意味であり、分割型分割とは、資本による支配形態が別々に分かれていたものが「分割の日」に合体して一つになり、その後また支配形態が別々に分かれてしまった、という意味なのです。

会社法で新設分割というのは、組織体である会社が新たに設立されたという意味であり、吸収分割とは会社という組織体の一部または全部が別の組織体である別の会社にくっついていった、という意味なのです。

別の言い方をすると、法人税法では法人擬制説に立っており、実在としての法人は同じでもよくて、資本という支配力がどこを、どこまで支配しているかが重要なのです。ところが会社法は法人実在説に立っており、組織体である会社が新しく二つに分かれたのか、既存の二つの会社のうちの一つの方の組織体から、その一部ないしは全部が、別の組織体にくっついていったのかが重要なのです。なぜなら、その中で従業員とか、会社役員とかの人が生きて活動しているからです。法人税法は担税力測定という観点から観念的に把握しようとするのであり、会社法は可視的実物的把握なのです。さらに別の言い方をしますと、法人税法では国家の課税権の立場から会社の「収益活動」を見ていますし、会社法は、会社という「社会的実在としての収益活動体」を見ているのです。

4　会社法の世界観と法人税法の世界観の違い

会社法上の言葉と法人税法上の言葉とが入り込みますので、混乱回避のため、少し言葉を整理しておきましょう。

⑴　物的分割・分社型分割、人的分割・分割型分割

法人税法では物的分割を分社型分割といい、人的分割を分割型分割といいます。分割の形が、分社型分割の場合は、親会社から子会社が分社されたように見えるからであり、また分割型分割の場合は、株主から見て支配していた会社が二つに割れたように見えるからです。

ただ、物的分割も人的分割も現在では会社法上の言葉ではありませんし、

法人税法上の言葉でもありません。しかし、物的、人的というと、なんとなく哲学的で高級感があるので、会社法の世界ではよく使います。分社型とか分割型という言葉も意味がイメージしやすいですから、法人税法に引っ張られ、会社法の世界でもよく使っているだけです。本書でも基本的には、分社型分割、分割型分割という表現を使います。また法人税法上の表現である、分割会社、分割承継法人という言い方を用います（会社法でも吸収分割では「吸収分割承継株式会社」という言い方をします）。

(2)　分割対価資産（分割対価、対価）

(A)　分割対価資産の意義

分割対価資産とは会社分割によって分割会社から分割承継会社に移動した資産および負債の対価として、分割承継会社から分割会社に戻ってくる株式などのことです。

新設分割でも、分割対価資産がどこへ行くかによって、物的分割と人的分割に分かれます。新設分割の物的分割とは、分割対価資産が全部分割会社に戻る形です。新設分割の人的分割とは分割対価資産が全部分割会社にいったん戻り分割会社の株主に交付される形です（このようなことは法理上あり得ないのですが、ここではとりあえず、そう受け取っておいてください。この形を本書では後に詳しく検討します）。

吸収分割でも、分割対価資産がどこへ行くかによって、物的分割と人的分割があります。吸収分割の物的分割とは、分割対価資産が分割会社に戻る形です。人的分割とは分割対価資産が全部分割会社の株主に交付される形です。つまり分割対価資産の行き先という意味では新設の場合と同じです。

(B)　法人税法における分割のとらえ方

法人税法では、新設分割という言葉は出てはきますが新設分割という言葉の定義がないし、吸収分割という言葉そのものがありません。そうなのに、吸収分割のことを「新設分割以外の分割」という言い方をします（た

〈図１〉　新設会社分割の基本図

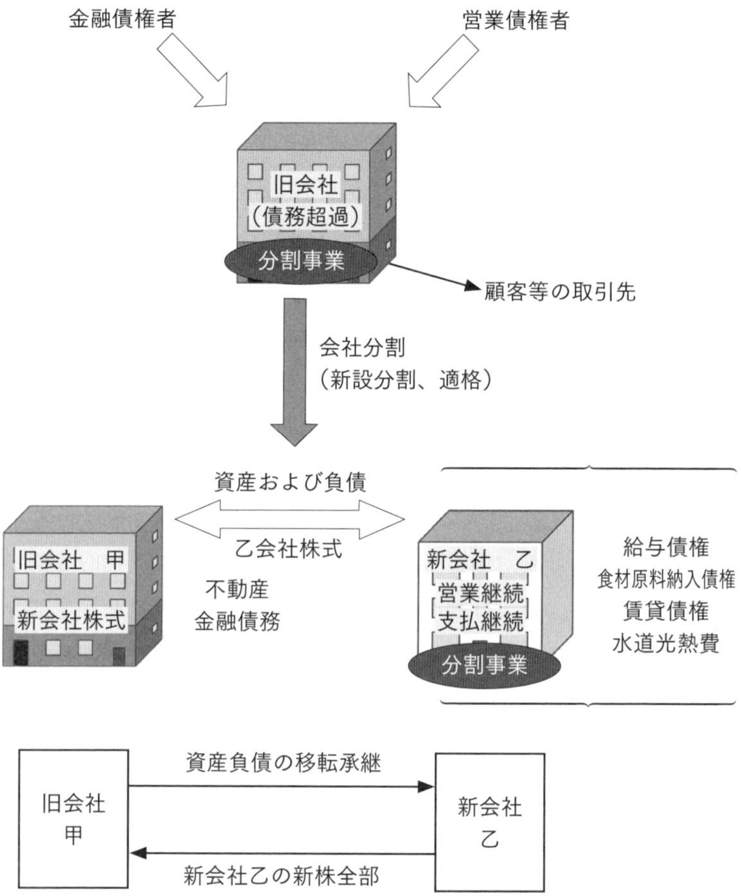

とえば、法人税法施行令４条の３第６項１号ロ）。自分で新設分割の定義もしていないのに「新設分割以外の」はないでしょう。法体系全体から見れば法人税法は会社法の用語を借り、会社法の概念を借りて、いわば自分一人では立つ力がないのに大きな口を叩く高校生に似ています。

法人税法では、新設分割か吸収分割かに関係なく、物的分割を分社型分割といい、人的分割を分割型分割といいます。したがって、新設分割に分

〈図２〉　吸収会社分割の基本図

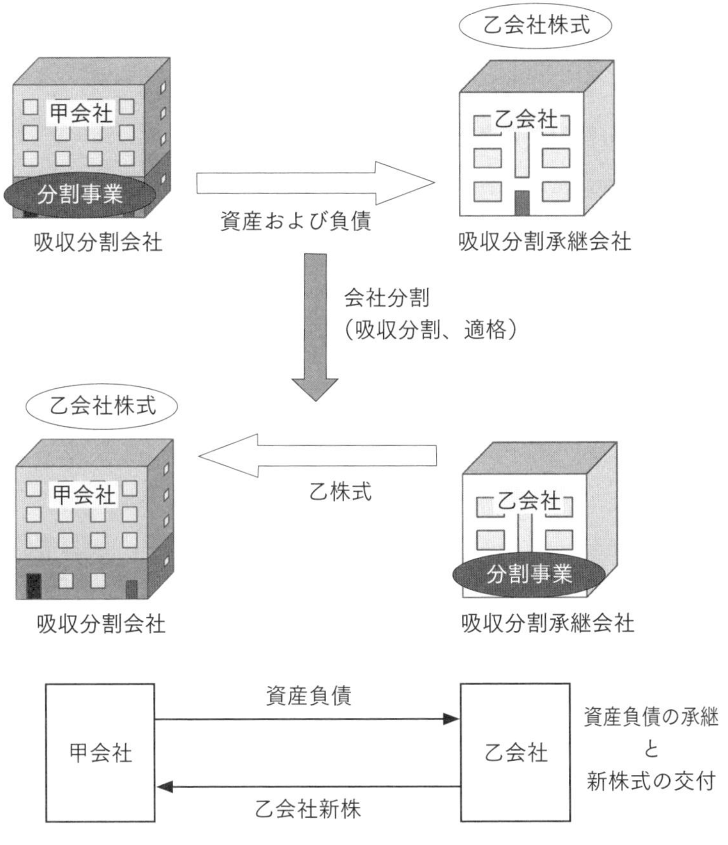

社型分割と分割型分割があり、吸収分割にも分社型分割と分割型分割があります。法人税法では吸収分割という言葉は一切出てきません。つまり新設分割と吸収分割とを区別していないのです。法人税法では、分割対価資産がどこへ向かうかが重要なんだ、新設分割でも吸収分割でも分割対価資産が向かう方向が同じなら同じに扱ってよいと思っているのです。会社というものを社会的実在ととらえるのであれば、新設分割は文字どおり新し

く自分とは違う会社をつくる方法であり、吸収分割は二つの会社がいわば、協力し合い、有無相通じて、相互に影響を与え合って自分自身をつくり替えるのですから、全く違うコンセプトです。この意味で法人税法は思想的には貧困であり、会社法は哲学的には深いものがあります。

(C) 分割対価資産と法人税法

分割対価資産の内容は、株式、社債、新株予約権、新株予約権付社債、金銭、それ以外の財産、と現行会社法では何でもアリです。この分割対価

〈図３〉 法人税法上の「分割型分割」のイメージ（単独新設分割型分割）

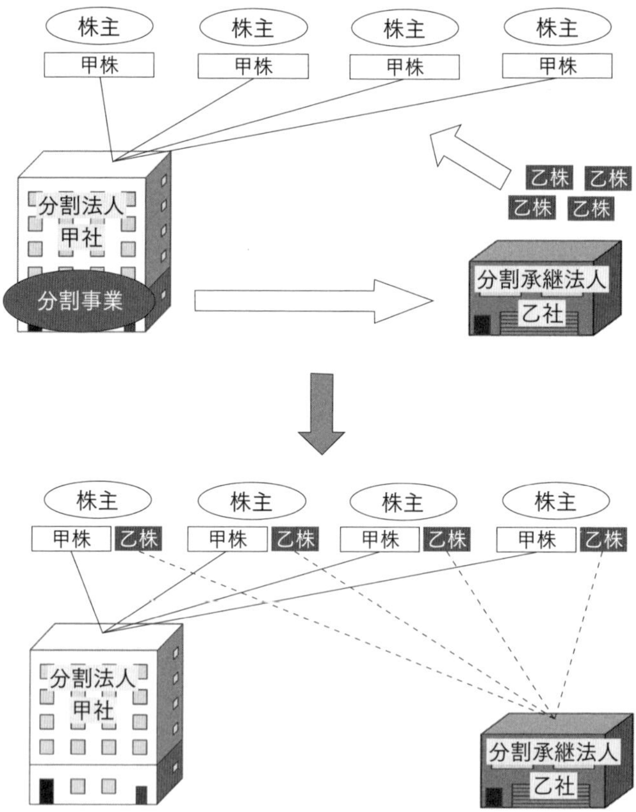

資産を短く分割対価と呼びますが、税法上の適格は、この分割対価が株式に限られるのです。なぜなら、法人税法は同一資本による支配が継続しているのか、同一資本による支配は終了したかにだけ興味があるからです。支配が継続していれば税金はとれないが（繰り延べ）、支配が終われば（別の資本による支配に変われば）税金をとる、という体系だからです。

また分割対価が株式や社債ではなく、「金銭」の場合は、組織再編行為は分割会社に所属していた資産の売買に酷似することになります。それだけに第三者性が強い会社を買収、統合する場合には、分割対価（組織再編対価）が現金になることが多くなります。

なお、物的分割では事業年度は継続しますが、人的分割では分割承継法人に移転する利益積立金額の確定を要するため分割法人の事業年度が分断されます。法人税法上、会社分割による資産負債の移転は時価による移転と考え、課税があるのが原則です（法人税法62条、非適格）。非適格の場合は、分割法人に資産の譲渡益課税が生じ（含み益がある場合）、分割法人の株主にはみなし配当課税と譲渡益課税が生じることになります。

しかし、新設分割の人的分割について法人税法の改正（２条12号の11、同法施行令４条の３第９項。平成29年４月１日施行）によって、分割承継法人における独立事業承継を条件として、適格に変更されました。人的分割の適格化により、会社を株主ごと二つに割ることが容易になったといえます。アメリカではスピンオフ（Spin off）と呼び、同じことができます（Internal Revenue Code §355）。

5　法人税法上の会社分割

(1)　物的分割、人的分割

上記の物的分割も人的分割も慣習的に用いているだけで、法律上の用語ではありません。旧法下の会社法には人的分割が規定されていたのですが、現行法では会社分割は物的分割だけになりました。旧法下では、分割により「出て行った会社の一部分」に特別の利害関係を感ずる株主たちにその利害を保障する分割でした。

しかし、とても重要なことは、現行法下では「出て行った会社の一部分」に特別の利害関係を感ずる株主たちに、その利害を保障する仕組みがなくなったのではなく、保障の仕方が変わったことです。ですから、実質的には人的分割がなくなったのではないのです。平成18（2006）年の会社法の成立の際「人的分割」に変わるその新しい方法とは、「剰余金の配当」です。この変更は極めて重要です。

⑵　税法上の分類

分社型分割も分割型分割も法人税法上の言葉です。おもしろいことに、法人税法では分割法人という言葉も分割承継法人という言葉もあるのに、新設分割の定義がなく吸収分割はその言葉自体がありません。法人税法は、新設だろうか吸収だろうが興味がなく、資本を出した株主の支配が、会社分割によって切断されたのか、継続しているのかにしか興味がないのです。したがって、法人税の世界では、新設分割には分社型分割も分割型分割もあることになり、吸収分割にも分社型分割も分割型分割もあることになります。また、それでも、どうしても吸収分割にあたる会社分割を示す必要がるときは「新設分割以外の分割」と言い回すのですが、これは、失語症的欠陥というべきでしょう。法人税法は、情動を秘めて生きている人間とあまりかかわりを持ちたくないのでしょう。

しかし、法人税の世界では、新設分割であろうが吸収分割であろうが、また分社型分割であろうが分割型分割であろうが、分割の型にかかわりなく、すべての会社分割の型において、「分割法人」と「分割承継法人」という、この二つの言葉だけで組み立てている合理性があるのも事実ですし、便利なことも確かです。なぜなら、分割法人と分割承継法人は会社分割のどのような形にも必ず存在するからです。ところが、分割法人、分割承継法人という言葉は、株式会社にも持分会社にも一般社団法人、一般財団法人とか公益法人、内国法人にも外国法人にも、どんな性質の法人にも適用することを前提とする法人税法独特の言い回しです。そこで、本書では原則として、分割法人、分割承継法人いう用語も使いますが、やはり会社分割法制の本籍地は会社法であって法人税法ではありませんから（この点、アメリカでは会社分割法制の本籍地が内国歳入法という税法であるのと違います）会社法を中心に話を進めていきますので、「分割会社」、「分割承継会社」という用語を頻用します。

なお、以下の記述では、便宜のため、図を多用しますので、分割会社（分割法人）を甲、分割承継会社（分割承継法人）を乙という場合もあります。

(3)　剰余金の配当

(A)　剰余金の意義

人的分割に代わった「剰余金の配当」は、何を配当するかといえば分割承継会社の発行する株式です。誰に向かって発行するかといえば、分割会社の株主です。

① 吸収分割の場合であれば、吸収分割会社が吸収分割と同時に吸収分割承継会社から吸収分割会社に交付する「吸収分割承継会社の株式」がここでいう配当すべき剰余金なのです（会社法758条８号ロ）。

② もう一つは、新設分割の場合で、分割会社が新設分割と同時に新設分割承継（設立）会社から交付を受ける「新設分割承継（設立）会社の株式」が会社法763条１項12号ロの配当すべき剰余金なのです。

そして、上記剰余金とは、いずれも会社法453条以下に規定されている「剰余金」なのです。つまり、現行会社法は、吸収分割であれ新設分割であれ、分割会社の株主に分割承継会社の株式が交付される人的分割で、交付されるその株式のことを、453条以下の真正の剰余金配当と同じに扱い、いずれも「剰余金」と呼んでいるのです。分割会社にいったん入り込んだモノが分割会社の株主に渡る点では剰余金の配当と同じ法的性質だ、ということです。

(B)　剰余金に関する制限の不適用

旧法（商法）下においては、剰余金の配当は金銭によりました。平成18年5月1日に施行された現行会社法で余剰金の配当は金銭以外でもできるという法制に変わったのです。もちろん剰余金の配当が金銭による場合には、剰余金が会社の中に存在していることが絶対に必要です（会社法461条1項。これを配当制限と呼びます）。ところが、ここでいう配当される「剰余金」は「株式」です。したがって、会社分割に伴う「剰余金の配当」には、「剰余金の配当制限」（会社に株主に配当できる剰余金がなければ配当はできないという厳しい制限）の適用はありません（同法792条、812条）。この意味で真実の剰余金の配当ではないのです。会社がその株主に会社が持っている「物」を与える点で、形が剰余金の配当と同じだから剰余金の配当に一括しているのです。性質が同じとはいえ、誤解しやすい言葉です。

(C)　剰余金の配当は株式分配

そうすると、この意味での「剰余金の配当」は、株式の配当ですから、すぐにこれは「株式分配」（平成29年改正、法人税法2条12号の15の2）と同じだと気が付きます。そして「適格株式分配」（同法12の15の3）に発展しました。これだけでも随分と法人税法上の適格組織再編行為の幅が広がりました。しかし、同時に法人税法は会社法と解離を始め、独自の世界に入り込みました（後述します）。

(D)　全部取得条項付種類株式との組み合わせ

それだけではありません。人的分割で分割会社の株主に別の会社の株式を交付するという発想原型は、既存の資本を新規の資本と瞬時に交換するという原理を含んでいますから、目を見張るような、多様な、広範囲な組織再編の世界に展開するようになりました。その最も華麗な株式の舞踏会のような世界が全部取得条項付種類株式と組み合わせる世界です。

(イ)　全部取得条項付種類株式の性質

それは全部取得条項付種類株式の性質が、同株式を発行する会社は、株主総会の決議によって、その全部を買い取って自己株にしてしまうことができる性質を持っている点にあります（会社法108条1項7号、155条5号）。そして、その取得対価として同株式を発行している会社の他の種類の株式だけでなく、それ以外に同社の社債、新株予約権も、別の会社の株式も、金銭（株式等以外の財産）さえも取得対価とすることができること（同法171条1項1号）が多様さを彩っています。

(ロ)　全部取得条項付種類株式の発行手続

普通株式しか発行していない会社が株主総会の決議により取得できる全部取得条項付種類株式を発行しようとすれば、何らかの種類株式を発行できると定款を変更し（会社法309条2項11号）、かつ種類株主総会の決議（同法111条2項1号2号3号、324条2項1号）を得ればできることになりました（ただし、普通株式だけの発行会社が定款を変更して種類株式を発行できる旨を定款に定めたとき——同法108条2項——は、普通株式も種類の一種とみなされることになります。したがって「内容の異なる二以上の種類の株式を発行している」ことになります。この点は注意を要します）。

(ハ)　種類株式と株主平等原則

種類株式は懐が深く、多様な種類が発行可能です（会社法108条）。議決権のない株式、配当のない株式、配当優先権のある株式、配当が劣後する株式、残余財産分配請求権のない株式（同法105条）などです。ところが喜んでばかりはいられないのです。なぜなら、種類株式は、他の種類の株式とは違う取扱いをしても許される性質を持っていますから、株主平等の原則と衝突する側面があり、とても使いにくいということです。

ここで注意を要するのは、株主平等原則の正確な意味です。もともと種類株式とは、他とは違う内容の株式を意味していますから、株主平等の原則に初めから違反しているようですが、そうではないのです。株主平等原則の定義とは、「株式の内容及び数に応じて、平等に取り扱わなければならない」（会社法109条1項）です。「数に応じて」はわかりやすく説明は不要でしょう。問題は「内容に応じて」です。内容に応じて平等であればよいのです。

例を出しましょう。議決権が「ない」株式と議決権の「ある」普通株式との間には平等原則は働かないのです。なぜなら種類が違い、内容が違うからです。逆にいうと、議決権が「ない」株式と議決権が「ない」株式との間には株主平等原則が働くのです。同様に、普通株式と普通株式の間にも株式平等原則が働きます。

このため、ある種類の種類株式と他の種類の種類株式（普通株式が入りますから注意です）との間に不平等取扱いをしても株主平等原則には違反しません（白人だけの学校では白人同士を平等に扱い、黒人だけの学校では黒人同士を平等に扱えば、学校は別々とする「差別取扱い」をしてもアメリカ憲法修正14条には違反しないのか、という公民権問題とよく似た平等と差別を思い出させます）。ただし、不平等取扱いをすることができると明示した規定がある場合に限ります。たとえば、会社法454条２項２号は、内容の異なる二以上の種類株式を発行している場合には、配当財産の割当について不平等取扱い（A種類株式には分割承継会社の株式を交付するが、B種類の株式には株式交付をしないなど）してもよいことを認めています。

㈡　属人株の導入

しかし、上記㈺の決議をしようとするときは、取得されることとなる種類の株式を持っている株主は、反対株主として、会社に対し、自己の有する株式を公正な価格で買い取れと要求する権利が与えられています（反対株主の株式買取請求権。会社法116条１項２号）。それ以外にも、種類株式発行会社が何かしようとするときに、ある種類の株式の種類株主に損害を及ぼすおそれがあるときは、損害を受ける種類の株主の種類株主の株主総会の（ですから、普通株式も発行している場合には普通株式の株主総会も）議決を得なければ法律上の効力が生じない規定となっており、その対象となる会社の行為は広範で、吸収分割も吸収分割承継会社による承継も新設分割も入っています（同法322条１項８号、９号、10号）。ですから、種類株式を導入して、何かをしようとしても、反対株主の買取請求権行使か、種類株主総会の議決の必要性に衝突し、そこで尻込みし、お金を出して反対株主の持つ株式を買い取らざるを得なくなることが多いのです。

このように、種類株式の使い方は、面倒です。そこで、非公開会社では議決権、配当請求権、残余財産分配請求権について株主ごとに異なる扱いを認めている属人株（会社法109条２項）を使うことをお勧めします。属人株の導入のためには面倒な手続は不要で、定款変更の手続で定款にその導入を決めればよいだけです（同法105条２項）。

ただし、属人株にも会社法の第２編（株式会社)、第５編（組織変更など）の適用にあたって種類株式の規定の適用があります（会社法109条３項）ので、一挙に楽になるわけではありません。しかし、第７編（雑則）の適用がありません。つまり登記規定の適用がないのです。属人株は（種類株式とは違って）登記しなくてもよいのです。それだけでも、ずいぶんと属人株は使いやすいのです。次に詳しく述べます。

⑷　株式平等原則

(A)　株式平等原則と属人株

株主平等の原則は株式会社法全体を一貫する重要な原則です（会社法109条１項)。もちろん会社分割においてもこの原則は貫徹しています。人的分割の際、分割承継会社の株式を分割会社の株主に対して交付する際、その株主の持つ株式の割合に応じて交付されなければならない、というようにこの原則が顕在化します。ところがこの原則にも例外があります。それが属人株です（会社法109条２項)。

属人株とは当該株式を所有している株主ごとに異なる取扱いをすることを許容する株式という意味です。株式の内容の属性ではなく、株主の属性によって他の株主と違う取扱いが許されるのですから注意が肝要です。株式の持つ議決権、配当請求権、残余財産配当請求権のいずれについて株主の違いに応じて違う扱いを許容するのです。もちろん上場株式には許されず、株式全部に譲渡制限のかかった株式にしか許されません。したがって公開会社ではない会社において利用される株式に限りますし、このような、人に応じて異なる取扱い方は定款に規定されていなければなりません（会社法109条２項）。

どのように属人株式を利用するのか、例示しますと、該当会社は100株を発行しているが、社長である父親が所有する株式は１株だけであるが、その１株に100議決権があり、長男が持つ株式は99株だが１株につき議決権が１というような例です。この場合。父親は１株式しか持たず息子は99株持っていても、父親のほうがいかなる議題についても議決を制することになるわけです。

注意しなければならないことは、この属人株は会社法の第２編(株式会社)と第５編（組織変更など）においては種類株式の一種として扱われることです（同法109条３項)。反対株主買取請求権は第２編に規定されていますから、属人株式を導入しようとすると、それに反対する勢力は、自分の株式を買い取れと要求してくる可能性があるわけです。このため、実務的観点からは、属人株式を導入してもうまくゆくときとは、属人株の特色を利用したい人が属人株導入時点において、全株式に近い株式数を掌握しているときとか、株主の中に他人はいない同族企業の場合です。導入のための定款変更には総株主の半数以上であって総株主の議決権の４分の３以上の賛成を必要とします（同法309条４項)。特殊決議と呼ばれています。会社支配を安定的に行うには議決権の75％以上を掌握しなければならいと、よくいいますが、それはこの規定からくるのです。

(B)　名称の問題

この属人株式は、株主の人的属性によって他の株式と違った取扱いをしても許されるわけですから、ある特定の株主、たとえば総議決権のうち10％未満の議決権しか持っていない株主を、たとえば議決権の80％以上を持っている株主とは違う、不平等な取扱いをしても許容されることを意味しています。この意味で、私はこの株式を、属人株というわかりにくい言い方よりも、「不平等取扱許容株式」と呼んだほうがストレートでよいと思っています。

⑸　適格分割、非適格分割

適格、非適格は、ともに法人税法上の言葉で、適格とは課税が繰り延べられる（法人税法62条の２など）こと、非適格とは分割の時点において簿価で計上されていた資産および負債が、移転する資産および負債として時価で評価され、その結果含み益があると、時価額で課税がある（同法62条）ということを意味しています。課税されるのは新設分割会社、吸収分割会社であって、新設分割設立会社や吸収分割承継会社ではありません。

何でもそうですが、課税があっても苦情はいわないのであれば、大抵のことはできます。弁護士や税理士が会社分割を依頼される理由の大半は、適格になるよう会社分割を設計してくださいという意味だと思わなければなりません。ただし、繰越欠損金を消すため意図的に含み益を表に出す非適格に設計することは結構あります。

第２章　債務の承継（改正民法〈債権関係〉対応）

1　債務引受

⑴　債権者の承諾のない債務の承継

(A)　「債権者の同意ない債務承継はあり得ない！」

平成14（2002）年、私が、ある税理士の団体で、できたばかりの会社分割制度について講義していたときです。会社分割の原理として、債権者の同意なく債務の包括的承継が起きるのだ、会社分割という新しい法技術を我が物とするには、この点を理解することが重要だ、というような言い方をしたとき、若い女性の税理士が質問に立ち、それは何かの間違いではないか、債権者の承諾なく債務が別の法人に移転承継されるはずがない、そんなことが起きればこの世は闇だ、というような趣旨の質問というより、詰（なじ）るような感じで聞いてきました。

私は、債権者の承諾がなくても債務が移転承継される事例は、相続でも合併でもあるではないかと反論しましたが、その女性は、相続は人の死亡によって発生するのだから人為的なものではない、しかし後藤の話では分割計画書とか吸収分割契約書の作成という人為的手法によって債務が移転することになるのだから、どの資産、負債を承継させるかは人為的に決めることができるではないか、話が違う、合併では債務だけではなく債権もなにもかも一緒に承継されるのだから、それなりに納得がゆく、後藤の話では債権から切り離されて債務だけが移転承継される場合があるのだから話が違う、やはり会社分割では債務だけが移転承継されるという話はおかしい、だいたい、そんなことを規定している条文がないではないか、というのです。条文がないということには参ってしまいました。確かに、商法（当時）の中に債務だけの承継ができると規定した条文はなかったのです。

(B)　条文の理解の仕方

しかし、まず条文の中に、債権者の承諾なく債務が、他の債権などと一緒に、別の法人に移転承継されることを認めていると読める規定はあるのです。会社法764条１項に「新設分割設立株式会社は、その設立の日に、新設分割計画の定めに従い、新設分割会社の権利義務を承継する」と規定されています。吸収分割については同法759条１項に「吸収分割承継株式会社は、効力発生日に、吸収分分割契約の定めに従い、吸収分割会社の権利義務を承継する」と同じように規定されています。新設分割であれば「新設分割計画の定めに従い」、吸収分割であれば「吸収分分割契約の定めに従い」分割の効力が発生するのですから、債務だけが分割承継会社に承継されると分割計画書に書けば（ないし、契約すれば）債務だけが承継会社に承継されることになります（理解の仕方としては、包括承継の特殊な形として理解されるということでしょう）。

通常、法人税法の条文では煩わしいほど、しつっこく、くどくどと書いてありますから、税法の条文解釈では、書いてあるとおりに読む能力が要求されますが、民法や会社法は、法を適応すべき局面があまりにも広範であるため、骨だけがあっさりと書いてあります。ですから条文が何をいわんとしているのか、その背後を読み抜く能力が要求される、ということでしょうか。

(2)　免責的債務引受

(A)　民法の改正

そのうえ、平成29（2017）年６月、「民法の一部を改正する法律」（債権関係の民法改正法）が公布され、民法のうち基礎的な部分である、債権債務に関してかなりの改正がありました（施行日は令和2（2020）年4月1日です。以下、これにより改正された民法を「改正民法」といいます）。といっても、税法のように全く新しい制度が新設されたというのではなく、従来、裁判上は認められており、判例として認識されていたものが、今回、明文になったものがかなりあります。債務の引受けが、そのうちの一つです。従来、「債務引受」は判例上も認められていました。したがって債務引受の条文は今回の改正で初めて登場したのですが、それまでの先例が集積された判例集を参考とすることができます。

債務引受とは、債権者債務者間の債務について、従前の債務者ではない第三者が、従前の債権債務の内容に変更を加えないまま、その債務を自己の債務として引き受けることを意味します。別の言い方をすると、債務それ自体には変動がなく、債務者に変動があるという場合です。対象にではなく主体に変動があるという把握の仕方です。

(B)　二種類の債務引受

改正民法における債務引受には、二種類あります。一つは第三者の債務引受によって従前の債務者は債務履行責任から離脱し解放される債務引受です（472条）。もう一つは従前の債務者の債務履行責任が消滅しない場合です。つまり同一の債務について債務者が複数になる場合です。前者は免責的債務引受と呼び、後者は併存的債務引受（あるいは重畳的債務引受）と呼びます（470条）。

免責的債務引受の場合は、債務者の交代が起きるわけですから、債務履行義務者の財産状況によっては債務の履行可能性に影響を与えかねませんから、債務引受（の法的効力の発生）について債権者の承諾を要する定めです。ただ改正民法では免責的債務引受が債権者と引受人との間でなされるときは、両者間の契約（合意）によってなされることを要し、債権者が債務者にその契約をした旨を通知したときに効力を生ずる定めです。債務者が知らないところで債務引受が発生することを防ごうという趣旨です。もう一つ、免責的債務引受は債務者と引受人との契約でもすることができます。ただ、この場合は、引受人が誰かによって債務の履行可能性は変わってきますから、場合によっては債権者が免責的債務引受の効力を否定できるよう、債権者の承諾によって効力が発生すると定められています。

(C)　債務引受と債務の承継

それでは、会社分割において、分割承継会社に承継された債務の承継は、免責的債務引受の性質を有するのでしょうか、それとも併存的（重畳的）債務引受の性質なのでしょうか。原則に帰り、会社分割計画書ないし分割契約書にどのように書かれているかによって決することになります。通常の会社分割実務では、新設分割の場合でも吸収分割の場合でも、分割承継会社に承継されていく債務について分割承継会社が履行した後、分割承継会社が求償権を持つかどうかについて、一切記載しません。つまり、免責的債務引受がなされたものと扱います。会社分割は別々の会社になる手続だからです。ただし、免責的債務引受の結果、新設分割の場合も吸収分割の場合も、分割承継会社に承継された債務についての債権者は、分割会社に対して債務の履行を請求できなくなりますから、会社分割について異議権を持ちます（会社法810条１項２号、789条１項２号）。このため、会社分割の実務では、この異議権を消滅させるため分割承継会社に承継された債務について、分割会社が併存的（重畳的）に連帯保証するのが普通です。この場合、債務引受という言葉を用いないで連帯保証という言い方をしますが、債権者から見て法的効力に変わりはありません。

(D)　求償権非発生

重要なことは、分割承継会社に承継された債務の承継は、免責的債務引受の性質を有するため、債務引受人である分割承継会社は、従前の債務者、つまり、分割会社に代わって債務を履行した後に、分割会社に対して求償権を持たないのです。改正民法における免責的債務引受においても求償権は発生しません（改正民法472条の３）。

しかし、なぜ求償権が発生しないのでしょうか。改正民法においては従来の債務者は免責されるから、求償権による追及もあり得ないわけですが、では会社分割においてはいかなる理由で求償権による追及ができなくなるのでしょうか。分割承継会社は、分割して分かれていった分割会社の債務を履行したのですから、自分の負担となった債務を履行したとはいえ、元は他人の債務であった債務を履行したのですから求償権が発生してもよさそうに思えます。会社分割は別々の会社になる手続ですから当然だといってみても、別会社が負担していた債務を別会社である分割承継会社が履行したのですから、求償権が発生してもよさそうなものではありませんか。

(E)　負債の出資

実は、会社分割は損益取引ではなく、資本取引だからなのです。まったく新しく会社を設立するための現物出資をしたり（新設分割）、すでに存在している会社にすでに存在している会社の一部を増資（現物出資）する（吸収分割）行為なのです。資本取引ですから債務の承継には損、得が本質的にあり得ないのです。損益取引ではない以上、求償権が発生するはずがありません。また、会社分割においては債権者の承諾なく債務の移転承継が発生するのも、同じ理由からです。

(F)　会社法上の会社分割による債務引受と改正民法上の債務引受との違い

以上のとおり、免責的債務引受は改正民法においても会社分割においても生起します。しかし法的性質は根本的に違います。

改正民法では免責的債務引受が債権者と引受人との間でなされるときは、両者間の契約（合意）によってなされることを要します。もう一つ、免責的債務引受は債務者と引受人との契約でもすることができます。したがって民法上は免責的債務引受の法律要件は債務者という法律行為者の債務引受意思の表示行為です。ところが会社法上は株主総会における特別決議という団体法的法律行為なのです。したがって、前者には虚偽表示無効、心裡留保の有効無効、錯誤、詐欺、脅迫による取消しの適用（ただし、改正民法による改正に注意）がありますが、後者にはありません。

2　会社分割の偉観

(1)　抜け殻分割

(A)　抜け殻分割（合併類似分割型分割）

(イ)　抜け殻分割とスピンオフ

会社分割の具体的内容に入る前に、少し、民法とか商法とかの平面的な法律の世界では見られない会社分割独特の立体的法現象を検討しておきましょう。

会社分割では相続や合併で見られるように、債権者の同意なく債務の承継が発生します。このことから会社分割の世界で、極めて特徴的な法現象がいくつか見られます。

その一つが抜け殻分割と呼ばれる会社分割です。これは人的分割の一種で、分割会社の全資産と全負債がすべて、分割承継会社に承継され、分割承継会社からの分割対価は分割会社の株主に交付されてしまい、まったく分割会社は「空っぽ」になってしまう分割です。分割承継会社の対価株式は分割会社に対して交付されるのではなく、分割会社の株主に、分割会社を通じて間接に、すべて交付されてしまいます（人的分割）。分割対価である分割承継会社の新株が、分割会社の株主が従来から持っていた旧株式を同株主に持たせたまま交付されるところに特徴があります。したがって旧株主は旧株式と分割承継会社の新株式の双方を持つことになります。アメリカでスピンオフと呼ばれる形の一種です。なお、誤解を避けるために念のため付加しますが、スピンオフは分割会社の中味が空になる必要はありません。ですから抜け殻分割は、スピンオフの一種なのです。

なお、抜け殻分割は新設分割だけではなく吸収分割でも同じことができます。しかし、スピンオフと呼ばれているのは新設分割の場合だけです。なぜそうなのか、特別の理由はないでしょう。

スピンオフは、税法では従来、甲分割会社に新株式が交付（譲渡）されることに伴う法人税課税、旧会社甲の株主に新株式が交付されることに伴う「みなし配当課税」が認識されていました。しかし、これも平成29年から法人税適格になりました（法2条12号の11ニ）。スピンオフの利用範囲が広いことを考えると、これは影響の大きい法改正です。今後、この適格スピンオフを利用する事例は著しく増加するでしょう。

この抜け殻分割の形は一時期、法人税法で、「合併類似分割型分割」という名で規定されていた形です。分割会社の中味がすべて一度に承継されますから合併に類似している（特に吸収分割の場合）し、分割対価株式が分割会社の株主に交付されますので、会社が分割会社と分割承継会社の二つに分割されてしまいます（両社の間に支配関係がない）から、分割型分割というわけです。この形は従来繰越欠損金の引継ぎが認められていたのですが平成22年法人税法改正で認められなくなりました。

このような分割に何の意味があるのか疑問に思う向きもあるでしょう。例を設けて説明しましょう。

㈺　抜け殻分割の具体例(1)

新設分割型分割は同時に複数の分割承継会社を新設することができますから、抜け殻になる会社を親会社として資産負債を承継する会社を複数設立すると、複数の被支配会社を有する持株会社を一挙につくることができます。たとえば、関東から岩手県にかけて営業所とか支店をいくつも持つ会社がそれぞれの営業所とか支店を独立採算の会社とし、持株会社である本社（分割会社の株主が別法人である場合）が株式保有を通じて支配する形態に持ち込めるというわけです。

雪印という著名な会社が、一か所の店舗で起きた不祥事で会社全体が潰れそうになった事案を見ていたある健康食品の製造販売会社が、一支店で起きた衛生上の不祥事で（新聞紙上で叩かれることにより）会社全体が潰れるようなことは防ぎたい、何かよい方法はないかと相談してきたときに、抜け殻分割方式を勧めたことがあります。この事例ではもともと資産が盛岡、仙台、二本松、会津、福島、白河、などなどに分散していましたし、持株会社化したのちも、それら営業所や支店を物理的に移動する予定はない計画でしたから、この抜け殻方式はうまくいきました。

(ハ)　抜け殻分割の具体例(2)

もう一つ、類似の、おもしろい事例があります。外国会社から資本が入った内国会社が1社あり（甲社とします)、甲社は当該外国会社から仕入れた商品を全国に散在している内国会社100社に供給する契約を締結していました。つまり100件の国内契約を締結していたわけです。ところが甲社は、その外国会社と資本関係も解消し契約関係も解約し、国内の100社との関係だけは維持したまま別の資材仕入関係に移行する必要が出てきました。100社のほとんどがこの商品組み換えに同意していましたが、外国会社が甲社との解消解約に応諾してくれません。そのうえ、100社の相手が全国に散在しているため、甲会社との新規契約を書面にするだけでもかなりの事務量で実費費用もかさみます。甲社は、契約している100件の会社はお得意様ですから、そのお得意様にはなんの費用負担も、手数も迷惑もかけないで、従来の100社との契約関係をそのまま維持しながら供給する商品の内容を変えてしまう方法はないでしょうか、と相談してきました。

このような事例でも、抜け殻分割によって、現在の国内事業を維持継続しながら、資材仕入関係を短時間に一挙に別会社に切り替えることができるのです。甲会社は脱げ殻新設按分分割型分割（この当時は分社型分割プラス剰余金の配当という方式はまだ会社法に規定がありませんでした）を行い、すべての会社資産を新会社乙社に移転し、新会社の商号、取締役、商品、商標等はすべて旧会社に同じとし、100件の契約は新会社に承継し、外国会社に対する買掛債務は処理した後外国会社との契約関係だけは抜け殻旧会社の外皮（ハル）のなかに残置してきたのです。外国会社との契約は旧会社に残置してきましたから、その「部分」だけは残りますから100％の抜け殻ではありません。しかし、その外国会社としては甲会社に対する追撃の方法がなく、また甲会社との将来の友好関係維持の必要から、法的紛争にはならずに終わりました。乙会社（その実は甲会社）は100件のお得意様には契約書新規作成の費用負担と手間暇かけないで終わり、その後も良好な関係を維持しています。

(B)　分割会社の始末

抜け殻分割を実行した場合、空っぽになった分割会社の始末をどうするかの問題が残ります。後に述べる事業譲渡の場合は、事業の全部の譲渡を承認する旨の株主総会議決をするときは、同時に会社の解散株主総会議決をすることが認められています(会社法469条１項１号、471条３号)。ところが、現行法上会社分割により分割承継会社を設立すると同時に分割会社を解散する「解散分割」を認める法制度が規定されていません。登記簿から消してしまうためには、解散、清算の手続を別途とらなければなりません（上記の実例では長期にわたって甲会社は休眠状態にしました)。これは面倒ですし、分割会社が債務超過でない限り手間暇かける意味がありません。

分割の際一挙に法人格を消滅させてしまう「解散分割」という分割方法は、分割の方法として便利で、利用価値がありますし、これを認めたからといって副作用はなさそうですから、将来は会社法が改正され「解散分割」が認められることになると思っています（アメリカ法には、会社分割と同時に分割会社を解散してしまう、スプリットアップという方法があります。後に第Ⅳ部で述べます)。

もう一つ、上記(A)(ハ)の具体例(2)では新会社（乙会社）は旧会社（甲会社）と同じ商号を使用しています。100件のお得意様を債権者とし分割会社（甲会社）を債務者とする営業上の旧債務は分割承継会社（乙会社）は進んで債務引受をし履行しましたし、それらお得意様は分割会社の旧債務を新会社に請求して履行を迫るということはまったく問題にならない事例でしたからよかったのですが、一般的には、分割承継会社が分割会社と同一の商号か、類似の商号を使用する場合には旧債務の「みなし承継」の問題があります（裁判所は「みなし承継」を幅広く肯定する傾向にあります）から注意しなければなりません。

⑵　債権譲渡との違い

⒜　債務引受と債権譲渡

債権譲渡は、債務の引受けと、ちょうど反対の法現象です。債務の引受けでは債務の同一性を維持しながら債務者に変動が起きるのですが、債権譲渡では債権の同一性が維持されながら、債権者に変動が起きるのです。物的変動ではなく人的変動だという点では同じです。

ここで議論している債権は、債権者が誰になろうとも債務者に異議はないドライな指図債権（手形、小切手など）や無記名債権（商品券、鉄道乗車券など）ではなく、指名債権を念頭において議論していますから、元来譲渡性を予定していない債権です。指名債権では債権発生の時点において債権者が特定しています。通常の個人間の貸し借り、個人が銀行から借入れした金融債務にかかる債権、それに企業と企業との商品やサービス依頼とその遂行にかかわる債権はすべて指名債権です。最も重要なことは通常の金融債権は指名債権だという点です。

指名債権が発生するについては、債務者との間に何らの人的関係が多かれ少なかれ付きまとっています。この人だったら私の債権者であってもよいが、あの人では断るという性質です。このため、一度発生した債権であっても、その債権を第三者に譲渡することができるかという問題がありました。ある権利に譲渡性があるということは商品性（換価性）があるとか、金融担保性があることと同義です。この点改正前民法は、指名債権は債務者の承諾なく第三者に譲渡することができると規定していました。その程度の商品性は認めていたのです。しかし、債権者と債務者とで債権譲渡を禁止するという特約が法律上有効であると認めてもいました。両者の合意で商品性金融性を奪うことができたのです。

⒝　債権譲渡禁止特約

ところが、今回の民法改正（施行日は原則、令和２（2020）年４月１日です）の重要な点は、両者の合意で譲渡禁止を合意したときであっても「債権の譲渡は、その効力を妨げられない」と規定した点です（改正民法466条2項）。譲渡禁止の有効性を引っくり返したのです。当事者間で譲渡を禁止しても譲渡できるという規定です。今回の改正の中でも社会に与える影響が大きい改正です。

譲渡性があるとはつまり商品性があることですから、この新規定は金融の実務に重大な影響を与えるでしょう。指名債権が商品性を帯び、高い換価性を持つことになりました。金融債権者たちは、債権成立後、債務者が何をいおうが、債権を第三者に処分すること、つまり投下資本の回収がやりやすくなります。

しかし、譲渡禁止が有効だということは、債権者と債務者との間の契約の効力の問題ですが、譲渡可能性は債権者と第三者との間の問題ですから、譲渡禁止特約が無効であるといっても、その無効は債権者と第三者との間でそうだ（譲渡は有効だ）ということであり、債権者と債務者との間では債権譲渡禁止の特約の効力が無効になるわけではありません。このため債権者と債務者両者の合意で譲渡禁止を特約すれば、債務者の承諾なく債権譲渡がされれば、債務者から見れば、裏切られたわけで、禁止約束を破った債権者と禁止を約束させた債務者との間に関する限りは、かえって、紛争が多発するでしょう。指名債権は通常金銭に関係していますし、契約違反による損害額の計算は、金銭債権に関する限り（人身損害とか名誉棄損とは違い）、難しくはないのが普通ですから、譲渡禁止特約のある債権の譲渡に関する訴訟が多発するのではないかと一応は考えられます。しかし、この場合の損害は、債権額そのものの損害ではなく、譲渡できないのに譲渡されたことによる損害ですから、損害額の立証は容易ではありません。

(C)　債権譲渡と債権の承継

会社分割では、会社分割の効力として分割会社が債権者として有していた債権が分割承継会社に承継されますから、債権譲渡とほとんど同じ債権の承継が起きます。ただし、債権者に変動が起きる法律上の原因は、債権譲渡のように民法上の意思表示の効力（つまり、契約）ではなく会社法上の、株主総会における特別決議による組織再編法律行為としての効力です。会社間の契約による吸収分割の場合でも吸収分割契約が株主総会の特別議決によって効力を生ずるのですから、この団体法的論理に変わりはありません。このため会社分割による債権者の変動については心裡留保、錯誤、詐欺など民法総則に規定されている意思表示を要素とする法律行為の無効、取消しは妥当しません。

分割会社を債権者とし第三者を債務者とする指名債権について、改正民法の下で、債権者と債務者との間で当該指名債権について譲渡禁止の特約がされたか、されないかにかかわらず、会社分割によって分割会社の債務者であった者が分割承継会社の債務者に変更させられた場合は、債務者は債権者の変動が起きたところに従い、債務履行の義務を負いますし、分割承継会社に対するその履行は法律上有効と認識されることになります。

(D)　債権譲渡の威力

債権譲渡の実務的力は会社分割の実務的力に比べれば何となく劣るように感じられるでしょう。ところが使う機会によっては債権譲渡は大きな威力を発揮します。特に日本国内で発生した債権を国外で債権として使うために、日本国内で債権譲渡する場合です。このように国内で発生した債権を海外で権利行使をしようとするときは会社分割の技術ではうまくゆきません。しかし債権譲渡は威力を発揮するのです。

まず債権、そのうちでも金銭債権は、まずどこの国の国内においても日本国内と同様の金銭債権として認識され、ほとんど同様の法的効力を持ちます。私は50年近く、アジアの国々においても大陸法系諸国、欧米法系諸国においても、さまざまな法律事務を行ってきましたが、そのほとんどが債権の発生、履行、変更、譲渡、消滅に関係する法律事務でした。その過程で日本国内法に従い発生した債権が外国では債権ではないと拒否されるなどの、異常事態に遭遇したことはまったくありません。金銭債権はどの国においても金銭債権です。外国人弁護士との会合で、日本国内で発生した債権の準拠法は日本法であると押し通して抵抗にあったことはありません。

債権譲渡の使い方でも、債権譲渡の威力を感ずるのは、債権者甲は国内に居住している（個人ではない）法人であり、債務者乙が国内に居住している個人であり、第三債務者（つまり債務者の債務者）丙が外国にいる居住者である個人の場合です。つまり日本法人である債権者甲が、国内居住者である個人乙に対して債権を有しており、かつ乙が（日本国内にほとんど見るべき資産を持たないが）海外居住者である個人丙に対して債権を有している場合に、甲は、乙が有している丙に対する債権の譲渡を国内で受けて、海外において丙に対して譲渡を受けた債権の行使をするときです。

具体的事例はいくつもありますが、そのうち一つだけ示しましょう。チリのアニータ・アルバラード・ムニョスに対する強制執行をした事例です（この名前に記憶のある読者も多いでしょう）。甲は青森県住宅供給公社です。乙は約15億円の横領の罪で青森県内に未決拘留されていました。丙はアニータ・アルバラード・ムニョスで、南米チリに居住していました。チリ法上、乙は丙（アニータ・アルバラード・ムニョス）の夫でした。私は甲（県住宅供給公社）からの依頼で、甲の乙に対する、横領を原因とする不法行為債権をもって、乙が丙に対して持っていたチリ法上の金銭債権を、甲の代理人として、譲渡を受けました。私はチリ国内で丙に対して現地弁護士と組み譲渡を受けた債権を原因として、裁判によらない方法で、丙名義になっていた豪邸を青森県住宅供給公社の名をもって差し押さえ、競売して金銭を回収しました。

(3)　事業譲渡

(A)　事業譲渡と会社分割

会社分割の法的、税法的理解のためには事業譲渡（会社法467条以下）と比較するのが有意義です。まず事業譲渡は、ある会社の事業の全部または重要な一部を他の会社に譲渡することをいいますから、会社分割に極めて類似しています。このため、事業譲渡を実行する理由も、会社分割に類似している場合があります。事業譲渡会社に過剰な負債があるけれども収益性のある事業を持っていて、しかし、放置すれば会社全体が債務超過で倒産しかねない状態にあることから、譲渡会社の収益性ある事業部門を譲受会社に移転し、譲受会社で獲得できる収益で譲渡会社に残留してきた債務を返済し、収益性ある事業部門を譲受会社の下で活かしていこうとする場合にも使うことができる手法です。

これを大規模に実行した実例が、チッソの水俣病補償に関するチッソ株式会社とチッソ事業会社（以下、「JNC株式会社」といいます）の分離に関するものです。

私は、水俣病被害者の認定問題と被害補償、それに関連する行政法上の水俣病認定申請と行政不服、それに行政訴訟、補償を求めて会社に座り込む患者たちと会社との衝突をめぐる刑事裁判や、それにチッソ一株運動に関連する株主総会決議取消訴訟なども含めて、昭和43（1968）年以降、27年間ほど被害者側の代理人として関与してきました。

チッソ株式会社は第一次世界大戦前に、世界で初めて空気中の窒素を固定物として取り出す技術である空中窒素固定法の工業化に成功した会社でした。この技術を基礎に化学肥料とか火薬を製造し、鴨緑江（おうりょっこう）に東洋最大の水力発電所を建設し、朝鮮半島全域に高圧線配電網を張り巡らせて大電力を供給し、興南（ふんなむ）工場を中核に朝鮮半島の工業化を実現した昭和コンツェルンの雄です。特に第二次世界大戦後は、液晶に関する特許を取得保有し、液晶系原料に関する製造販売では世界のトップクラスの会社ですから、水俣病被害民に対する補償の実施と企業の収益性をどう両立させるかは、昭和40年代以降の重要な日本の課題でした（後藤孝典『沈黙と爆発　ドキュメント水俣病事件』（集英社、1995年））。

政府は、平成21（2009）年、「水俣病被害者の救済及び水俣病問題の解決に関する特別措置法」の立法を図り、この特別法の中に、水俣病補償関連債務（未履行分を含む）と公的負債（現時点の残高約1990億円）の履行のため、チッソ株式会社を事業譲渡会社として事業譲渡の手法を用いて水俣病補償をも実行する事業再生計画を企画しました。つまり、その事業のうち収益性の高い液晶製造販売事業等の化学製品製造事業（純資産価値は約500億円）を、事業譲渡の手法で、JNC株式会社に対し、裁判所の許可を得て切り離し、その事業譲渡対価としてチッソ株式会社がJNC株式会社から受け取る同社の株式を、将来上場し、市場で譲渡することによって得られる利益を原資として水俣病補償関連債務と公的債務を履行することを骨子とする事業再生計画を、チッソ株式会社に立案させました。この計画は実行段階に入り、JNC株式会社は平成23年に設立されています。同事業譲渡の実行とJNC株式の譲渡には環境大臣の承認を得なければならない定めになっています（同法12条）。チッソ株式会社は上記事業譲渡の実行について大阪地裁に同法10条に基づく許可の申立てをしていましたが、同年2月8日に許可を得て、事業譲渡を実行に移しました。水俣病事件と一時も早く縁を切るのがチッソ株式会社の悲願ではありましょう。チッソ株式会社はトップレベルの技術を持つ世界有数の化学会社であることも事実なのです。環境省に提出された事業再編計画によるとJNC株式の評価額は2300億円程度と見られます。JNC株の上場か第三者への売却によって、国がこれまで患者への補償のためチッソ株式会社に貸与してきた債権を一気に取り戻すことができるのです。今後は、いつ上記JNCの株式が上場されるのか、あるいは第三者に売却されるのか注目していきたい。

なお、上記のチッソ株式会社からJNC株式会社に対する液晶関連等化学製品製造事業の事業譲渡については民法の詐害行為の規定、破産法、民事再生法、会社更生法の詐害行為の否認規定、偏頗行為の否認規定は適用されないという条文上の手当てがされています（上記特別措置法14条）。

上記の事業譲渡と将来のJNC株式会社の株式上場益を原資に補償金等を捻出する発想は、本書で説く会社分割と民事再生法上の事業譲渡を結合する方法（第Ⅴ部、別の事件で詳論します）からアイデアを得たものであることは容易に想像できます。

(B)　事業譲渡が選択される理由

(イ)　手続の差異

チッソ株式会社の上記事案では、その実態は会社分割の手法に酷似しているのに、会社分割の手法が選択されず、なぜ事業譲渡の手法が選択されたのかについては、検討に値する問題です。政府の支援の下に実行される事業譲渡ですから、個別債権者それに個別債務者の同意をうることも、それほど煩雑にはならないことがあるでしょう。

もう一つには、チッソ株式会社には数多くの事業子会社があり、それら子会社を会社分割法制に従い、一斉にJNC株式会社に配下に移籍させようとすると、分割計画書、分割契約書の作成と事前開示、備付、分割対価等の相当性に関する説明書類の作成、会社計算書類の作成、重要な後発事象の開示、分割会社と分割承継会社の債務の履行の見込みに関する事項、それに反対株主の買取請求にかかわる事項、債権者の異議に係る催告、公告など債権者異議手続、労働者に対する事前通知、説明、事後開示書類の備置（会社法施行規則178条、179条、183条、188条、189条、192条、199条、201条、204条、205条、212条）など、手続が複雑になること、事業譲渡であれば、これら手続はほとんど必要ないこと、がその理由でしょう。この意味で、会社分割は大規模な企業グループ全体の企業群の大がかりな分割には適しておらず、政府が介入する大企業群分割にはむしろ事業譲渡のほうが適しているといえるかもしれません。

(ロ)　それでも会社分割が選択される理由

会社法上の事業譲渡（467条以下）は、事業の全部または重要な一部の譲渡をいいますから、会社分割のうちの抜け殻分割や吸収分割に極めて類似しています。また、手続面においても、譲渡人と譲受人との間で締結した事業譲渡契約を株主総会の特別決議によって承認を得ることを要する点においても、また事業譲渡に反対の株主には自己の株式を公正な価格で買い取ること会社に要求する権利が与えられている点（同法469条）においても同様です（ただし、事業譲渡と同時に解散が議決される場合は反対株主買取請求権は働きません。同条1項1号）。また、事業を構成する不動産、設備、機械などの有体資産だけではなく、ノウハウ、得意先との関係、のれんなど不可視の有機的一体となった営業関係資産が、まさに事業が全体として譲渡される点においても同様です。

このように事業譲渡が会社分割に類似している点がいくつもある割には、実務において、会社の中味全体を第三者に引き渡すときに事業譲渡を使うことはまずありません。会社分割ではなく事業譲渡の方式を採用する場合とは、譲渡するべき事業の規模が小規模の場合とか、譲渡すべき事業が当該事業のほんの一部である場合が普通です。なぜなら、事業譲渡は譲渡すべき事業の中に含まれている債権、契約関係について、当該個別の債権についての債権者の同意（個別契約）、契約相手方の同意が必要だからです。債務の譲渡についても同様、当該債務についての債権者の同意を要するからです。これら同意は債権、債務の移転の対抗要件としてではなく、移転の効力要件です。このことから、事業譲渡においては、通常、会社分割とは違い、債権、債務の譲渡について煩雑な手続を踏まなければなりません。このゆえにおのずから事業譲渡の規模は小さくなるのです。大規模な事業の譲渡は会社分割、合併、株式交換などの組織再編の方法によるのが通常であり、事業譲渡の手法で実行することはまずありません。歴史的には、事業譲渡では繁雑な手法を要するため会社分割の手法が案出されたのです。

(C)　事業譲渡の優位点

それでは事業譲渡の優れた点はないかといえば、事業譲渡においては譲渡される物件の個別特定を要する、その煩雑さが事業譲渡の優れた点でもあるといえるでしょう。会社分割では、分割計画書あるいは吸収分割契約書に明記された特定の事業の範囲に属する資産および負債等で、承継されないことが明記されていない限り、分割承継会社に承継されます。包括承継だからです。ただし、実務では誤解の発生を防止するため、分割契約書、吸収分割契約書に分割承継会社に承継されるものとして「○○事業に関連する一切の資産及び負債」と明記します。

事業譲渡では逆に事業譲渡契約書に承継されることが明記されていない限り、事業譲受会社に承継されたことにはなりません。特定承継だからです。このため、簿外債務(連帯保証債務、訴訟中の被請求債務、まだ訴訟にはなっていないが売却済商品や債権に隠れた瑕疵担保責任、未計上の貸倒引当金、退職給与債務など、その例は多い)、全体の商品の中のある特定の商品を譲渡の対象から除くときには、事業譲渡の手法は決して悪くはない。明示しなければ譲渡の対象にならないのですから。しかし、会社分割においても特定物を承継対象から除外できないわけではないですから、分割計画書、吸収分割契約書の書き方の問題でもあり、除外すべきものの性質や数にもより、程度問題でもあるところもあり、微妙なところもあり一概にどちらが得とはいえないところがあります。

なお、対抗要件の具備を要する権利関係（不動産について登記、自動車についての登録、有体動産についての占有の移転）などについて、会社分割においても、その要件充足のための手続を要するのは当然です。

3　包括承継

(1)　会社分割は何を分割するのか

会社分割では、分割会社に帰属していた「権利義務」を分割承継会社に承継するものであることは間違いありませんが、それでは「権利義務」だけを承継すれば会社分割としての法律上の要件を充足しているといえるのか、「事業の承継」は要件ではないのかという問題があります。

確かに会社法758条は「承継する資産、債務、雇用契約その他の権利義務」(同条２号)、「吸収分割会社に対してその事業に関する権利義務の全部又は一部に代わる金銭等を交付する」（同条４号）と表現しており、763条も「承継する資産、債務、雇用契約その他の権利義務」（同条５号)、「新設分割会社に対してその事業に関する権利義務の全部又は一部に代わる……社債等を交付する」（同条8号）と表現していますから、文字どおりに読めば「事業」に関する「権利義務」が承継されることだけを要件としており、「事業の承継」は要件ではないと読めないことはありません。

会社分割法制が平成13（2001）年に初めて商法に登場したときは、会社分割は「営業」の承継が必要であると条文に規定されていました。ところが平成18（2006）年に会社法が成立するとき、「営業」の二文字が削除されてしまいました。承継されるものは「権利義務」であると明記されましたが、その「権利義務」は「事業に関する」ものであることも明記されました。

問題は、このような言葉の使い方のために、権利義務さえ承継されれば会社分割といえるのか、「事業（営業）」の承継は要件ではないのか、という問題が残ることになってしまった点です。

会社分割から「営業」を削る立法作業に関与した人たちは、こういっています。権利義務の集合体が「営業」（事業）に該当するか否かを判断するのは容易ではなく、事後にその承継がないと判断されて会社分割行為が無効になる余地があると法的不安定を招くとの批判があったので、会社法制定時に、会社分割の定義は「事業に関して有する権利義務の承継」と定められ、事業自体の承継は要件ではなくなった（江頭憲治郎『株式会社法〔第7版〕』898頁）というのです。

(2)　事業の承継は要件

しかし私は、「事業の承継」は会社分割の要件であると考えています。「権利義務の承継」だけであって「事業の承継」がないものは、「権利義務の売買」と区別がつきませんから「会社分割としての法的保護」を与える必要はないと考えるからです。

(A)　承継する権利義務の規定は不可能

会社分割の要件は権利義務の承継だけで必要かつ十分であるとすれば、

法の世界に大混乱がもたらされることになります。

混乱はまず、会社分割の法的性質は、包括承継なのか特定承継なのかという問題に始まります。現在判例も学説も、会社分割が包括承継であると説明しており、特定承継だとはしてはいません。ところが、権利義務の承継だけで事業の承継は要件ではないとすれば、事業計画書や吸収分割契約書には、承継する権利義務を個別的に特定して記載するだけで十分ということになり、現在、通常の実務で行われている「○○事業の継続に必要なその他一切の資産負債」などの包括的承継であることを含意するこのような記載は必要でなくなります。

事業を現に継続している被買収会社を買収して買収会社に合併か、吸収分割で吸収しようとする時点では、被買収会社の権利義務の詳細は、明瞭にはまだ把握できていないことはよくあります。「明瞭にはまだ把握できていない」場合だけではなく、明瞭に把握する必要がない場合もあります。

組織再編にあたり相手会社が現に継続している取引の実態、営業状態、資産負債の状態が不明、ないし、まだよくわかっていないときとは、取り込む必要があるものが何であるかが明瞭にはわかっていないか、あるいは明瞭にわかる必要がないのですから、権利義務にこだわって表現することがそもそもできないのです。取り込む必要のある権利義務が何であるかが、その時点ではまだわかっていない場合においても取り込む必要のあるものの全部がわからないわけではなく、とりこむ必要のあるものの一部がわからないという場合が多いでしょう。しかし、その場合であっても取り込む必要があるもの一部または全部の権利義務性を特定することは不可能なのです。反対に、取り込む必要のないもの、不要な物、取り込むのは危険な物、つまり排除すべきものを権利義務を特定することによって、取り込むべきものの権利義務性を特定することも当然、不可能です。

このようなことは、会社分割のうちでも新設分割では、新しく会社を新設するのですから、新しい会社が開始する事業とともに、その事業の中核になる資産負債（つまり権利義務）を明瞭に特定するのが通常ですから、妥当しない場合がありうるかもしれません。しかし問題は吸収分割です。吸収分割においては、吸収分割承継会社は、吸収分割の時点ですでに独自の事業を開始し遂行中なのですから、吸収対象の権利義務性が明瞭に規定可能である必要性は比較的薄弱であり、単に吸収対象の事業性が包括的に特定されていれば十分だという場合がいくらもあります。この意味で、会社分割においては、「事業に関して有する権利義務の承継」で必要十分であって、事業自体の承継は要件ではなくなったといいう考え方は、吸収分割においては妥当しないのです。

かくして、承継するものは「○○権利義務等を含む▽▽事業」のように、承継するものの権利義務性を明確に特定するのではなく、ぼんやりした権利義務を含む事業性を特定する方法しかなく、逆に、排除するものについても「その他の○○事業に関係しない権利義務」のように事業を特定することによって排除するものを特定する方法しかあり得ません。

(B)　義務だけがある場合の分割

第二に、「権利義務」が存在していないが、事業は存在している会社分割があるからです。ここで「権利義務」とカギカッコに入れている意味は、権利と義務とが一体となっているのではなく、権利だけがない場合、つまり義務だけがある場合（つまり、会社計算規則49条２項で株主資本等変動額がマイナスになる場合）があることを示したいからです。

(ｲ)　「のれん」の承継

包括承継の対象には権利でもなく義務でもなく、「漂（ただよ）えるくらげ」のように未だ法的権利とも法的義務ともいえないもの、たとえば、交渉中の契約をめぐる当事者相互間の法的地位のようなものがいくらもあります。いわゆる「のれん」はその典型です。会社分割は事業を続行している会社を分割することが可能な技術なのですから、権利義務ではないとして「のれん」を排除するのは背理です。

「事業」とは収益獲得可能根拠活動のことです。そうであるからこそ、事業再編で高額な対価を支払っても、権利でも義務でもない「のれん」の取引があるのです（老舗和菓子「駿河屋」のように、何百年の歴史を持つ老舗の暖簾分けの意味の重大性を考えてください）。権利義務だけが要件であるとすれば「のれん」の記載は、その定義によって、会計帳簿に具体的資産として（つまり具体的権利として）記載することがそもそもできない財産性ある超過収益力なのですから、余事記載として削除されかねません。しかし、被買収会社が債務超過である場合、あるいは買収対象の中に、何も権利がないか、義務だけであっても、その事業に魅力があるから超過収益力たる「のれん」の取り込みに対価を支払うことはよくあることなのです。

(ロ) 制度の趣旨

会社分割は権利義務の承継であって事業の承継ではないことになれば、会社分割は特定承継であることになってしまいます。これは背理でしょう。

(ハ) 法人税法、会社計算規則との整合性

法人税法62条の8第1項の規定は、非適格分割等により分割法人等に交付した金銭および金銭以外の資産の価額の合計額が、移転を受けた資産および負債の時価純資産価額を超えるときは、その超える部分の金額を資産調整勘定と呼んでいます。分割承継会社が承継する財産である吸収型再編対象財産（会社計算規則2条35号ロ）、新設型再編対象財産（同条42号ロ）が負債だけであってまったく資産がないか、負債のほうが資産より大きい場合にも資産調整勘定が生じうることを排除しているとは考えられません。資産調整勘定とは、会計学でいう「のれん」に当たるものです。また会社計算規則37条2項、49条2項は株主資本変動額がゼロ未満となる場合を予定しています（ただし、帳簿表記はゼロになります）。

問題は、このように再編対象財産が負債だけであっても事業の承継がありうるから、このような組織再編が起こりうると考えるほかはない、ということです。

現に私はそのような株主資本変動額がゼロ未満となった会社分割を実行し、その際の法人登記も実行したことがあります。法人登記は受理され資本金マイナスの会社が設立できました（その当時の会社計算規則は資本金のマ

イナス表記を許容していました。現在ではゼロ表記になります)。この事例は、ある大学理学部大学院の学生が会社をつくり風力発電の事業を起こしたいが、金がない、すでに先行して同種の事業を起こしている自分の友人が子会社として事業を起こすことは認めてくれている、とにかく会社分割で子会社さえつくってしまえば仕事がとれるという見通しがあった事例です。このように組織再編対象財産が負債「だけ」である場合であっても「義務」だけの組織再編がなされたと考えるのは、あまりにも組織再編行為の特性を無視するものであり、このような場合は、「負債だけ」の組織再編行為ととらえるべきではなく「負債を含む事業」があったから組織再編行為が可能となったのだと考えるべきではないでしょうか。

(C)　労働契約の承継

労働契約の承継についても現行の「会社分割に伴う労働契約の承継等に関する法律」の適用にあたり、法律上承継されることとなる労働者と、承継されないこととなる労働者の区別は、「承継会社等に承継される事業に主として従事するもの」か、否かによって区別するのです。「事業がない会社」については当該労働者は分割承継会社に承継されるのか、分割会社に残るのか、その判断基準を立てようがなくなるではありませんか。

(D)　債務だけの承継

特に問題となるのは債務（負債）の承継です。事業の承継が起きず、権利義務の承継だけだとすれば、当該債務についての債権者が承諾を与えていないのに特定の債務が別の会社に承継されることは否定されざるを得ないでしょう。そうなれば、債務の承継に個別債権者の承諾を要する事業譲渡と区別できなくなります。

当該債務についての債権者が承諾を与えていないに特定の債務が別の会社に承継されると観念される理由は、事業と権利義務（資産と負債）とが包括的に一体となって承継されていくからではないでしょうか（民法の遺贈では、特定遺贈は負債の遺贈を含んでいませんが、包括遺贈は負債の遺贈を含んでいます)。

(E)　売買との区別

次いで、売買との区別に表れます。税法上、売買は損益取引の典型です。課税が不可避です。会社分割は資本取引であり、資産負債の移動と株式の反対方向への移動とは等価関係が成立します。したがって課税はありません。売買と出資とは全く性質が違います。

実務では、事業は廃業してしまったが資産だけが残っている、その資産を処分したいが課税を避けたいという場合が結構あります。

税法や行政法が、会社分割にさまざまな特典や法的利益を与えていますが、それらの会社分割は「事業の承継」が起きる場合です。このことは法人税法の適格分割では、分割法人と分割承継法人との間において、支配関係（50％超100％未満）がある場合には、分割による分割事業にかかる主要な資産および負債や、分割事業に係る従業員の80％以上が分割後に分割承継法人の業務に従事すること、それに分割事業が分割後に分割承継法人において引き続き行われることが見込まれることなどが、適格分割の要件として規定されていること（たとえば、法人税法２条12号の11ロ(1)(2)(3)）から明白です（適格とは課税が繰り延べになることを意味しています）。

(F)　追加された適格分割手法

さらに平成29年度改正法人税法において、一の法人のみが分割法人となる分割型分割に係る分割法人のその分割前に行う事業をその分割により新たに設立する分割承継法人において独立して行うための分割が、適格分割として新設追加されました（法人税法２条12号の11ニ）。具体的には、分割型分割に該当する分割で単独新設分割であるもののうち、次の要件のすべてに該当するものとされています（同法施行令４条の３第９項）。

①　分割前に分割法人に対し他の者による支配関係がなく、分割後分割承継法人に対し他の者による支配関係が見込まれていないこと

②　分割前の役員等のいずれかが分割後も分割承継法人の特定役員となることが見込まれていること

③　分割法人の分割事業に係る主要な資産および負債が分割承継法人に

移転していること。この分割事業とは、分割法人の分割前の事業のうち、その分割により分割承継法人において行われることとなるものをいいます（法人税法施行令4条の3第8項1号）。

④　分割直前の従業員のうち100分の80以上が分割後に分割法人の業務に従事することが見込まれていること

⑤　分割に係る分割法人の分割事業がその分割後にその分割に係る分割承継法人において引き続き行われることが見込まれていること

上記は、単独新設で設立される分割承継法人が分割法人の株式支配を絶って独立した法人（株式会社と合同会社）として法人税適格で活動できるための要件です。いわゆるスプリットオフ（の一類型）です。事業の継続を要件としていることは明らかです。つまり、事業の承継を随伴しない権利義務だけが移転するにすぎない分割型会社分割では適格要件を充足しないのです。適格にならないなら、そのような会社分割をする人もいないでしょう。

(G)　消費税等の税務上の扱い

次いで、消費税です。消費税法は株主となる権利を有価証券とし（同法施行令9条3号）、その譲渡を非課税としていますので（消費税法6条、別表第1・2号）、その分割承継会社の株式の売却には消費税が課税されないことになっています。ところが他方、消費税法は分割承継法人を「分割により分割法人の事業を承継した法人をいう」と定義しています（同法2条6号の2）から、会社分割で権利義務だけを承継する新しい会社は、「事業を承継した法人」ではないことになります。したがって、この定義に合致せず、この株式売買についての消費税は課税されることになります。会社分割による対価株式に消費税が課税されることになれば会社分割は激減して、法制度として存立させる意義は半減するでしょう。

不動産取得税についても、会社分割に伴い不動産の取得が非課税となるのは、分割法人の分割前に営む事業のうち、分割事業が分割承継法人において営まれることとなるものに限られます（地方税法73条の7第2号、同法施行令37条の14）。

飲食店を規制する食品衛生法においても、分割法人が県知事から得た営業許可を受け継げるのは「分割により当該営業を承継した法人」に限られます（食品衛生法53条）。

旅館業法では、同様に、「分割により当該旅館業を承継した法人は、営業者の地位を承継する」のです（3条の2第1項）。

倉庫業法においても倉庫業者（発券倉庫業者を除く）たる法人の合併もしくは分割（当該倉庫業の全部もしくは一部を承継させるものに限る）があったときは、合併後存続する法人もしくは合併により設立された法人または分割により当該倉庫業の全部もしくは一部を承継した法人は、「倉庫業者の地位を承継する」のです（17条2項）。

アルコール事業法7条、海上運送法19条の3、貨物自動車運送事業法35条、クリーニング業法5条の3、興行場法2条の2、公衆浴場法2条の2、タバコ事業法14条、道路運送法43条、美容師法12条の2、理容師法11条の3など、多くの行政法規は会社分割による許可、認可、承認等許認可の行政法上の地位の承継を認めていますが、すべてがすべて、分割により許認可等の対象となった事業（営業、業）を承継した法人が引き続き営んでいることが前提条件です。

つまり、行政法に即していえば、行政法上の許可、承認、認可は、ある特定の会社に与えたものには違いないけれど、なぜ当該会社に与えたかといえば、当該会社において当該行政法規が「規制対象としている事業」を継続的に実施しているからであって、会社分割によってその許可、承認、認可を与えられた当該対象事業は別の会社に移ってしまったが、しかし、行政法が規制しようとしているある「特定の事業」を実施していたから許可、承認、認可を与えたのであるから、いま会社分割によってA会社、B会社に分かれても、それはA社の当該事業をいまB社で承継しているのだから、――社会の公安とか治安に関係する場合（「風俗営業等の規制及び業務の適正化等に関する法律」上の風俗営業の場合）はB社に行政上の許可、承認、認可をあらためて取り直せと要求すべきでしょう（事業内容は承継していても承継した営業主体は調査せざるを得ない）が、しかしそうではない場合は、――B社にあらためて取り直せと要求すべきではなく、事業が承継されている以上、行政上の許可、承認、認可の承継も認めるべきである（ただ事後承認とか事後届出など簡易な手続は必要だけれど）と考えられているのです。

結局、事業（営業、業）を承継せず、権利義務だけを承継するに過ぎない場合まで会社分割としての法的保護を与えることに、特段の理由を見つけることができず、法人税法、行政法との解離が大きすぎことから、会社法758条8号、763条1項6号に規定する「その事業に関する権利義務」を「その事業とそれに関する権利義務」と解し、「その事業」を承継しないものは、会社分割ではない、とその合法性を否定すべきだと考えます。

会社分割において「営業」（事業）の承継が要件であるか否かを議論する必要がある理由は、「営業」（事業）とは稼ぐ力、つまり収益を上げる潜在能力を意味しているからです。「営業」（事業）がなければ稼ぐことができません。会社分割においては、債務が債権者の承諾なく分割承継会社に包括的に承継されていきますから、債権者に対する返済能力である収益能力が同時に分割承継会社に承継される必要があるのです。債務の承継と返済能力の承継とは裏表の関係になければならないのです。立法関与者たちが会社分割においては債権者の承諾がなくとも債務が分割承継会社に承継されることを肯定していながら「営業」（事業）の承継は要件ではないと主張するのは、返済能力が伴わない債務の承継を肯定するもので、債権者を害することとなる会社分割を推進するに等しく、極めて危険な考え方であるといわざるを得ません。

第3章　分割できること、できないこと

1　ヒトを分割できるか

(1)　役員は当然分割できる

会社分割という技術は、会社経営者にとって実用性ある技術です。この技術を知るか知らないかで、会社経営上に大きな差がつくでしょう。特に、会社の役員はじめ、従業員たち、分割会社に所属するヒトたちを、会社分割により分割承継会社に移すことができるのかは大きな問題です。

まず、株式会社の役員はどうかを検討します。役員つまり取締役、会計参与、監査役と会計監査人は、株主総会によって選任解任できますから、分割計画書、吸収分割契約書にこれら役員の肩書と氏名を記載し、株主総会の特別決議を得て分割会社から分割承継会社に移動することができます。

吸収分割による法人税法上の共同事業（法人税法２条12号の11ハ、同法施行令４条の３第８項２号・４項２号）にあたっては、吸収分割前の分割法人の役員等（役員、つまり、取締役、会計参与、監査役）それに特定役員――社長、副社長、代表取締役、代表執行役、専務取締役、常務取締役またはこれらに準ずる者で会社の経営に従事している者――のいずれかと分割承継法人の特定役員のいずれかとが、分割後の分割承継法人の特定役員となることが見込まれていることが要件（役員継続要件）になっていますから、税法上は役員だけでなく、特定役員も会社分割によって分割承継会社に分割

されていくことは、当然のこととされているといえます。

(2)　従業員を分割できるか

したがって、従業員が分割できるかが重要な論点でしょう。

(A)　会社分割は従業員を分割すること「も」できる

会社分割は事業の承継を伴いますから、従業員も必ず分割されることになりそうです。特に、会社分割制度の新設を導入した野党（与党ではない）のリーダーシップで「会社の分割に伴う労働契約の承継等に関する法律」（労働承継法）が成立しましたから、事業の分割に伴い従業員の分割が当然に伴うはずだと理解している向きがほとんどでしょう。

事実、労働承継法は、「会社が会社分割を利用して承継される事業から特定の従業員をひきはがすことを許さないぞ」という趣旨の法律です。

ここで、労働承継法の骨子を要約しておきましょう。

分割会社の内部に、A事業とB事業があるとしましょう。いま、分割会社はB事業を新設会社分割によって設立する分割承継会社に承継させようとしているとします。この場合、「分割会社の従業員で、B事業に従事していたbについて、bがいやだといわない限り分割承継会社に移籍させなければならない。A事業に従事していたaについては、aがいやだという限り分割承継会社に移籍させることはできない」というのが骨子です。

ここで、移籍というのは、当該従業員との労働契約が分割承継会社に承継されることを指しています。労働契約の承継ですから、分割会社との間で解雇が発生するわけではなく、労働契約は同一性を保持したまま分割承継会社に引き継がれていくわけで、退職金のキャッシュアウトは発生しません。

この意味では、会社にとっても都合のよい内容です。従業員からみれば、会社分割によって会社が二つになっても、自己の意思に反して職を失うという事態にならないという意味で従業員の雇用を守る法律でもあります。

とはいえ、会社分割によって、必ず従業員が分割されるわけではありません。会社法上の会社分割が有効に成立するためには、労働承継法上の従業員の承継（労働契約の承継）が必然的に伴わなければならないわけではないからです。極端な例ですが、従業員の移籍（労働契約の承継）がまったく発生しない会社分割もあり得ます。従業員は全員移籍などしないで「出向」すればよいからです。移籍にはならず、出向であっても、税制適格要件の一つである従業員承継要件（法人税法２条12号の11ロ(2)）を充足したものと扱われます（法人税基本通達１－４－10）。

従業員の立場からみて、分割承継会社に移籍になるよりは、分割会社に残ったまま分割承継会社に出向扱いとなったほうが望ましい場合が、十分あり得ます。特に新設分割の場合には、分割承継会社が安定的に収益が継続できるかどうか、まるでわからない場合があるからです。

そのようなとき、従業員としては、分割承継会社の仕事はしたいが、身分の安定確保のため分割会社に残りたいとがんばるのではないでしょうか。つまり、従業員は、会社分割に際してて移籍せよと会社に命ぜられても、拒否権を持っていることになります。この意味で、従業員が保護されていることにはなります。

しかし、会社側からみて、この拒否権を無意味にし、労働承継法を潜脱することは難しいことではありません。Ｂ事業に従事している従業員を分割承継会社に移籍させることは「分割計画書」の中に記載しなければなりませんが、その「分割計画書」を株主総会にかける２週間前までに、当該従業員に対して、このような記載をしてある（または記載していない）ことを書面で通知しなければならないという定めになっていますから、この２週間よりさらにその前に、この従業員に対して「Ａ事業に移れ」という配置転換命令を出しておき、それからおもむろに「分割計画書」の作成にとりかかればよいのです。現行法上配置転換命令（出向命令ではない）は、当該従業員と職種限定合意が成立している場合は別として、会社側が一方的に発令できるからです（最高裁昭和61年７月14日判決〔従業員地位確認請求事件〕）。

(B)　会社分割は従業員を分割しない技術でもある

会社分割は、人を雇用する会社側にとっても従業員にとっても、大きな効果を発揮する場合があります。その中でも劇的な効果を発揮するのは、債務超過に陥った会社が、債務弁済のため、その所有する全国各地に散在する営業所、支店を売却処分しようとする場合です。

たとえば、東京に本社があるホテル会社が、沖縄から北海道まで10カ所でホテルを経営しており、それらを全部、第三者に売却処分しようとする事例です（私は清算型民事再生事件での民事再生申立代理人としてこれと同種の事件を扱ったことがあります）。従来、このような処分は、不動産の処分と考えられてきました。生きている営業事業体をバラバラに解体して、物理的な土地と建物と呼ばれるコンクリートの固まりにして売却するという原始的な発想です。

しかし、どのような立場の人がそのホテルを買うかといえば、おそらく買い取ったあと、やはりホテルを経営する人でしょう。そうだとすれば、宿泊予約の引継ぎ、商品棚卸、有体動産の引継ぎ、風俗営業許可の引継ぎ、温泉湯口権の引継ぎなど、膨大な引継事務を必要とし、そのうえ土地所有権移転について登録免許税が固定資産評価額の1000分の15（令和元年度末まで）、建物が同様1000分の４、不動産取得税が課税標準（取得価額の２分の１）の100分の３とかかり、かなりの出費です。そのうえ、売主は従業員を解雇し、退職金を支払い、買主は新たに従業員を雇用しなければならないのは、信じられないほど大きな無駄です。

こうした無駄を避けるため、不動産売買と構成しないで、営業譲渡と構成したとすれば、宿泊予約の引継ぎ、買掛金の引継ぎまではコストを抑え、営業を１日も休むことなく円滑な引継ぎが実現します。しかし、この場合、営業譲渡であれば、商品棚卸、有体動産の引継事務量は何も変わらず、登録免許税、不動産取得税の税率は同じ、肝心の従業員の解雇、退職金の支払い、買主による再雇用ないし新規雇用には何の変化もありません。低減化できるコストの額は知れています。

これを会社分割の方法で行うと、どうなるでしょうか。仮に10のホテル全部を一括して買い取ってもよいという会社が現れたとすれば、売却するのはホテルという不動産ではなく、承継会社の株式だけです。このため、まずは消費税が非課税になります（法人税法6条、別表第1・2号）。ただし、この株式は分割対価ですから、この売却は税法的には分割会社資産の売却と同視され、法人税法上の非適格となり課税は必至です。しかし、もちろん分割会社が債務超過だとか繰越欠損金があるときは課税がないことになるでしょう。ホテルの一つひとつに、買主が別だとしても、法律問題としては変わりありません。

ホテル経営の主体に変更が起きますから、宿泊予約（契約）の引継ぎは必要でしょうが、それは売主と買主間の内部関係にとどまり、宿泊予約客に経営主体が変更したと知らせる必要はありません。また、温泉湯口権、商品棚卸、有体動産の引継ぎの必要はなく、登録免許税は軽減され、不動産取得税は免税になり、解雇がなくなり、退職金の支払いがなくなります。ホテルが10もあれば従業員の数は百数十人になるはずですから、退職金の支払いがないだけでも大きく節約できます。ただ従業員の解雇がないぶん、既往の退職金債務の引継ぎは発生するでしょうが退職金の支払いは発生しないのです。つまり、会社分割の方法をとれば、会社は分割されてもヒトは分割されないため、コスト削減に大きく貢献することになるのです。

(3)　株主を分割できるか

(A)　株主を分割する技術

まず最初に、会社分割の対象である会社とは株主総会、代表取締役、取締役、取締役会という機関によって構成される組織体を指しており、したがって会社分割とはかかる組織体の分割だという点を押さえておかなければなりません。

では株主を分割できないかといえば、できることはできるのですが、会社分割だけではできません。しかし、会社分割に会社による全部取得条項付種類株式の取得と分割承継会社の株式の分割会社株主に対する交付と（場合によってはそのうえに分割会社の新株募集）が結合することによってとか、会社分割に剰余金の不平等配当と株主権放棄あるいは株主権贈与を結びつけることによってとか、一部重なりますが、法人税法上の非適格株式分配と株主権放棄あるいは株主権贈与を結びつけることによって実現することができます。

加えて、法人税法上の適格分割でも分割承継法人が独立して事業を継続できる見込みがある場合とか、会社分割前に分割法人と分割承継法人とを完全支配していた同一の者がいる場合には、会社分割後もこの同一の者と分割承継法人との完全支配関係が継続するときなどにも、会社組織体の分割と株主の分割とが同時に起きることになります。そして、主として、このような会社組織体の分割と株主の分割とが同時に起きる法的状態を包括的に組織再編と呼んでいるのです。

(B)　スプリットオフ

会社分割によって株主が従来の所有株式を失わない方法（つまり従来の旧株式を保持しながら新株式も保持する形）を米語でスピンオフを呼びますが、会社分割と同時に株主の分割が起きる場合は、米語で、スプリットオフと呼びます。つまり株主から見て、従来の旧株式を失い、代わって新株式だけを保持することになる形です。

このスプリットオフは所有する対象株式に交換が起きるわけですから、単純に株式だけの交換が起きるのではなく、当該株主が支配する対象である会社組織体が代わってしまうわけです。いままで甲会社の株主であった者が瞬時に乙会社の株主に変身するわけです。そしてこれを株主だけに着目して言えば、仲間であった旧友株主に対するお別れです。支配株主が少数株主を追い出すスクイーズアウトによく似ていますが、スクイーズアウトは少数株主が株式の対象たる会社組織体の支配関係から追い出されてしまうという特徴がありますが、スプリットオフでは、株主同士がお別れすると同時に株式の対象たる会社組織体も相互にお別れすることです。この意味で、スプリットオフこそが組織再編のスターなのです。スプリットオフを制するものこそ組織再編を制するといえるでしょう。

株主の分割が起きる組織再編では全部取得条項付種類株式の取得とか剰余金の不平等配当が結合するうえに、会社法や法人税法には規定のない方法（つまり私が考え出した方法）もありますし、法人税法上の適格条件との結び付きなど、別の手法との結合が起きますから、複雑なところがあり、文字と条文の説明だけでは理解できない場合があるでしょう。後述する第Ⅳ部で図を使って詳しく説明します。

2　担保権を分割できるか

(1)　銀行の会社分割

銀行が会社分割をすると、銀行が権利者である担保権はどうなるでしょうか。

平成15（2003）年に第一勧業銀行、富士銀行、日本興業銀行の三行が、会社分割と合併を組み合わせた組織再編行為によって、一つの「みずほファイナンシャルグループ」として再出発しました。それ以外の数多くの大銀行も同様に会社分割などを用いて組織再編をしました。

銀行から借入れしている債務者会社は、同時に銀行に担保を提供していますから、銀行が会社分割した場合は、債務者会社が提供している担保はどのような影響を受けるかという問題が発生したはずです。

ここでは主として、担保提供を受けている銀行が会社分割した場合、どのような問題が発生するか、簡単に検討しましょう。

担保権というものは、債務者が債務の履行期に返済を履行できない場合、債権者は債務者や担保設定者の同意を得ることなく、担保物件からほかの債権者に優先して債権を回収することができるという性質を持っています。

つまり、債権が主で担保は債権に奉仕するという基本的性質を持っています。したがって、債権が消滅すれば担保も消滅します。これを「附従性」といいます。また、債権が移動すれば担保もついていきます。これを「随伴性」といいます。

このため、債権者が会社分割して債権が分割会社から分割承継会社に承継された場合は、担保権も分割会社から分割承継会社に移転します。

担保が設定されている物件についての所有権はどこにあるかといえば(債務者のところにあるのがふつうですが)、必ず債務者のところにあるとは限りません。つまり、第三者が担保を提供している場合があります。会社の代表者が会社のために自宅に抵当を設定しているのがその典型例です。

このため、会社分割と担保の分割を考えようとすると、債権者が会社分割した場合、債務者が会社分割した場合、それに担保提供者が会社分割した場合の三通りを検討しなければならないわけです。

しかし、それでは検討の幅がすこし広がりすぎますし、通常は債務者が同時に担保提供者であるのがふつうですから、その場合を検討すれば、おおむね論点は検討したことになります。以下では、債務者が担保を提供している場合を想定して話を進めます。

(2)　動産が担保になっている場合

まず、動産が担保物件になっている場合です。といっても、その種類は有体動産、無体動産と幅が広く、担保になっている物件の法的性質の違いに応じて担保の取り方の手続が違い、会社分割に際して発生する法的問題も違ってくると思われますが、動産を担保にとること自体がたびたびあることではありませんから、そのすべてを検討する必要はなく、債権者が銀行である場合を念頭に置いて検討すればよいでしょう。

まず担保の目的物が有体動産の場合ですが、銀行が個々の有体動産を担保に取ることなどあり得ないでしょう。有体動産担保がありうるとすれば集合動産譲渡担保でしょう。担保の共通の原則である随伴性から、債権者銀行に会社分割があれば、担保権は債権の移動に従い、新設会社または分割承継会社に移動します。もちろん、債務者に所有権があるとしても債務者の同意は必要ありません。分割承継会社の第三者対抗要件は通常占有改定によって具備されます。動産譲渡登記によって対抗力を維持できるかですが、動産譲渡登記制度は個々の動産の権利変動を公示する制度ではなく、法人による動産の譲渡を登記する制度ですから、会社分割の場合にはふさわしい制度ではありません。占有改定による占有取得が期待できないときは、債務者から分割承継会社を担保権者とすることに同意する旨の同意書を徴求するほかはないことになります。

問題は集合物の構成に変更があったときですが、最高裁の判決があり、担保権は変更後の動産に及ぶと考えられます（最高裁昭和62年11月10日判決）。またこの判決は構成物に変更があり、その変更物に売買先取特権に基づく競売申立てがあった場合でも、占有改定によって第三者に対する引渡しがあったものとして対抗できると判断しています。

(3)　株式の担保

動産が株式であるという場合があります。それも担保価値の観点から中小規模企業株式が担保物とされることはまずなく、上場会社の株式という場合が多いでしょう。しかし、少なくとも法律上は非上場会社株式の担保を否定することはできないでしょう。バブル経済崩壊の頃、担保に取る物もなくなり、株券が発行されていない非上場株式を譲渡担保に取ることがよく見受けられました。債務不履行となり担保権実行となったときは、どのような法律関係になるのか、よくわかりません。不景気になると担保をめぐる法律問題は複雑怪奇になりやすいものです。

担保物が株式である場合、担保の形態は通常質権です。株券の発行がある場合には株式質権は株券の交付によって効力が生じます（会社法146条2項）。対抗要件ではなく効力要件である点に注意してください。

株券の発行がない場合は、担保の形態は登録質（会社法147条）が普通です（譲渡担保も相当あるでしょうが）。登録質であれば質権者の氏名または名称、住所を株主名簿に記載ないしは記録することによって第三者対抗要件を帯有することになりますので、質権設定者は発行会社の株主名簿にそのような記載ないしは記録を請求することができる定めになっています（同法148条）。株式の登録質は会社法上明文によって手厚く保護されています。株式発行会社が取得請求権付株式を取得したとき、取得条項付株式を取得したときなどをはじめ、会社法179条の特別支配株主が目標の株式を取得した場合においても当該株式の質権は当該取得によって当該売渡株式の株主が受けることのできる金銭等にも及ぶことまで含め、当該株式に価値的変更が起きたときには価値変更後の財貨の上に質権が及ぶことが詳細に規定されています（同法151条）。かかる質権の価値追求権の手続を実行あらしめているのは当該株式発行会社ですから、その負担は相当加重です。かかる株式の登録質権者が会社分割をしたときは、株主名簿の厳重な権利者証明力（同法121～126条、146条～154条）に照らし、株主名簿上の質権者変更を記載または記録しなければ当該株式発行会社にも第三者にも対抗できないと考えられます。

有価証券を担保として提供している債務者会社が会社分割した場合であって、有価証券の所有権が全部、分割承継会社に移転したときは、有価証券の占有が債権者にあるとすれば、占有改定（民法183条）により、抽象的な所有権の移動が発生するだけということになります。

しかし、その有価証券によって担保される被担保債務が、会社分割によって分割会社と分割承継会社に分割される場合は、その有価証券は分割によって分割会社に残留する債務も、分割承継会社に移転する債務も、その両者を担保することになるのは当然です。

有価証券担保の場合に担保提供者に会社分割があると、担保権の所在が不明確になりやすいため、銀行の実務では、有価証券担保提供者となった分割会社または分割承継会社に、会社分割によって分割会社に残留した債務も、分割承継会社に移動した債務も、両方とも同一の有価証券によって担保されることを承諾したという趣旨の書類の提供を求めているようです。

⑷　抵当権はどうなるか

債権者であり抵当権者である分割会社が会社分割した場合は、抵当権には随伴性がありますから、移転した債権に従い、抵当権も分割承継会社に移転します。もちろん、このような権利の移転を不動産登記法に従って付記登記する必要があります。

会社分割と抵当権を考える場合に重要な論点は、分割承継会社は抵当不動産の第三取得として、抵当権消滅請求（民法379条）をすることが認められるかという点です。すでに抵当権が設定されている不動産について、その所有権を売買によって取得した第三者は、抵当権消滅請求の手続（同法383条）が終わるまではその売買代金を売主に支払わなくても違約したことにはなりません（同法577条1項。平成29年改正で表現が一部改正）。その第三取得者は、抵当権者が抵当権による差押えをなすまでの間にかぎり、抵当権者に向かって、「一定の金額を支払うからその抵当権を抹消せよ」と請求することができます（同法382条）。抵当権者は、その金額が低すぎると思えば、2か月以内に自分で抵当権を実行し、競売をしなければなりません（同法383条3号、385条）。2か月以内に競売を実行しないときは、その金額を承諾したものとみなされます（同法384条）。したがって、その第三者がその提供した代価またはその金額を払い渡すか供託すれば、抵当権は消滅します（同法386条。そして、その金額分だけは、その第三者は不動産の売主に売買代金を払った扱いとする契約を当初から締結しておきます）。

この制度の目的は、抵当不動産の交換価値（抵当権で掌握されている交換価値）と抵当不動産の使用価値との調節をとろうとするものですが、抵当権者からみれば、自分は権利者だと思っていばっていても、いつ見ず知らずの第三者から自分の立場が覆されるかわからないという意味で、評判のよくない制度です。また、抵当不動産の時価が、設定されている被担保債権額より、はるかに低額になっているとき（バブル崩壊時期はまさにそのような状況です)、使い道のある不動産を、被担保債権の残額が一部の弁済で少額に減少しているにもかかわらず担保権の不可分性のゆえに、物件使用の桎梏となっている抵当権から解放することができるという意味で、債務者サイドには評判のよい制度です。裁判所は一般にこの制度に対して激しいまでの敵意を抱いているように見え、この抵当権消滅請求は高利貸しかその類が善良な金融機関抵当権者を食い物にする請求であるとみなしています。第三取得者のささいな手落ち（たとえば、物件目録記載の不動産所在地の表記ミス）をとらえて民法383条1号の要求する物件の記載がないなどと、ほとんど難癖に近い屁理屈をつけて、その第三者の抵当権抹消請求を敗訴させるのが正義だと思い込んでいるように見えます（多分、最高裁がその手の教育をしているのでしょう)。

さて、この抵当権消滅請求ができる第三者とは誰のことかといえば、条文ではこの第三者になれないものを規定して、主たる債務者、保証人「及びこれらの者の承継人」は抵当権消滅請求をなすことができないとしています（民法380条）から、主たる債務者、保証人、「及びこれらの者の承継人」以外の者だけが抵当権消滅請求をすることができることになります。

問題は、会社分割による分割承継会社は、ここでの「承継人」にあたるのかどうかです。この定めの趣旨は、主たる債務者、保証人「及びこれらの者の承継人」は、何よりもまず債務を返済すべき義務を履行すべきだという点にあると解せられます。ということは、主たる債務者、保証人「及びこれらの者の承継人」は、被担保債務について法律上の返済義務を負っている場合のことをいっていると解せられます。とすれば、会社分割による分割承継会社である分割承継会社は、相続や合併のように単純包括承継ではなく、原則として、特定包括承継ですから（原則として、というのは、合併類似適格分割型分割の場合には、単純包括承継に限りなく類似しているからです)、「分割計画書」または「分割契約書」に従い、分割会社の当該被担保債務を承継する場合もあれば、承継しない場合もあるのです。

したがって、当該債務を承継する場合は抵当権消滅請求はできないが、承継しない場合はできる、と解してよいと考えます。このように解すれば、債務者を分割会社とする会社分割においては、当該被担保債務全額を分割会社に残留させている場合は、分割承継会社である分割承継会社は抵当権消滅請求ができる第三者である、ということになります。

金融の実務では、分割会社には融資できないが、分割承継会社には融資できるという場合がいくらでもあるのですから、このように解釈して抵当権消滅請求を促進したほうが、抵当権者といっても、地域によりますが不動産値下がりのため、誰も応札する見込みがなく競売もできず拱手傍観としている事例などには妥当な考え方といえるでしょう。

抵当債務者である分割会社に会社分割があった場合で、抵当権の内容に変更はなく、単に抵当不動産の所有者が分割承継会社に移転したという場合は、その担保不動産の所有権移転の登記をするだけのことです。抵当債務者分割会社に会社分割があった場合でも、抵当債務自体が移転承継される場合を含め、抵当債務者が一方的に抵当権の内容に変更を加えることができるとは考えられませんから、抵当権者の同意がある場合に限って、それぞれ抵当権の変更登記をすることになります。

問題があるのは、債務者分割会社が会社分割によって当該債務を分割承継会社に承継したとき、当該債務は免責的に分割承継会社に承継されることです。このため、通常の会社分割実務では、債権者との紛争発生を防止するため、分割会社が分割承継会社に承継された債務を重畳的に引き受けます。しかし、債務者分割会社が同時に抵当権設定者である場合は、免責的債務引受は当該債務の債権者には対抗できないと考えるべきでしょう。登記されているのですから。このため、債務者兼抵当権設定者である分割会社が会社分割をして債務を分割承継会社に免責的に移転承継した場合であって、債権者兼抵当権者が免責的債務の移転承継に同意している場合には、免責的債務引受の効果は発生していると考えてよいでしょう。すると、債権者兼抵当権者が免責的債務の移転承継に同意しているにもかかわらず、債務者変更の登記をしない場合は、債権は無担保になることになると考えるべきでしょう。

このように、抵当権という担保権が付着している債権について、会社分割によって債権が移動する際に、その移動状態を常に登記に反映するようにしないと、債権者として思いがけない不利益を被るときがあり得ます。根抵当権の場合は、これがもっと大写しになって現れることがあるのです。

⑸　根抵当権は分割できるか

根抵当権は、極度額の範囲内で、債務者との継続的取引、手形小切手取引とか一定の種類の取引によって発生する被担保債権額が変動する不動産担保権です。大切なのは極度額という枠ですから、債権が枠を超えてしまったときでも、この極度額の範囲内の債権額であれば担保されるという性質です。

極度額が大事だといっても、根抵当権者が権利を実行するときは被担保債権の額を確定しておかないと、権利実行できる範囲が確定できないので、被担保債権額を確定させます。これを元本の確定と呼びます。元本確定とは、もう債権元本が増加減少しなくなるのですから、取引の終了を意味しています。

根抵当権はもちろん登記しますし、名前が抵当権に似ているために勘違いする人が多いのですが、元本が確定する前は抵当権とは性質がハデに違い、随伴性がありません。元本確定前の根抵当権はそれ自体独立の物権だと考えるべきでしょう。

他方、元本の確定後は名前は根抵当権であっても、性質は抵当権と同じになり、随伴性があります。したがって元本確定後の根抵当権者に会社分割があった場合や、元本確定後に債務者に会社分割があった場合は、抵当権についてお話ししたことと同じになります。

⒜　根抵当権者の会社分割

問題が多発するのは、元本の確定前です。元本確定前は随伴性がありませんから、根抵当権は、抵当権が設定された不動産についての、独立した経済的価値掌握権で、債権が移転しても債権についていきません。したがって元本確定前に根抵当権者に会社分割があったときは、債権だけが移動し、根抵当権は残留してしまうことになります。

これは不都合ですから、会社分割制度が導入されると同時に民法が改正になり、元本確定前に根抵当権者に会社分割があれば、根抵当権は、分割のときに存在していた債権、それに分割会社が会社分割後に取得する債権とともに、分割承継会社（分割新設会社および吸収分割承継会社）が取得する債権も担保することとされました（民法398条の10第1項）。いったん設定した根抵当権の経済価値(不動産の経済価値を一定の枠の限度で把握している権利)を維持しようという考え方です。

すぐれた改正だと思います。ただし、この改正は、分割会社と分割承継会社が同一の業務、たとえば、分割前も銀行、分割後も銀行のよう場合には、適切だとは思いますが、分割会社と分割承継会社の業務内容がまるで違ってしまう場合、たとえば、分割前のUFJ銀行が、分割会社UFJ銀行と不良債権処理のための分割承継会社UFJストラテジックパートナーに会社分割した場合などには、チグハグな問題が発生しかねません。

言葉をかえれば、会社分割制度が、被担保債権の範囲が狭く特定されているという意味での、単純包括承継制度ではなく、承継される債権の範囲は人為的に限定されうるが個別に債権が特定されるわけではないという意味でまったく限定がない、特定包括承継制度であることを考えると、適切な規定とはいえないということです。ただし、大事なことは、この規定によって、会社分割の効力発生時点（分割登記時点）に一つの根抵当権が法律上当然に、分割会社と分割承継会社に分有される（逆にいうと、一つの根抵当権を分割会社と分割承継会社が共用する）ことになるため、いったん、その共用状態を登記してから、そのあとの根抵当権の処分、変更を登記する必要があるという点です（平成13年3月30日民二第867号法務省民事局長通達）。

この共用の登記をしないで、被担保債権の移動や根抵当権の移動の変更登記をすると、元本確定前の根抵当権に随伴性がないため、両者は別々に移動しますから、根抵当権に担保されない債権ができてしまうという危険がきわめて高くなります。生きている一つのモノを生きているまま二つに分割するという特性を持つ、会社分割の特性から発生する特殊な局面です。

このため、みずほ銀行（旧第一勧業銀行）、みずほコーポレート銀行（旧富士銀行）、日本興業銀行がそれぞれ、みずほホールディングスに投資業務を会社分割し、法人業務をみずほコーポレート銀行に集中し、個人業務をみずほ銀行に集中するために数回にわたって繰り返した会社分割と合併は、元本確定前の根抵当権の不動産登記としてまことに興味深い、複雑な問題を提起しました。が、本書の主題を越えてしまいますので、そこまでの検討はやめておきます。

(B)　根抵当債務者の会社分割

また、根抵当債務者が会社分割した場合も同様に、元本確定前に債務者に会社分割があったときは、債務だけが移動し、根抵当権は残留してしまうことになります。これは不都合ですから、会社分割制度が導入されると同時に民法が改正になり、元本確定前に債務者に会社分割があれば、根抵当権は、分割のときに存在していた債務のほか、分割会社が分割後に負担する債務と併せて分割承継会社（分割新設会社または吸収分割承継会社）が分割後に負担する債務も担保することとされました（民法398条の10第2項）。

この規定によって、会社分割の効力発生時点（分割登記時点）に一つの根抵当権が法律上当然に、分割会社と分割承継会社をともに債務者とする共用根抵当権になるため、いったん、その共用状態を登記してから、その後に根抵当権の処分、変更を登記する必要があるという点に留意しなければなりません（前掲・民事局長通達）。

たとえば、債務者会社が会社分割し、根抵当権によって担保されていた債務の全部を分割承継会社に承継させた場合、債務者を分割承継会社とする変更登記をすればよいように思えますが、そのようなことをすると会社分割によって分割承継会社に承継された承継債務は担保されないことになってしまいます。この承継債務は債権者と分割承継会社との取引によって発生した債務ではないからです。分割承継会社は分割会社とは別会社であることを忘れないでください。

承継債務を同じ根抵当権で担保している状態にするには、いったん債務者が分割会社から「分割会社と分割承継会社」にする登記をしたうえで、債務者を分割承継会社にする変更登記をしなければなりません。また、債務者会社が会社分割し、根抵当権によって担保されていた債務の一部を分割承継会社に移転承継した場合を考えますと、共用根抵当権の登記をしないで、元本確定の登記をすると、元本確定前の共用状態の登記がないため、根抵当権の登記上、債務者は分割会社だけですから、分割承継会社に承継された債務はこの根抵当権によっては担保されない状態になってしまうのです。

この変更登記の登記権利者（登記をせよと要求できる立場の人）は根抵当権者ですから、債権者ではなく債務者が会社分割したにもかかわらず、根抵当権者（おそらく銀行でしょう）が共用根抵当権に変更する登記を要求しない限り、自己に不利益をもたらすことになるという点が理解されにくいようです。

会社分割に伴い債権者保護手続として異議催告と公告がなされる理由として、債務者の資産が分割新設会社または分割承継会社に流出するからだと説明されることが多いのですが、これは厳密には適切ではありません。実は、債務者会社の債務が分割新設会社または分割承継会社に移転流出するため、当該債務の債権者に適切な自分の権利を保護する手続をとるように促す意味で、異議催告や公告がなされる必要があるというべきなのです。

(6)　連帯保証はどうなるか

(A)　連帯保証の性質

担保のうちでも連帯保証は、特殊な性質を持っています。動産担保、抵当権、根抵当権は、担保物件がブツですから「物的担保」と呼ばれていますが、連帯保証は人的担保と呼ばれています。

人的といっても、担保するモノがヒトであるとは限りません。会社、法人、組合である場合ももちろんあります。連帯保証が物的担保とまったく違うところは、法的主体である連帯保証人と債権者との契約によって成立し、かつ効力が発生するところにあります。

従来、銀行実務では、銀行側は署名も捺印もしないで、連帯保証人だけに自書捺印させて、銀行宛てに差し入れる形態の「担保差し入れ書」を徴求する例が数多く見られました。あたかも殿様が百姓下僕の願いを聞き届けてやるような形式です。銀行はいつまでこのように不遜な思い上がりを続けるのだろう。それでも法的には、銀行と連帯保証人との契約が成立したといえるのだろうかと、長い間不審に思っていました。ところが（平成29年）改正民法により（連帯）保証人の下僕扱いがずいぶん改善されました。改善事項はいくつもありますが、そのうちでも特に注目すべきは、事業のために負担した貸金債務についての保証契約、根保証契約については、契約締結前１か月以内に作成された公正証書の中で保証人になろうとする者が保証債務履行意思を表示していない限り法的効力がないことが規定された（465条の６）ことでしょう。ただし、保証人になろうとする者が法人である場合、主債務者が法人である場合の取締役、過半数の議決権を有する場合などには適用がありません（465条の９）。

(B)　連帯保証と債権者の会社分割

債権者会社が債務者に対して有している債権に連帯保証が付着している場合に、債権者会社が会社分割により分割会社と分割承継会社に分割され、債権が全額、分割承継会社に移転承継されたときは、連帯保証は当然、分割承継会社に移転承継されます。

会社分割により一つの債権が分割会社と分割承継会社に分割されたとしても、連帯保証はその双方を担保する点に変わりはないでしょう。そう解しても債務者に予測外の損害を与えることはないからです。この点は随伴性の原則どおりです。

(C)　主債務者の会社分割と連帯保証の命運

連帯保証人会社が連帯保証している特定の債権について、その債務者会社（主債務者）が、会社分割により分割承継会社を新設分割し、または分割会社が吸収分割により、その債務の全部または一部を吸収分割承継会社に移転承継した場合は、その連帯保証契約は会社分割によってどういう影響を受けるでしょうか、または受けないでしょうか。

まず、分割会社が主債務者であった主債務は、会社分割によって、分割承継会社に免責的に債務引受されると考えられます。つまり、会社分割によって債権者に対し分割会社は免責され、分割承継会社だけが債務者になると考えられます。連帯保証人会社は債権者の分割会社に対する債権を保証していたのですから、債権者の分割承継会社に対する債権については保証していません。ですから、連帯保証契約に分割承継会社に移転承継された当該債務を保証するとの明確な約定が連帯保証契約書に規定されていない限り、連帯保証は分割承継会社に移転承継したその債務（特定債権の全部または一部）を担保しないと考えられます。

連帯保証人としては、主債務者がどの程度資産を所有しているかとか、主債務者が債権者に対して当該債権者を担保債権者とする抵当権を自己所有不動産に設定しているかどうかなど、当該主債務者の信用状況に依存して連帯保証するかどうかを決しているからです。つまり、連帯保証人としては主債務者は誰でもよいから連帯保証したのではなく、この人なら連帯保証してもいい、あの人なら連帯保証しないなど、主債務者の信用状況によって判断が違ってくるからです。

このため、債務者会社の会社分割により主債務者が分割会社から分割承継会社に変更された場合は、債権の実質的な価値を変更する（我妻榮『新訂債権総論（民法講義Ⅳ）』571頁の言い回し）ため、分割会社の連帯保証は当然には分割承継会社を連帯保証しないと考えられます。つまり、債権者は債務者会社に対する債権について連帯保証人の連帯保証をとりつけていても、その債務者会社が会社分割して、連帯保証されていた当該債務を分割承継会社乙に移転承継したときは、同債権者の同意なく連帯保証は消滅すると考えられます。このことから、債務者会社を分割会社とする会社分割による債務者の変更は債権者を害することになる場合が多くなると考えられます。

こうしたことから、会社法は、

① 債務者に、会社分割に際して債権者一般に対して会社分割をする旨を催告・公告をするよう規定しています（会社法789条2項・3項、810条2項・3項）し、新会社法が会社分割後に債務の履行を請求できなくなった債権者（分割会社の債権者）に焦点を絞って分割異議権（同法789条1項、810条1項）を与えているのでしょう。

② これに反し、債務者分割会社が会社分割によって分割承継会社に新設分割または吸収分割承継された場合、会社分割のあとであっても、債権者が分割承継会社の連帯保証人（分割会社の連帯保証人ではない）に対し保証債務の履行を請求できる場合には、債権者に対し分割異議権を与えていない（会社法789条1項2号の最初の括弧書き、810条1項2号の最初の括弧書）のは、もっともだと考えられます。

このため、実務では不利な立場に立ちかねない分割会社の債権者との紛争をさけるため、分割の目的が当該債権者を不利な立場に追い込むことにあるのではないことを明示的に明らかにするため、分割会社は分割と同時に分割承継会社に移転承継された当該債務につき重畳的債務引受をするか、あるいは分割承継会社と連帯保証するのが実務です。

(D) 主債務者の人的分割の場合

これと意味は違うのですが、同様に、分割会社の債権者が不利な立場に立たざるを得なくなる場合があります。分割会社が、吸収分割であれば吸収分割の効力発生日に同時に、また新設分割であれば新設分割設立会社の設立の日に同時に、分割対価である分割承継会社の株式を分割会社の株主に交付する（人的分割）ときは、分割会社の債権者に分割異議権を与えていますが、これはもっともなのです（会社法789条1項2号の二つ目の括弧書き、810条1項2号同)。この場合は、通常分割会社の株主に分割対価である分割承継会社の株式が交付されるため、人的分割と呼んでいます。分割承継会社の株式が分割会社の株主に交付されるため、分割会社の株主から見れば、右手で持っていた分割会社の財産が右手で持つ分と左手で持つ分に分かれただけのことで（右手で持つ分が左手で持つことになった分だけ減少した)、株主としては損をしたことにはなりません。しかし、分割会社の債権者から見れば、分割の前には自分の債権は分割会社の財産で履行が担保されていたのに、分割後は自分の債権を履行すべき財産は分割後の分割会社の財産だけになり、分割会社から分割承継会社に出ていった財産は自分の債権を担保しなくなったから、分割会社から分割承継会社に出ていった財産の分だけ自分の債権のリスクが増加した、それでこの分割には異議があるということになるのです。簡単な言い方をすれば、分割会社から資産が外部に出ていってしまうため債権者に分割異議権が与えられているのです。

このような場合、分割会社の債権者に不安を抱かせないため分割承継会社が分割会社と連帯保証するかあるいは重畳的債務引受をすればよいのです。しかし実務ではそのような例を見たことがありません。おそらく人的分割を現実に実行する場合とは、分割会社がその株主に、分割承継会社の経済価値を分割承継会社の株式の形をとった「剰余金の配当」をする場合ですから、債権者に不安を与えないほど十分に分割会社に財産がある場合だからでしょう。

(E)　分割異議は実務では？

なお、債権者に分割異議権が与えられる場合で、当該債権者が分割のときから1か月内に異議を述べたときは、原則として、分割会社は当該債権者に弁済するか、担保を提供するか信託をしなければならない定めです(会社法789条5項、810条5項)。しかし、私はこのような異議を述べられる立場に立ったことはありません。債務者の代理人を務めていれば、実際には異議を言ってきそうな債権者は事前にわかりますから、先に弁済してしまいます。

(F)　連帯保証の免責

ところで、上記に関連して、連帯保証契約条項の文言中には、連帯保証契約を解約できる場合について、何の規定もおかれていないのが普通です。しかし、そうだとしても、連帯保証契約の解約を認めるべき場合とか、連帯保証責任の射程外だとして責任を負わないと認めるべき場合があるのではないでしょうか。

たとえば、主債務者から欺かれて連帯保証人になった連帯保証人の保護についてです。債権者に対しては自己所有の不動産に抵当を設定するのであなたが連帯保証人としての請求を受ける可能性はきわめて低い、形だけだから頼むといわれ、物的担保があるのだから自分が連帯保証人としての責任を負わされることはないと信じて連帯保証を引き受けた、ところがその抵当権設定契約が何らかの事情で無効であった場合には、連帯保証の責任を負わないと考えられます（大審院昭和15年６月28日判決）。

この考え方からすると、主債務者は連帯保証人が連帯保証契約をしてくれたあとになって、会社分割でその不動産の所有権を分割承継会社に移転承継してしまった、ところが、その主債務は依然として分割会社に残留させている場合には、連帯保証人の保護のため、連帯保証人の責任の免除を認めるべきではないかと考えられます。

連帯保証人は、将来保証債務を履行したときは、主債務者に対して求償権行使ができるのです（頼まれて連帯保証人になったのか、頼まれもしないのになったのかで求償できる範囲は違ってきます）から、連帯保証は担保といっても、本来の性質は、債権者の利益を擁護するための、一時立替義務にあります。しかも、連帯保証人を必要とするほどの低い信用しかない主債務者のための連帯保証ですから、きわめてリスクの高い保証です。このため、債権者の利益を擁護するための保証ではありますが、会社分割に因る担保不動産の所有権移転によって求償権行使が無意味に陥った時点では、信義誠実の原則上、一時立替義務は消滅すると考え、連帯保証人の責任の免除を認めるべきではないかと考えます。

主債務者の代表取締役が主債務者会社の債務を連帯保証する場合も含め、通常連帯保証人は、連帯保証という「他人のために」債務を負担するにあたって、保証料のような、その対価を受け取っていません（この点、大商社が連帯保証するときは保証料を取るのが通常です）。そのうえ債権者から連帯保証責任の履行を請求されるときは主債務者が経済的に窮状にあるため主債務者に求償できない場合が多いのです。いわば踏んだり蹴ったりの事例がほとんどです。論理構成をするにあたり、法律家はそのような実態を見る目配りをしたいものです。

不動産担保には直接には関係なくても、これに類似した事例、たとえば、連帯保証の期間がきわめて長期間にわたっている場合で、主債務者と連帯保証人との信頼関係が著しく害された場合――たとえば、主債務者が会社分割で主要な財産を分割承継会社に移転承継してしまったとか、それと見返りに分割会社に交付された分割承継会社の株式も、人的分割であった（現行の会社法では、物的分割直後の分割承継会社株式の配当）ため、直ちに分割会社の株主に剰余金の配当として交付されてしまったとか、分割会社の連帯保証人になったときは分割会社の代表取締役であったが、解任されたか、人事抗争で敗れたため社外に追い出された――などなどで、連帯保証人になったあとに主債務者に会社分割などがあり、連帯保証人の将来の求償権行使が不可能ないし困難になった場合には、連帯保証責任を制限するか免責を認めるべきでしょう。

3　医療法人は分割できるか

(1)　医療法人をめぐる組織再編法制

医療法に医療法人の設立が認められた昭和25年以来、医療法人は、医療事業の非営利性と経営の効率性実現の二つの理念の狭間に大揺れに揺れながら、その組織としての健全性と合理性を追求してきました。この流れの中で、医療法人の合理性追求は主として医療事業そのものの合理性追求の範囲にとどまっていましたが、医療保険費の猛烈な膨張を原因とする弱小な非効率的医療組織の存在抑制を主たる課題として、医療法人の組織面に焦点を合わせた合理化が不可避の課題でなっていました。まず平成19(2007)年4月以降、医療法改正により「持分のある医療法人」の新設を禁止し、持分のない医療法人への移行を推奨するようになり、「持分という資本」による医療法人支配を排除する医療政策の方向性が明確になりました。

まず持分のない医療法人であって、同族支配を制限しており、地域医療に貢献する公益性の高い医療法人である社会医療法人と特定医療法人に、法人税法上の軽減税率（19%）を認めました。平成26（2014）年10月1日には社団医療法人と財団医療法人間の異種法人間の合併を認めました。加えて、安倍内閣の第三の矢の一つとして、平成26年6月24日閣議決定された「日本再興戦略」において、会社法の会社分割と同様のスキームを医療法人にも導入することが明示され、これを受けて医療法および組合等登記令が改正され、平成28（2016）年9月1日から医療法人についても会社法上の吸収分割と新設分割に類似した法人分割が導入施行されるに至りました。

平成28年3月25日医政発第0325号厚生労働省医政局長通知「医療法人の合併及び分割について」が発せられ、医療法人分割（医療法60条～62条の2）の手続、効力等が明確になりました。

従来の医療法人の合併類似行為、法人分割類似行為は、事業譲渡と（譲渡受け容れ）、医療法人の新設とその認可、（譲渡法人の）解散とその認可を組み合わせる方式でしたから、手続は面倒で、合理性のない方法しかなかったのです。これに比較すれば、大幅な合理化であるといえるでしょう。

(2) 医療法人の実態と法改正の矛盾

医療法人は、財団医療法人と社団医療法人とを合わせて、その総数4万4027法人（平成19年3月末段階）のうち、実に4万1476法人、つまり98％が「出資持分ある」社団法人であるにもかかわらず、一切の医療法人は剰余金の配当を禁止されています（54条）。剰余金配当に類似するような行為（たとえば、近隣の土地建物の賃料に比し著しく高額な賃料の設定、病院の収入に応じた定率賃料ないし比率賃料の設定、役員への高額な給与、個人または法人への寄付など）も、実務上、望ましくないとされています。厚生労働省は医療法人の世界に収益追求を「よし」とする法人を認める気はなく、医療法人から資本主義の匂いを追い出し抹殺しておきたいのです。資本主義的現実の大海に抗して、反資本主義的医療理念の出船です。おそらく、厚生労働省だけでは医療業界を制御できない力が働いているのでしょう。

法人税法上の会社分割等組織再編行為は同一資本による支配がどこまで及んでいるかを適格非適格判断の基準にして組織化されていますから、論理的には、法人税法上の会社分割等組織再編行為は医療法人には適用はないとするか、少なくとも、出資持分がない（資本概念がない）医療法人には適用はないと一線を画すべきことが論理性ある態度だと考えられます。

ところがです。平成28年施行の改正医療法によって医療法人に認められた医療法人の法人分割は、持分ある医療法人を除く医療法人にだけ適用を認めるものだったのです（医療法60条、同法施行規則35条の6。ほかに社会医療法人、特定医療法人（租税特別措置法67条の2第1項）も除かれる）。資本概念からみて、何が何だかわからない法改正です。したがって、医療法人の分割は、会社法や法人税法からみて、何とも奇妙なもので、何のために医療法人に法人分割を認めたのかと問いたいところです。矛盾の激しい医療法人分割法制です。

⑶　医療法人の分割の特徴

医療法人の利用可能な分割は、吸収分割（医療法60条以下）と新設分割（同法61条以下）の二つだけです。この点だけをみれば会社法に酷似しています。その手続についても、債権者保護手続や異議ある債権者の処理手続、権利義務の承継の効力についても、会社分割に伴う労働契約の承継に関する法律が準用される点も、会社法上の会社分割とほぼ同様です。

違うところは、社団医療法人では分割のためには総社員の同意を要すること、財団の場合は理事の３分の２以上の同意を要することが特徴的であり、医療法人分割の効力の発生には、吸収分割でも新設分割でも、都道府県知事の認可を要する点、分割の不認可処分をする場合には弁明の機会が与えられることと、登記が組合等登記令によらねばならないこと程度です（医療法60条の３、61条の３、組合等登記令１条、別表)。したがって、医療法人の分割に関する条文について、読者は概ね見当がつくはずですから、ここで詳しく検討する必要はないでしょう。

医療法に認めている新設分割と吸収分割が実行できる医療法人には、資本概念の入る余地がないのですから、「株主等から出資を受けた金額」（法人税法２条16号）である資本金等の金額の変動（同法施行令８条１項６号）を考える余地はないと考えられます。

この点、医療法人とは違い、出資の概念がある農業協同組合の分割について検討を加えておかなければなりません。

4　農業協同組合（農協）は分割できるか

⑴　農業協同組合への分割制度の導入

医療法人改革と同様、デフレ脱却を目指す第二次安倍内閣は、平成26

(2014) 年「日本再興戦略」の一環として、「地域資源で稼ぐ地域社会の実現」を旗印にして農業委員会、農業生産法人、農業協同組合の一体改革を閣議決定し、その具体策の一つとして、「単協、連合会組織の分割や株式会社、生協等への転換ができるようにする」ことを明示した。生産性の低い農業生産組織の活性化が目標として掲げられたのであり、この目標達成の方法として、農業協同組合の株式会社への組織変更（農業協同組合法73条の２以下)、一般社団法人への組織変更（同法77条以下)、消費生活協同組合への組織変更（同法81条以下)、医療法人への組織変更（同法87条以下）を許容する諸規定が新設され、それと同時に、農業協同組合の活性化のための組織変更の一環として分割制度（同法70条の２以下）の導入が図られたのです。

この大改革以前においても、農業協同組合は農業を専業とするだけでなく、農業生産法人や農事組合法人と連携して加工、冷蔵、運送、販売など農業関連産業生産体に成長したうえに、信用事業（金融）と共済事業（保険）をも抱える巨大組織でしたが、株式会社への組織変更、消費生活協同組合（小売）への組織変更、医療法人への組織変更への許容によって、収益性の実現へ向けて大変貌を遂げることとなりました。農業協同組合は私的独占の禁止及び公正取引の確保に関する法律（独占禁止法）上の「小規模の事業者又は消費者の相互扶助を目的とする組合」（同法22条１号）とみなされて（農業協同組合法８条）独占禁止法の適用を免除されていることを考えれば、分割制度の導入は、ますます農業協同組合を高度収益実現組織へ向かって推し進め、農業者の協同組織であるという生来の外壁を最終的に打ち壊すことになった、との非難（あるいは賞賛）は不可避でしょう。

(2)　農業協同組合の分割の特徴

分割できるのは組合（農業協同組合または農業協同組合連合会のこと）の設立にあたり組合員または会員による出資があった出資組合だけに限定されますが、組合は通常出資がなされていることと、非出資組合から出資組合への移行が認められたこと（農業協同組合法54条の４、移行の登記につき平成

28年３月８日民商第31号法務省民事局商事課長通知）から、すべての組合は分割ができると理解して大過なくなりました。しかし信用事業（金融）、共済事業（保険）は分割対象から除外されています。収益性向上の観点からは、独占事業に近いのだから事業の分割など考える必要はない（巨大組織に成長することを阻害する理由がない）ということなのでしょう。

会社法上の吸収分割にあたる分割は認められておらず、出資組合の新設分割のみが認められています。しかし組合の合併は前から認められていたこと、会社法上の吸収分割は、会社法上の新設分割と合併との合わせ技であることを考えれば、新設分割した後に、新設設立組合を吸収合併すればよいわけで、これで特段の不便があるわけではないのでしょう（この点はアメリカの考え方と同じです）。

新設分割計画書の作成を要するとされていること、その内容についても新設分割会社に当たる新設分割組合から新設分割設立組合に向かって移行する資産、債務、雇用契約その他の権利義務に関する事項を記載しなければならないこと、組合員は各々１箇の議決権を有するものとされ（農業協同組合法16条）、新設分割の効力の発生は、新設分割計画書が組合の総会において出席者の議決権の過半数の賛成によって議決されなければならない（同法45条、70条の３）こと、債権者保護手続や異議ある債権の処理手続、権利義務の承継の効力についても、会社分割に伴う労働契約の承継に関する法律が準用される点、分割の効力は新設分割設立組合の成立の日にその効力が発生するとされていること（同法70条の５）、その成立の日とは、新設分割の認可その他の分割手続が終了した日から２週間以内に、新設分割組合については変更の登記をし、新設分割設立組合については設立の登記をした日である（上記商事課長通知、組合等登記令別表、８条の２）ことなど、会社法上の会社分割とほぼ同様です。

⑶　会社法上の分割との相違

農業協同組合の分割は、医療法人の分割とまた違った意味で会社法上の分割と著しい相違点があります。まず、吸収分割が認められておらず新設分割しか認められていない点はすでに述べましたが、それ以外にも、行政庁の認可がなければ分割の効力は発生しないという規制がああります。

しかし、特筆すべき相違点は、①新設分割組合の組合員が新設分割に際して取得する新設分割設立組合の出資の口数またはその口数の算定方法の問題と、②新設分割設立組合の組合員となることができない新設分割組合の組合員がいた場合には、組合員が新設分割に際して取得する新設分割設立組合の出資をどうしたらよいのかという課題です（農業協同組合法70条の3第2項4号）。

この課題は会社法上の新設分割との比較においても、法人税法上の分割型分割との比較においても重大な問題を提起しています。

①　まず、「新設分割組合の組合員が新設分割に際して取得する新設分割設立組合の出資」という課題の設定自体が、会社法上の分社型分割、法人税法上の分社型分割があり得ないことを示唆しています。つまり旧会社法上の人的分割に該当する分割しかあり得ないということなのです（法人税法上の分割型分割との関係は後に述べます）。

なぜそうなるかといえば、農業協同組合は農業協同組合法によって許容されている事業の種類が農業経営およびその技術の向上から始まり、農業生産物の加工、運搬、貯蔵、販売への一連の事業の世界のほかに、農民の日常生活に深くかかわっており、組合員の事業または生活に必要な資金の貸付け（同法10条1項2号）、組合員の貯金または定期積金の受入れ（同項3号）並びに共済（同項10号、保険）、リース事業などのいわゆる金融保険事業から農村工業施設、医療施設、老人福祉施設（同項11号～13号）の運営まで、その事業の種類はまことにに広範です。このため、貯金または定期積金の預入れ事業を行う組合、共済事業を行う組合などについては、特定の事業以外の事業を行うことが禁止されています（同条23項・24項）。

このため禁止されている事業を分割によって新設分割設立組合に切

り出した後は、その新設分割組合の組合員は新設分割設立組合の出資口を取得することはできないと考えられるからです。その場合には、当該新設分割組合の組合員には、新設分割設立組合の出資口にかわる金銭が交付されることとなり、したがって分割によってその算定方法をも定めなければならないこととされています（農業協同組合法70条の3第2項4号括弧内）。

② もう一つ考えなければならないのは、独占禁止法22条3号が「各組合員が平等の議決権を有すること」を、農業協同組合が独占禁止法の適用除外を受けるための条件としていることです。会社法上の分社型分割は分割会社が分割承継会社を100％子会社とする分割です。したがって組合において分社型分割を認めれば、新設分割組合は、新設分割設立組合をいわば子会社として支配することを認めることになり、独占禁止法の適用除外規定からみて望ましいことではない、と考えられたのではないでしょうか。

この点について、財務省の『平成28年度税制改正の解説』の「法人税法等の改正」は次のように解説しています。「上記の改正は、農協改革に伴い、農業協同組合法の改正が行われ、農業協同組合及び同連合会が新設分割を行うことができることとなった（農協法70の2）ことを踏まえて行われたものです。……この新設分割は、分割承継法人（新設分割設立組合）が協同組合であることから1組合だけで他の組合を支配することは組合組織上適当でないため、農業協同組合法上、分割に係る対価が、分割承継法人から分割法人（新設分割組合）を経由して分割法人の株主等（新設分割法人の組合員）に対して交付する制度となっておらず、分割承継法人から分割法人の株主等に対して直接に交付される『直接交付型の分割』となります」（322頁（注1））。「この分割型分割の範囲の改正によって、『分割により分割法人の株主等に直接に交付される（分割法人が交付を受けない）分割法人の株式』を『分割対価資産』に含めることが必要となったことから、分割承継法人の株式について、その交付を受ける側ではなく、その交付をする側で規定することとし、『分割対価資産』が『分割により分割承継法人によって交付されるその分割承継法人の株式(出資を含みます。)その他の資産』とされました（法法２十二の九イ)」(322～323頁)。

この説明によって、平成28年度に、法人税法の分割型分割についての定義規定（法人税法２条12号の９イ）を変更しなければならなくなった理由は、法人税法の条文中に農業協同組合の分割を取り入れたためであることが明瞭となりました。平成28年度改正の法人税法２条12号の９イの分割型分割の条文は、「……又は分割により分割対価資産の全てが分割法人の株主等に直接に交付される場合のこれらの分割」と「直接交付」がより明瞭に規定されるに至っています。

しかし、上記の、財務省平成28年税制改正の解説は合理的説明にはなっていないというべきです。

「農業協同組合及び同連合会が新設分割を行うことができることとなった(農協法70の２)ことを踏まえて行われたもので」あるにしても、また、(この新設分割は、分割承継法人（新設分割設立組合）が協同組合であることから)「１組合だけで他の組合を支配することは組合組織上適当でない」のだとしても、「農業協同組合法上、分割に係る対価が、分割承継法人から分割法人（新設分割組合）を経由して分割法人の株主等（新設分割法人の組合員）に対して交付する制度となっておらず、分割承継法人から分割法人の株主等に対して直接に交付される『直接交付型の分割』となります」と断定しなければならない根拠となるのか、その説明になっていません。

なぜなら、まず、「１組合だけで他の組合を支配することは組合組織上適当でない」のなら、分割型分割の定義である法人税法２条12号の９イ前段にある定義、つまり、「分割により分割法人（新設分割組合）が交付を受ける分割対価資産の全てが当該分割の日において当該分割法人（新設分割組合）の株主等（新設分割法人の組合員）に交付される」分割、という定義ではなぜ不十分なのか、理由になっていないからです。

分割対価資産が「分割の日」に直ちに新設分割組合の組合員に交付される構成であれば、「1組合だけで他の組合を支配すること」にはならないからです。しかし、それでも「分割の日」一日だけであっても「他の組合を支配する」のはまずい、というのであれば、

㋑「分割の日」とは、わずか一日だけであると法人税法2条の定義の枠内で明確に定義すべきであり、

㋺　次いで、たった一日だけでも新設分割組合が分対価資産を、新設分割組合の組合員に向かって通過させることが「1組合だけで他の組合を支配すること」になる理由を明確にすべきです。通常の常識であれば、一日のうちに子組合出資口が親組合を通過するだけのことを、親組合の子組合「支配」とはいいません。

㋩　そして、最も強調したい点は、上記の財務省の説明では、法人税法2条12号の9という組織再編税制のうちでも最も肝心な「分割型分割」の定義の中に、分割対価が左斜め上に上昇する「直接交付型の分割」（三角分割と呼ぶ人もある）を入り込ませなければならない理由にはなっていないではないか、という点です。

法人税法全体からみれば、農業協同組合の分割という、さして重要ではない事項が法人税法に取り込まれたことによって、法人税法が会社法から大きく解離することになり、会社法と法人税法における会社分割に関する法律的「美しさ」が奪われてしまったことは残念でなりません。

会社法と法人税法との一体的解釈と運用を考える私としては、農業協同組合の分割だけを例外ととらえ、それ以外の会社分割においては「直接交付型の分割」は無視すべきだと考えます。「分割の日」に分割対価資産を分割会社の株主に交付することは、会社法上も法人税法上も、分割型分割以外の方法で可能な方法であるから、このような異形の分割型分割を維持する必要はないのです。

第4章　会社分割の「高級な」使い方

1　金銭対価なしで、他人の会社を手に入れる方法

(1)　吸収分割を重視せよ――企業統合方法として

(A)　会社法と法人税法の関係

会社分割の基礎は、株主である自分（自社）を二つ以上に新設（分社型）分割するか、自分の会社の一部または全部を分割し、その一部または全部を自分ではない他人（他の会社）が支配する別の会社に合体する方法（吸収分割）です。この二つの形の分割のうち吸収分割について、吸収する別の会社（つまり吸収分割承継会社）からみれば、自分が支配している会社が他人（他社）が支配している別の会社（吸収分割会社）の全部または一部を自分の会社に吸収して合体することです。つまり、会社分割という技術は、実は他人の会社を手に入れる技術であるともいえるのです。この点、吸収分割は吸収合併にごく類似しています。

吸収分割という言葉は、新設分割とワンセットになる言葉で、会社法上の言葉です。大事な点は法人税法上の言葉ではないという点です。法人税法では、今ある会社から出ていく会社のボディともいうべき有機的組織体（資産負債）と入れ替わりに入ってくる株式等がどこへ行くかにしか興味がありません。株式の本質は、ボディー有機的組織体（資産負債）に対する

支配権がどこにあるかを示す旗印のようなものです。法人税法には会社分割の形を示す言葉は、分社型分割と分割型分割の二つしかありません。このため法人税法を読むときには、新設分割にも分社型分割と分割型分割があり、吸収分割にも分社型分割と分割型分割があることに注意しなければならないのです。

法人税法は、自分に興味のあることだけに絞って条文化しています。これを裏返すと、会社法の背中に乗っている子亀のようなものであり、会社法の条文で補ってやらないと意味がはっきりしない構造になっています。それだけでなく、補ってやっても、やはり何が何だかよくわからないところがたくさんあります。

(B)　デラウエア州会社法

ところで、会社法でも法人税法でも、他人の会社を手に入れるときの対価は何か、が重要です。仮に、この対価が金銭に限られるのであれば、何も会社分割をわざわざ使う必要はなく、いきなり金銭で被買収会社の株式を買い取れば済むことです。といっても、勿論、相手が売ることに同意している場合に限られますが。しかし、金で売買するという方法は、まことに原始的というほかありません。原始的手法とは、つまり粗雑であることと同義です。目標企業の株式を手に入れたいにしても、その全部が常に必要なわけではないはずです。逆に、目標企業の株式全部を手に入れたいときに、常にその全部が手に入る保証もないはずです。

そこで、手法は進歩し、金銭を使うのではなく、分割承継会社の株式を使うのはどうか、または分割承継会社の親会社の株式でもよいではないかと思考が進みます。さらに進んで、それなら、金銭以外の有価物資産であれば、何でもよいではないか、となり、最後は、やはり金銭でもよいではないかとぐるりと元に戻って、手口も乱暴になり、金銭は有価物の代表選手という意味以上の意味はなかったのだから、金銭以外の有価物なら、何でもよいではないかと終点までやってきます。事実そう進んできたのが、アメリカの首都ワシントン DC の東、大西洋に面した人口たった60万のデラウエア州の会社法です。

この州は産業がないためでしょう。デラウエア会社法という法律を売り物にしており、アメリカ合衆国で収益上位500社の大半がこの州の会社法を設立準拠法にしているといわれています。何でもありの会社法でとても便利だからです（日本からでもいとも簡単にデラウエア州会社法に準拠した会社を設立することができますし、そのようにして設立した会社が日本国内で事業をしています）。

(C)　組織再編技術の多様化と背景の哲学

見るべき点は、このように対価の種類が多様化していく過程は、実は組織再編技術が多様化していく過程そのものでもあったことです。対価の種類が増えれば対価の使い方も増えるというわけです。

もっと大切なことがあります。このような組織再編技術の多様化の過程は、会社という、この普遍的なるものを、世界中の人間が弄り回す過程でもありましたから、実は人類が「会社」なるものに対して抱く、二つの全く違う哲学の違いが色濃く影響を与えてきた過程でもあったことです。結論としての組織再編の形は同じに落ち着いても、それに至る考え方が全く違うということです。

大陸法系の哲学は言い切ります。会社とは、それは社会に人が存在することが確実であるように、社会に確実に実在するものである、と。したがって、組織再編とは、人間と同じように、実在する会社の組織の再編なのである。すなわち、吸収合併とは会社の設立や解散のように、法的権利義務の帰属主体の変化変更であるから、売買など法律行為の対象たる財産におきる変化変更たる損益取引ではない、つまり資本取引である、したがって課税の対象になるわけがない、と。少しイカガワシイにしても、堂々たる一貫した論理で貫かれています。

もう一つの西欧哲学、というよりユダヤ系の考え方は、確実に存在するのは会社ではなくて人だけである、会社が実在するなどというのは幻が実在するというのに似た世迷言に近い、会社は単に人間の道具概念に過ぎない、被合併会社が吸収合併により吸収される吸収合併は、被吸収合併会社甲会社の株主が甲会社という財産を、吸収合併会社の乙株を対価として受け取るのと引き換えに、乙会社の株主に売ったのだ、つまりこの吸収合併は人である投資家甲株主と人である投資家乙株主との、乙株式を対価とする取引である、と考えます。アメリカはこういう考え方です。これもまた、論理的一貫性が明瞭ではあります。

しかし、一貫した論理は何かを隠すための虚構であることが多いのもまた時として真実です。八百万の神が知ろしめす我が大和の国では、神はただ御一人ではありませんから、会社法を一つの論理で割り切る必要はありません。会社は人そのものでもなく、たんなる道具でもなく、人々と財物との集合体だと考えておけばよい、税法はまた別の徴税の観点から考えればよいと、という態度で、会社法は大陸法系的ですが、組織再編と税法はアメリカ法的です。

(D)　アメリカ流の考え方

ただし、とアメリカ流の考え方はさらに進みます。投資家が投資を打ち切って資金を回収したとみるべきであれば課税すべきだろうが、そうではなく新たな事業に投資を続行するために合併という方法を採用したといえるのなら課税すべきではない（課税は繰り延べ）、というふうに。したがってアメリカでは組織再編は頭から税法的なものです。このため、アメリカの組織再編の規定は内国歳入法（Internal Revenue Code, 368条）という国の税法の中で整理されています（アメリカ合衆国には、州法としての会社法はありますが、国全体としては、統一会社法はなく、学者たちが編集した判例の集積整理としての Restatement of the Law があるだけです）。組織再編とは、株主の目から見て、財産と株式との交換だという割り切り方でスクリューが回転するように進んでいきます。

アメリカでデラウエア州の会社法が広く受け入れられるようになったのは1967年の改正以降です。このときの改正で、合併の対価として、現金をまず認め、ほかに合併後存続会社以外の、別の会社の有価証券を用いることを認めたのです。1969年にも改正し、現金の外に財物、それに法律上の権利も認めました。1992年にも改正し、会社以外の組織体の財産を受け取る権利までも認め、2003年の改正では、いかなる種類の対価でもよいところまできました。

(E) アメリカの対日本要求と会社法改正

進歩と欲望が二人三脚を始めると、恐ろしいことに国境を越えはじめます。グローバリズムの正体です。ここまできたのだから、金銭以外の有価物で他国の会社を手に入れてやろうと、日本の市場を狙い始めました。

その第一歩が平成6（1994）年に始まった「日本政府へのアメリカ政府の年次改革要望書」です。以後この要求は毎年のように繰り返されました。

この要求は有り体にいえば日本国内の6の産業分野にアメリカ的競争政策を導入せよと言う恫喝です。アメリカは「ジャパン　アズ　ナンバーワン」を心底恐れました。バブル崩壊に低迷する日本を見て、付けこんできたのです。

その6番目の商法分野に、アメリカ的企業統治を導入せよ（社外取締役を認めよ）、株式交換型M&A（三角合併）を導入せよという要求がありました。これに基づき平成17年に新「会社法」が立法化されたのですが、そのうち「三角合併」だけは施行が1年間延期されました。なぜ「三角合併」の施行が1年間延期されたかといえば、三角合併によって、アメリカの上場大会社が日本企業を現金を使わないで大々的に吸収合併してしまうのではないか、と恐れおののき、その対抗策を準備する余裕期間が1年間ほしいということだったのです。三角合併とは、アメリカ大規模企業が日本国内に、その100％子会社を設立し、その子会社が、日本の企業を合併するにあたり、合併対価として金銭ではなく、アメリカの親会社である上場会社の株式を充てることを意味していました。アメリカの親会社である大会社の株式は魅力的でしょうから、日本人たちはその魅了に勝てず、日本の会社は総なめにアメリカの親会社である大会社によって日本に設立された子会社に合併されてしまうことになると、いう恐怖です。この恐怖の日本語的表現が、平成17（2005）年成立の会社法の目玉といわれた「対価の柔軟化」の正体です。「柔軟化」は flexibility の訳語ですが、対価が柔軟になるという日本語は少し変で、自由化か融通性、というべきでしょう。

会社法以前の商法に規定されていた合併においては、合併に際して被合併会社の株主に交付される合併対価は合併により存続する会社の株式に限定されていました（旧法409条 2 号、410条 2 号）。ところが平成17年成立の会社法においては合併対価は合併新株以外の財産にまで拡張されたのです（749条 1 項 2 号ホ）。この条文中の「以外の財産」の中に合併会社の親会社の株式も入るということです。

(2)　三角合併より優れている三角吸収分割

(A)　三角吸収分割での対価自由化

吸収合併で対価の自由化ができる以上、理論上、吸収分割でも、株式交換でも同じことができるはずです（ただし、新設合併、新設分割、株式移転ではできません。この三つの組織再編では、いずれも新たに法人を設立する手法であり、財産と株式の交換という性質を持っていないからです）。会社法の成立と同時に吸収分割についても吸収分割対価として吸収分割承継会社の「株式等以外の財産」をも対価として認められました（会社法758条 4 号ホ）から、三角吸収分割についても大恐慌になってよさそうなのですが、実際にはそうはなりませんでした。なぜでしょうか。

理由は、アメリカには吸収分割という方法がないからです。だから、日本の会社をアメリカの大会社の株式で傘下に入れるには合併より吸収分割のほうがよいとは考えもしなかったのです。

(B)　吸収分割の優れている点(1)

しかし、アメリカ側が事情をよく知らない日本の会社を買収しようとするのであれば、合併より吸収分割のほうがはるかに優れているよ、と指導してやってもよかった、かもしれません。

まず、吸収合併は目標である会社の資産負債の何もかも、その全部を取り込んでしまいますから、リスクの所在を読み違えれば取り返しがつきません。法人格まで取り込みますから、簿外債務はもちろん、いまだ提起されていない訴訟上の被告にさせられる可能性さえ取り込みます。合併が完了した後で訴訟を起こされても逃げようがありません。よほど事前の調査が完璧でないと危険です。それとも、アメリカ人たちは伝統的なデューディリジェンスに自信があるということなでしょうか。そうではなく、単に日本の法に無知なだけでしょう。

これに比し、吸収分割では、合併のように、分割会社の全部を吸収しなければならないのではなく、ほんのわずかな一部を残置するだけの吸収でよいのですから、吸収分割契約書のつくり方に若干の工夫をするだけの、きわめて簡単な方法で、リスクのある部分だけを残して目標財産のほぼ全部を吸収分割承継会社に移転することができます。その結果、ほとんどもぬけの殻になった吸収分割会社は解散、清算するだけのことで、完全な安全を期すことができます。

(C)　吸収分割の優れている点(2)

もう一点、吸収合併より吸収分割のほうが優れている点があります。吸収合併では吸収合併株式会社が吸収合併消滅株式会社の株主に対して金銭等の交付をするときは、金銭等の割当に関する事項を吸収合併契約書に記載しなければなりませんが、その割当の割合は、吸収合併消滅会社の株主の有する株式の数（種類株式である場合には各種類の株式の数）に応じて交付すものでなければなりません（会社法749条１項３号・３項。ただし吸収合併消滅会社が種類株式発行会社である場合は種類ごとに異なる取扱いを行うこととすることができ、別扱いになります。同条２項）。株式数に按分でなければならないわけです。株主に割り当てますから、株主平等の原則（同法109条１項）が働くということです。

ところで、按分に割り当てようとするとき、割当に用いることができる財産は金銭だけでなく株式、社債、新株予約権、新株予約権付社債、それに株式以外の有価物なら何でも許されているのです（会社法749条１項２号イ～ホ)。しかし、按分を迅速、正確に算定できる財産というと、実のところ、株式、社債、新株予約権、新株予約権付社債か金銭に限られてくるのです。金銭なら間違いなく按分に割当ができます。法律上は「株式等以外の財産」(同号ホ)ですから、どのような種類の財産でも許容されてはいますが、按分でなければならないことから、対価たる財産の種類は事実上限られるのです。

(イ)　吸収分割では株主平等原則は働かない

ところがです、吸収分割の場合であっても分社型吸収分割の場合には、吸収分割承継株式会社が吸収分割会社に対して金銭等の交付をするときは、株式、社債、新株予約権、新株予約権付社債、それに株式以外の有価物なら何でも(会社法758条4号イ～ホ)許されるのですが、株式数に按分に割り当てなければならない旨の規定がありません。なぜなら、これら分割対価は吸収分割会社の株主に割り当てられるわけではないからです。どこへいくのかといえば吸収分割会社の「お腹」です。ボディです。このため、当然、按分の規定もありません。「株主」に割り当てるのではない以上、「株主平等の原則」は働かないのです。したがって、分割対価は吸収分割承継会社のアメリカの親会社の株式でなくとも、論理としては、いかなる財物でも許されることになり、それこそ、(実現性があるかどうかは別にして)トランプタワーそのもの、でもいいわけです。このように吸収分割は吸収合併よりはるかに優れていることがおわかりでしょう。

(ロ)　実際には少なかった三角合併

新聞には三角合併の導入は幕末、黒船の來襲のごとく、その恐怖が大々的に報道されました。しかし実際には三角合併が実行された事例は、ただの二、三例しかなかったようです。その例とはシティグループがすでにその支配下にあった日興コーディアルグループを完全子会社化すると発表した事例(2007年10月2日)、ソフトバンクによるボーダホンの元日本法人や日本テレコムの買収、サッポロホールディングスによるポッカコーポレーションの買収です。シティグループの例では、三角合併に取り掛かった時点で親会社シティはその子会社であるシティグループ・ジャパン・ホールディングスによって日興コーディアルの株式の68%をすでに保有していました。完全子会社化といっても残り32%を取得するというだけのことだったのです。おそらく確実な取得を実現するため、68%まで取得が完了するのを待って三角合併に踏み切ったということでしょう。しかし、それならなぜ三角合併ではなく三角吸収分割にしなかったのでしょう。もっと安全であったのに、と思います。たぶん、日興コーディアルの法人格を残存させないほうがよい事情があったのでしょう。そして、おそらく、きっと、このディールの法的仕組みを案出したのはアメリカ人であって、日本人ではなかったのでしょう。

(ハ)　分割型吸収分割の場合

分割型吸収分割の場合についても簡単に触れておきます（なお分割型吸収分割は会社法上の概念であって法人税法上のそれではありません。法人税法には、そもそも吸収分割という概念がないのです）。この場合は、吸収分割会社の株主に対して財産を交付しなければなりません（会社法758条8号イ、171条1項、454条1項）。したがって株主平等の原則が働き、按分でなければなりません（同法454条1項2号・3項）。しかも、その交付は剰余金の配当になり（同法758条8号ロ）、その配当財産は吸収分割承継会社の株式に限定されます（同括弧書き）。ただ吸収分割会社の定款において剰余金の配当について内容の異なる2以上の種類の種類株式（属人株式を含む）の発行を認めているときは、ある種類の株式の株主に対しては株式を交付しないことも許される（同法454条2項1号）し、その種類ごとに異なる取扱いをすることも許されている（同項2号）ため、かなり芸の細かいことができます。

しかし、配当財産そのものは吸収分割承継会社の株式に限定されますから、分割型吸収分割の場合には、アメリカの大会社が親会社となり日本に子会社をつくって、その子会社が吸収分割承継会社になりますから、その親会社の株式を使って日本の会社を吸収する目的には使えないことになるわけです。

2　〈物語〉騙しの事業承継 ――会社分割と「一人会社」

(1)　従業員に事業を承継させる

少し長い架空のお話になります。

①　ある経営不振ホテルの再建計画

出羽地方の名峰の麓に、硫黄温泉でその名を知られた古くからの村里でホテル事業をしている会社があった。その会社を甲会社と呼ぶこととする。

甲会社は、資本金1000万円、株式の譲渡制限がある中小規模企業であったが、リーマンショックの影響による不動産投資の失敗と本業の低迷で売上高が３年連続で減少し、次年度も業績好転の兆しがなく、その地域では最も大きな銀行である出羽銀行から、借り入れていた長期資金10億円について、元本返済が滞り金利支払いも約定が守れなくなっていた。

出羽銀行としてはこれ以上新規融資はできない、ロールオーバーも難しいという事態である。しかし出羽銀行としては債務者会社を倒産させてしまうことは地元に根を生やしている地方銀行として、何としても回避したい、それに債務者甲会社には一定の売上げが期待できるだけの底堅い顧客がついているのだから過剰債務を減少することさえできれば生き残る可能性はあるからと、平成22年になってから甲会社社長Ａに、従業員に会社支配権を承継させる方式で、甲会社を会社分割で二分し、旧会社は不良債権を抱えて解散清算させ、事業は新会社に移して起死回生する方法が一番良いと提案し、説得することとした。

出羽銀行は概略次のような計画を提案した。

① 資本金1000万円の株式会社甲は、新設物的分割をして資本金1000万円の乙会社を新設し、乙会社株式は全株式甲会社に割り当て交付する。

② ホテル建物および敷地の所有権の時価を不動産鑑定士に鑑定を依頼するが、4億1000万円となるよう資産内容を調節し、下記の条件の下に乙社に移転承継する。甲会社を分割する際、銀行債務10億円を6億と4億に分け、6億円は甲会社に残し4億円は乙会社に移転承継する。甲会社の商号を変更し、以下その会社を旧甲会社と呼ぶこととし、その代表取締役はAとし、従業員はまったくゼロとし事業は行わない。旧甲会社は、残った資産はすべて売却して売却代金は銀行に返済してもらい、旧甲会社には資産がすべてなくなった状態で解散し清算し解散登記をする。

③ 分割によって新設される乙会社の代表取締役は、勤勉で信用の置ける者が望ましい。長年甲会社のホテル支配人を勤め上げてきたB1とするのが適切であろう。他に乙会社の取締役として、甲会社に勤務し成績のよかったB2、B3の二人を選任する。

④ 銀行の根抵当が付いたままの状態でホテル建物所有権をすべての従業員とともに乙会社に移転し、根抵当権の極度額を4億円に減縮変更し、乙会社は同銀行を債権者とする承継した債務4億円の債務者になり、乙会社の代表取締役社長となるB1は、甲会社の連帯保証人であったAを連帯保証債務から免責脱退させて、かわって乙会社の債務4億円の連帯保証人となる。

⑤ 会社分割の登記終了後に甲会社の代表取締役であるA並びにAの同族は税務上乙株式会社の株主になることはできないので、甲会社は乙会社から割当を受けた乙株式全株をB1、B2、B3に合計1000万円で売却する、B1、B2、B3は自己資金で乙株式を買い取り、その代金1000万円を分割会社甲会社に支払う。甲会社は同売得金を銀行に返済する。

②　再建計画の実行

平成23年の1月に入り松が取れると同時に、甲会社の会社分割承認株主総会が開催された。会社分割株主総会に先立ち、銀行はAに対して、税務上、同人並びにAの同族が乙会社の株主にはなることはできないのだと何度も説明して同意を取り付けていたが、Aが本当にそのようにするかどうか不安があったため、会社分割承認のための甲会社の株主総会において会社分割の承認が議決されるとき、あわせて、甲会社は会社分割後直ちに乙株式を第三者に処分しなければならないことを議決せよと要求していた。現実に、甲会社の会社分割承認決議の際、会社は会社分割後直ちに乙株式を第三者に処分しなければならない旨議決し、そのように議事録に記載された。

甲会社の負担している残債務のうち、出羽銀行を債権者とする6億円の債務以外の営業上の債務については甲会社がすべて弁済した。乙会社に承継される債務について、甲会社は乙会社を連帯保証はしないとしていた。

甲会社は乙会社を新設分割すること、甲会社の最後の貸借対照表の要旨並びに分割に異議ある債権者は1か月以内に異議を述べることができる旨を官報および定款に定める日刊出羽新聞に公告をするなど債権者保護手続をとった。甲会社は、営業上の債権者ら（旅行エージェントや食料品納入業者）を集めて事前に説明集会を開いたこと、営業取引上の旧債務はすべて甲会社が弁済してしまうこと、またそれら営業上の諸契約は乙会社が引き継ぐ内容になっていたこと、それにホテルの看板（営業名称）に変更がなかったことから、乙会社が甲会社の営業を引き継いでいくことが誰の目にも明らかであったから、異議を述べる債権者は一人もいなかった。従業員に対しても説明集会を開き、全員乙会社に移転してもらうが賃金体系に変更はないこと、社会保険や退職金制度を引き継ぐこと、勤務場所、勤務内容に変更がないことを説明していたから、乙会社に移籍になることを嫌って異議をとなえる従業員はいなかった。

甲会社は、出羽銀行の指導の下に、会社分割書類の事前開示、事後開示の手続もとっていた。

平成23年2月28日に、甲会社の解散登記が申請され、同日乙会社の設立登記も申請された。

設立登記と同時に、登記申請書類として添付された会社分割計画書並びに乙会社の定款に基づき、乙会社は1000株を発行し、資本金は1000万円とし、B1の外にB2、B3が乙会社の取締役として登記され、B1が代表取締役として登記された。また乙株式を譲渡するときは乙会社の取締役会の承認を要する旨が定款に規定されていたので、同様に登記された。

また定款には株券を発行すると規定されていたけれど、実際には株券は発行されなかった。

上記設立登記の日、乙会社の取締役会が開かれ、乙会社は業務を開始し、税務署に営業開始届を提出したほか、従業員の社会保険関係など関係書類の届出を済ませた。

③　従業員B1たちへの株式の譲渡

平成23年の3月18日に、Aは甲会社の本社で、当該会社分割計画書の原案を作成した弁護士、乙会社の設立登記手続を代理した司法書士、乙会社の税理士、乙会社の社会保険労務士、出羽銀行の本件会社分割事務担当者の出席の下に、甲会社を譲渡会社とし、B1、B2、B3をそれぞれ譲受人とする株式譲渡契約書と印字された書面を合計6通、関係者に提示した。その契約書では、印字されたもともとの乙会社の株式と代金額は、「400株、300株、300株を、400万円、300万円、300万円でそれぞれB1、B2、B3に譲渡する」と内容となっていたものを、B1には「400株」に二本線を引いて「600株」と手書きで訂正加入してあり、B2には300株そのままであったが、B3には「300株」がやはり二本線を引いて訂正し「100株」と手書きで加入減少させてあったし、金額についてもＢ１が「400万円」が二本線を引いて「600万円」に手書きで訂正増額してあり、Ｂ２は300万円そのままで訂正がなく、Ｂ３には「300万」が二本線を引いて訂正してあり「100万円」と手書きで減額加入されていた。契約書に調印する直前に、Ｂ１を代表取締役にする以上は過半数の株式を持たせなければならないと考えが変わったのであろう。そこでＢ３の株数300株から200株を減らし、その200株をＢ１に上乗せする増加変更訂正をしたのであろう。

Ａはまず、これら一部訂正箇所に甲会社代表印を押捺してから、甲会社名下に押印し、Ｂ１、Ｂ２、Ｂ３に署名押印を求めた。Ｂ１、Ｂ２、Ｂ３は訂正後の各々に関係する株式譲渡契約書各２通に署名捺印した。その契約書には一条を設けて、「譲渡代金は出羽銀行の甲会社の普通預金口座番号○○○○の口座に振込入金するものとする」と規定されてあった。

Ａは３名がそれぞれ署名を終えると、Ｂ１、Ｂ２、Ｂ３を前に、「お前たち、お金はあるか」と尋ねた。３人は「お金を貸してくれるよう父や親族に頼んではいるが、今はまだ、用意はできていない」と答えたところ、Ａが、「じゃ俺が出しておいてやる」と言った。Ｂ１は、Ａには役者になると言って東京に出て行ったＡ１という長男がいるのに、Ａは自分を信用してホテル事業を承継させようとしているのだ、本気なんだと思い、うれしかった。思わず、「ありがとうございます」とＡに礼を言った。

④　株式代金の入金

翌日３月19日は土曜日で、３月20日は日曜であり、21日は春分の日であった。結局平成23年３月22日火曜日に、Ａは出羽銀行ではない別の銀行の自分の口座から、1000万円を現金で下ろし、鞄に入れて出羽銀行出羽支店の窓口まで運び、甲会社名義の契約書に指定している口座番号○○○○の口座に600万、300万、100万と、３回に分けて、現金で入金した。甲会社が倒産状況に至っているのに、Ａがどうして

1000万円の現金を保有することができていたのか、その事実を出羽銀行が知っていたのかどうかは、今となってはわからない。

5 税務上の処理と６億円の債権の行方

出羽銀行は切り捨てる予定の６億円の処理について国税当局と長期にわたって綿密な打ち合わせをしていた。国税当局は、甲会社の会社分割株主総会において乙会社株式は会社分割実行後ただちに第三者に売却処分されることが議決されていることを同総会決議議事録で確認し、現実に甲会社の支配人であったＢ１、それに甲会社の従業員であったＢ２、Ｂ３に600万円、300万円、100万円で売却処分されていることを株式譲渡契約書で確認し、甲会社の財産はすべて売却処分され、その売却処分代金は株式の売却処分代金とともに同銀行に対する返済代金の一部に充当されていること、甲会社の主要な資産であったホテルの土地建物が乙会社に移転していることを会社分割計画書と登記簿謄本で確認したうえ、甲会社には乙会社株式も、換金可能な資産は一切残っていないこと、甲会社の連帯保証人であったＡは免責脱退してＢ１が乙会社の主債務４億円の連帯保証人になっていること、などを調査したうえ、出羽銀行の損金計上を認める方針であった。法人税基本通達９－６－２に基づく損金処理であり、出羽銀行には６億円の損金計上が認められ無税償却することができた。法人税基本通達９－６－１に基づく民事再生法などの法的処理でもなく債権放棄による処理でもなかったから乙会社には債権放棄による益金が発生することもなく、課税はない処理であった。ただ、民事再生法の適用を受けたわけでもなく債権放棄でもなかったため、出羽銀行には民法上６億円の債権自体は消滅せず、生き残ることとなった。

甲は解散登記の２か月後にあたる平成23年４月28日に、甲会社の解散確定申告書を税務署に提出した。

甲会社は解散登記をした時以降10年余にわたって清算手続することもなく登記を放置していたことから、登記所は解散登記した後10年を経過したことを理由に職権で登記記録を閉鎖する登記（商業登記規則81条１項）をした。しかし債権は生きているので閉鎖登記を復活するための登記（同規則45条）をすることは可能であるし、このような事例では消滅時効についても、それを援用する人がいないから、時効によって消滅することもなく債権は生き続けることになった。

6　株式譲渡代金の返金

Ｂ１は、乙株の取得代金について、Ａが代金をＢ１、Ｂ２、Ｂ３に真実贈与してくれたものであるとしても、Ａは収入が絶たれ生活が苦しくなっているのを知っていたし、そのうえＢ２、Ｂ３はお金がないだろうし、今後の事業遂行には働いてもらわなければならない大事な自分の部下だ。Ａには返済しなければならないし、Ｂ２、Ｂ３の負担部分については自分が負担しなければならないと思い、株式譲渡代金1000万円を自分がＡに返済することにした。しかし、自分の給与から出せるのは、毎月20万円ずつが限界であったから、封筒に現金20万円を入れ、平成23年４月末から平成27年５月末日まで計50回、現金を入れた封筒で毎月渡し続け、1000万円全額を返済し終わった。Ａは毎回、いつも黙って封筒を受け取っていた。一回も領収証を出そうともしなかった。Ｂ１も領収証をくださいとは言えなかった。

Ｂ１はホテル経営能力に秀でており、順調に収益を伸ばし、４億円の銀行負債についても約定どおり返済しつづけ一度として不履行したことはなかった。乙会社は営業を開始した平成23年３月１日以降乙会社の株主名簿を作成してＢ１、Ｂ２、Ｂ３の名義とその所有株数を記載していたし、毎年の法人税確定申告書別表２に株主Ｂ１は600株、Ｂ２は300株、Ｂ３は100株と記載しこれを継続していた。

出羽銀行に対する債務元本残債は２億3000万円を切った平成30年６月の半ば、その日は朝から一日雨が降り続け肌寒い日であったが、Ａが背中が痛いような不快感があり健康診断を受診したところ、膵臓がんを発症していることが判明した。進行は速く、同じ平成30年９月末に死亡した。68歳であった。Ａは出羽地方の名士であったから、葬儀の参列者は多かった。今や乙社の経営になるホテルの看板は旧甲会社と同じであり、その経営者は旧甲会社の支配人たちであり、ホテルの従業員たちは旧甲会社の従業員と同じであったから、甲会社の事実上の倒産と会社分割により経営者が交代している事実を知っている人は、参列者の中で、ほとんどいなかった。

⑺ 突然のＡ１の面会と要求

49日が過ぎて平成30年12月23日天皇誕生日に、Ａの長男であるＡ１がＢ１に話があると、急に面会を求めてきた。会社事務所に集まったＢ１、Ｂ２、Ｂ３を前に、Ａ１は次のように切り出した。

自分がＡの株を相続した、ほかに相続人母と妹と弟がいるが、相続人全員で遺産分割協議をした結果、乙会社の株式権だけは自分が単独で相続した、自分もじきに40歳になるし、役者のほうの仕事はパッとしないし、いままで長い間、ホテル経営を預かってくれたことに感謝している、親父が遺してくれたホテルを、まじめに経営しようと思う、乙会社株式を自分に還してほしい。あなたたちは来年３月末までにはホテルから出ていってほしい。

仰天するＢ１にＡ１は追い打ちを掛けた。

あなたは乙会社設立に当たり設立資金を出していない。父が1000万円全額を出資している。そのことは、父から聞いて自分はよく知っている。株式をＢ１、Ｂ２、Ｂ３名義としたのは、会社分割前に出羽銀行が乙株はＡ名義にはできないというので、形だけＢ１らの名義にしたにすぎない。父は、平成23年３月18日に父の会社で株式の買取名義人をＢ１、Ｂ２、Ｂ３にしたとき、名義だけをＢ１、Ｂ２、Ｂ３にしたにすぎない。Ｂ１、Ｂ２、Ｂ３名義になっているといっても、それはすべて名義株である。父は、平成23年３月22日火曜日に、Ａは出羽銀行ではない別の銀行の自分の口座から、1000万円を現金で下ろし、出羽銀行出羽支店口座に1000万円を現金で入金したのだ。名義株は出資金を負担した者が真実の株主である、名義を貸した者が株主になるわけではないという最高裁判決があると聞いている。だから真実は出資金を出したＡのものである。だから今はＡを単独で相続した自分のものである、Ｂ１は毎月20万円を現金でＡに返したと言うが、ＡがＢ１らにお金を貸したという証文もない、お金の返済を受けたという受取証もないではないか、信用できない。

この要求を呑まなければ、来年の平成31年春にはＢ１、Ｂ２、Ｂ３を相手に株主権確認の裁判を起こす。

⑧　Ｂ１の反論

Ｂ１は、反論した。冗談じゃない。Ａは銀行からＡもＡの親族も乙会社株主にはなれないのだと念を押されていた。だからＡは自分たちに乙株を譲渡したのだ。乙会社の株式を自分たちは、間違いなく、甲株式会社代表取締役Ａから譲渡を受けている、譲渡契約書もある、代金の1000万円も、Ａが、俺が出して置いてやると言って、一時立て替えてくれたものを、分割で返済している。

私が分割払いしたお金についてＡの領収証がないというが、ではＡが1000万円を入金したというが、そのお金1000万円はＡのお金であったという証拠はあるのか。当時はＡは生活にさえ困っていたのだ。自分は出羽銀行に対する甲会社の債務のうち４億円を乙会社で引き受け、返済してきており、残金も２億余と減少している、Ａの個人保証も自分が肩代わりしている、乙会社株式の譲渡を受けたことの見返りはしている。

乙会社の営業が始まった平成23年３月以来、平成30年末の現在まで、亡くなったＡから乙株は自分のものだと言われたことは一度もない、昨年４月から乙会社の取締役にせよ、月額報酬を支払えという要求はあったが、株の配当をくれと言われたことはないし、株主総会の招集通知をくれとか、株主総会に出席させよと要求されたこともない、藪から棒に、ＡでもないＡ１から、乙株は自分のものだと言われても、それこそ信用できない、乙会社株式を渡す気はない、乙会社を返す気はない、訴訟を起こすというならやむを得ない、闘うまでだ、と答えた。

⑵ A1たちの間違い

(A) 二重の一人会社

会社分割は、ときとして、従来はお目にかかったことがないような、新規な法律問題を提起します。ここでお話しした会社分割を用いた大がかりな詐欺的事件に含まれる法律問題を腑分けし、会社分割という技術をどのように使うと、どのような法律問題が発生してくるかを検討したいと思います。

吸収分割を使った組織再編は、吸収分割会社と吸収分割承継会社の二つの会社から始まりますから、かなり複雑な様相を呈します。これに対して新設分割の分社型分割（物的分割）は分割会社から分割承継会社が新設され、分割承継会社株式は分割会社の「お腹」に入って、それで会社分割手続は終わりですから、会社分割の中では最も簡単なはずです。ところが、これがけっこう複雑な問題を引き起こすのです。

まず、物的分割は、乙会社は甲会社の子会社になるので、甲会社は乙会社の全株式を保持する完全親会社になります。物的分割と同じことは、現物出資（会社法199条1項3号、207条）によっても実現できます。このようにある会社の全株式を単一の人、あるいは単一の法人が所有する場合、その発行済株式の全部を別法人に掌握されている子法人を、講学上「一人会社」といいます。株主が一人しかいない会社という意味です。

ところで、上記のお話では、会社分割直後には、甲会社の株主はAとその同族だけですから、一人しかいない場合とみてよいはずです。

その人を仮にいまAと呼ぶことにしました。そのAは甲会社の一人株主ですから、甲会社は一人会社です。そして物的分割によって新設された乙会社の株主は甲会社しかいないのですから、乙会社も一人会社です。Ａは一人で甲会社を支配し、甲会社は一社で乙会社を支配していますから、Ａは甲会社を支配することによって乙会社を一人で支配しています。ですから、乙会社はＡとの関係でも一人会社といってもよいでしょう。いわば二重の一人会社です。

(B)　Ｂ１らの誤解

次いで、上記お話にでてくるＡ１もＢ１も、かなり大きな思い間違いをしています。話をすっきりさせるため、最初に誤解を解いておきましょう。

まず、Ｂ１らは誤解しているのです。Ｂ１は、銀行がＡもＡの親族も乙会社の株主にはなれないからＡはＢ１たちを乙会社の株主にしたのだ、と言っていますがそうではないのです。事実としては、ＡもＡの親族も乙株主になれないのは本当ですが、その理由は、銀行がそういっているからというのは不正確です。国税当局がそう言っているというのも不正確です。端的には法人税基本通達９－６―２が、法的整理をしない場合であっても貸倒れとして損金計上できるためには「法人の有する金銭債権につき、その債務者の資産状況、支払能力等からみてその全額が回収できないことが明らかになった場合」であることを要求しているからなのです。

Ａ１が主張するとおり真実の株主はＡであり、Ａが会社分割後も乙株式全部を保有すれば、乙会社はホテルを保有しているのですから、Ａが乙株全株を保有すればＡがホテルを支配していることになり、銀行からみて会社分割前の状態（つまりＡが甲会社社を所有し甲会社はホテル資産を所有していた状態）と何も変わらないことになってしまいます。ですから、会社分割により資産を支配する会社が甲会社から乙会社になっただけのことで、「その債務者の資産状況、支払能力等からみてその全額が回収できないことが明らかになった」とは到底いえませんから、乙会社という独立した法人格を認めることはできず、その法人格を否定すべき場合です（この論理を「法人格否定の論理」と呼びます)。国税当局が出羽銀行に金銭債権の貸倒れによる損金計上を認めるはずがないのです。

(C) Ａ１の誤解

Ａ１も誤解しているのです。名義株に関する最高裁判例があり、名義を貸した者は真実の株主ではなく、資金を負担した者が真実の株であると判示している、といっています。しかし、この判例を本件に引用するのは間違いです。まず事実関係が違い過ぎるのです。

最初に、名義株という言葉がどういう意味で使われているのかをはっきりさせなければなりません。近頃は、真実の株主であると主張する者が、その理由として、自分が取得資金を支出しているからだと主張する事例が目につくようになってきました。本件なども名義株という言葉の意味が拡大されて利用されている事例です。名義株のインフレです。本件のお話でもＡが真実の株主であるとする理由として、Ａはこの株式を取得するにあたって取得資金を自分で支出しているからだとしているのです。しかし、この最高裁判例（最高裁第二小法廷昭和42年11月17日判決）は、実は、取得資金を出したかどうかを問題にしている事例ではないのです。引用しますと「他人の承諾を得てその名義を用い株式を引受けた場合においては、名義人すなわち名義貸与者ではなく、実質上の引受人すなわち名義借用者がその株主となるものと解するのが相当である」としているのです。つまり、真実の株主は資金を出した者か名義を貸した者かはまったく問題になっていないのです。名義を借りたほうが資金を出した（負担した）ことは当然の前提となっている事例なのです。

①新株式の募集の局面でその株式を引き受けた場合において、相手方の承諾を得てその相手方の名義で引き受けた場合には、②名義を貸した者ではなく、名義を借りた者が、真実の株主であると判示しているのです。名義を借りるについては相手方の承諾がある場合なのです。本件ではＢ１、Ｂ２、Ｂ３は名義をＡに貸した、ＡはＢ１、Ｂ２、Ｂ３から名義を借りたという承諾や合意がある場合ではありません。そのような証拠もありません。Ａは、Ａ１の言っていることが本当であるとしての話ですが、Ｂ１たちに、自分は銀行から自分の名前で株主になることはできないから、当面君たち

の名前を貸してくれないかと頼み、Ｂ１たちが、わかりました、では名前を貸しましょう、というやりとりをしていたというわけではないのです。ですから、上記の最高裁判例の事例とは事実関係が違います。このような判例を、わかっていて、意図的に引っ張ってきたとすればＡ１もなかなかの役者です。俳優になり損ねた、とは到底思えません。

上記のＡ１の言い分とＢ１の言い分をわかりやすくするため下記に図示

〈図4〉　出資／物的分割と本事例の株式譲渡の考え方

㋑　出　資

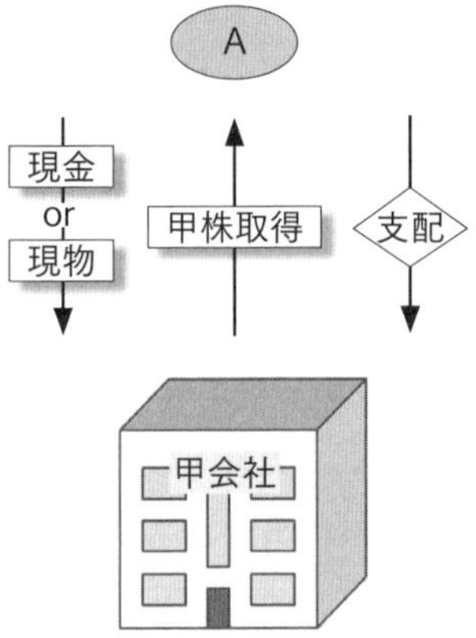

㋺　物的分割

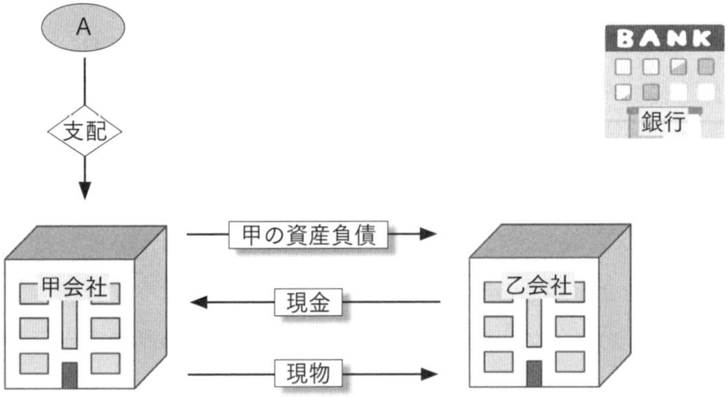

しました。

〈図4〉の㋑は、会社の設立には現金出資による場合と現物出資による場合の二通りがあることを示してり、下記の物的新設分割の理解のための参考資料です。

㋩ 物的分割完了後の乙株譲渡
【B1の主張】

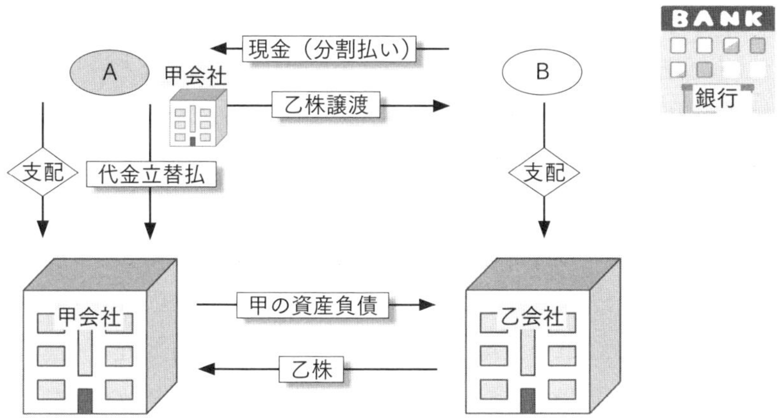

㊁ 物的分割完了後の乙株譲渡
【A1の主張】

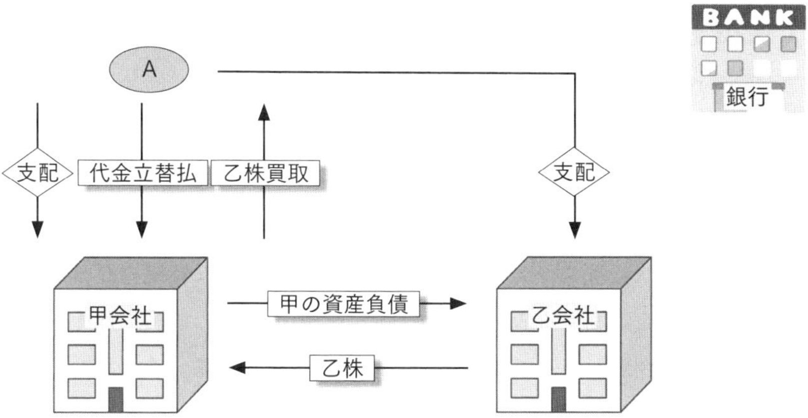

㋺は、物的新設分割の模型図です。甲会社から資産と負債が出て乙会社が設立されることを示して、物的新設分割とは現物出資と同じ構造だということを示しています。右肩に銀行がこの新会社設立を黙って見つめています。

㋩は、Ａが株式の代金を立て替えて支払い、Ｂ１が分割払いでＡに支払ったことを示しています。右肩に銀行がこの支払いの仕組みを黙って見つめています。

㊁は、Ａの息子Ａ１の主張内容を図示したものです。Ａは会社分割直後から甲会社から乙株を取得し、乙会社を支配し続けていたという図です。右肩に銀行がＡのこの支配の仕組みを黙って見つめています。

図の中の資産負債とあるのは上記事例ではホテルの土地建物を指しています。

㋩によってＢ１はＡに対して後払いの分割払いをしていますが、乙株式を買った相手は、Ａではなく甲会社であることが明らかになっています。Ａ１の言い分によれば、Ａは甲会社によってホテルの土地建物を支配していたのが会社分割後は乙会社によってホテルの土地建物を支配しており、実質的に支配の内容は何も変わっていないことがおわかりでしょう。Ａは、そうであるのに６億円の銀行債務を逃れていること、かつ乙会社の背負った債務４億円のうち２億7000万円ほどの利得を得ているのです。Ａそれに Ａ１は不動産でも金銭面でもＢ１らの努力によって不当に利得していることがおわかりでしょう。

⑶　最高裁は「一人会社」に甘い

⒜　利益相反と「一人会社」

実は、会社法にはこのようなアンバランスで、不当な結果にならないよう、Ａの行為を規制する規定がおかれているのですが、最高裁はその点、かなり「甘い判断」をしているという問題点があります。それが「一人会社」の問題です。

〈図４〉の㊁を見てください。この図はＡ１の主張を図示したものです。Ａ１の主張によれば、甲会社は、Ａの支配下において物的分割を行ってホテルの土地建物という資産を乙会社に移転承継し、それと引き換えに乙会社から分割対価である乙株式を交付されて取得しています。つまり甲会社はホテルを失い引き換えに乙株式を取得しました。この乙株式をＡは代金を支払って甲会社から入手しています。つまりＡは自己が代表取締役を務める甲会社の、この時点では、唯一の資産というべき乙会社株式を甲会社から取得しているわけです。

会社の取締役が自分が取締役をしている会社から、その会社の資産を取得するときは、会社の利益に反する結果になりかねない取引をするおそれが定型的にありますから、会社法はそのような取引を利益相反行為（自己取引ともいいます）として規制しています。かかる利益相反行為をしようとする取締役は重要な事実を開示して株主総会の承認を得なければならないと会社法は定めています（会社法356条）。この承認を得ないでした利益相反行為は法律上無効です。本件ではもちろん本件ではＡは株主総会の承認を得ていません。ところがです、今、仮に、原告になれる者が（それは誰なのかに問題があるのですが）、この点をとらえて裁判所に当該取引は利益相反行為であるから無効であると訴え出ても、勝訴判決を得られる見込みはありません。なぜでしょう。この点最高裁はきわめて興味深い判断を示しています。

最高裁はいいます。利益相反行為がなぜ法律上禁止されているかといえば、ほかの株主に想定外の損害を与えないよう事前に抑制するところにある、ところが本件では、Ａは甲会社の発行済株式の全株を保持している、このため、この利益相反行為によって不利益を受ける株主は一人もいない、だから、Ａが利益相反行為を敢行してもそれをとらえて法律上無効とすることはできない。最高裁がこのように判示することは確実といってよいでしょう（利益相反行為に付き取締役会の承認を要するとする旧商法265条に関して、最高裁昭和45年８月20日判決、最高裁昭和49年９月26日判決など）。大方の会社法学者もこの判示に賛成しています。

つまり判例学説は、会社に対して忠実義務を負い会社の利益を図るべき取締役が、会社の資産を取得する、自己の利益を追求するにすぎない、あるいは会社に損害を与えかねない、利益相反行為をしたとしても、それは表向き利益相反行為として会社法上禁止されてはいるが（会社法356条）、その取締役がその会社の唯一の株主であるときは不利益を受ける株主はほかにいないなのだから、会社の利益を守るため利益相反行為は無効であるとする必要はないではないかという論理です。

この論理は、かなり拡大されています。たとえば、最高裁昭和60年12月20日判決・民集39巻8号1869頁は、招集手続を欠くのに株主全員が株主総会の開催に同意して出席したいわゆる全員主席総会においてされた決議は総会の決議のとして有効に成立するとしていますし、最高裁昭和44年12月2日判決・民集23巻12号2396頁は、「株式会社取締役会の開催に当たり、一部の取締役に対する招集通知を欠いた場合は、特段の事情のない限り、右招集通知に基づく取締役会の決議は無効であるが、その取締役が出席してもなお決議の結果に影響を及ぼさないとみとめるべき特段の事情があるときは、決議は有効と解すべきである」としているなどです。

事案に応じてさまざまな言い回しがなされていますが、要するに、株主の全員が出席しているとか、株主の全員が賛成しているとかの事実関係が認められる限り、取締役会も株主総会も、法定の手続に違反しようが、何をしようが、最高裁は、法律上お咎めなしと考えていることはまず間違いないでしょう。

この論理は、会社とは株主が所有しいるものだ、という断定の上に立った論理です。「会社という物」は株主の物であり、株主は一人だから、その取引によって、いわば自分で自分に損害を与えたとしても、それはその一人株主の問題にすぎず、他の者があれこれ言ったとしても法律がそれを取り上げる必要はない、というわけです。

(B) 会社が病的な段階の株主の発言力

かつて一昔前に、会社は誰のものか、という一見哲学的な論争が流行った時期がありますが、そのような流行とは別に、法律的に見て会社は一体誰のものであるというべきでしょうか。上記判決事例では最高裁は会社は株主のものであると言い切っているように見えますが、しかし、これは、好意的に見ても、外部世界とさまざまな取引を繰り返しながらダイナミックに生きている会社をある時点で切ってみて、静的に見れば株主のものだといっているにすぎません。ではどの時点で切っているかといえば、経済活動主体である会社が健全な時期です。つまり会社の資本の部がプラスの時期です。

このことは会社が病的な段階、つまり資本の部がマイナスに入り込み法的な「治療」をしないと生きてはいけないようになった段階、つまり特別清算、破産、民事再生、会社更生に入った会社と比較すれば明瞭です。会社という社会的存在物は資本がマイナスになっても存在しうることを否定することはできません。つまり資本がすっかりなくなっても株主は存在しうるのです。しかし、そうなれば株主に与えられる発言権は縮小してゆきます。つまり株主の社会的実在性は希薄になっていきます。

特別清算の申立て（会社法511条）は債権者、監査役ができますし、それにかろうじて株主も申立てができますが、特別清算では債権者との協定（和解の一種です、同法563条）成立の見通しがある事案（実務上、特別清算ではそのような事例のほうが多いのです）では、なお株主にも申立権を認めたほうが事案解決に益する場合がありますから、株主権はその限りでは意味を持ちます。しかし、破産の申立て（破産法18条）、民事再生の申立て（民事再生法21条）では株主は申立権さえ認められていません。拠出した資本がゼロになればその株主の会社外部＝債権者に対する発言権がゼロになるのが当然であるという立場に立っているからでしょう。会社がいわば入院し法的な治療行為を受けるというのに、株主にはまるで発言権が与えられていないのです。法的大手術をして無理矢理会社を「更生」させる会社更生法では「更生」の見込みがある場合には株主に申立権がありますが、株主は手続全体の中で債権者より劣後した扱いを受けており、債務超過である場合には手続に参加すること自体が否定されています（会社更生法114条2項、166条2項、202条2項2号）。

しかし、それでは上記最高裁判例が、特別清算、破産、民事再生、会社更生の状態にはまだ至っていない段階、会社が到底満額の債務弁済が期待できない、資本の部がマイナスの状態、債務超過の段階に至った場合にも、他に損害を与える株主がほかにいないのだから、利益相反行為をしても法律上無効とはいえないと判断するかといえば、かなり疑問があります。株主以外の債権者、銀行など利害関係人に損害を与える可能性は極めて高くなっているからです。

(C)　本事例で考えてみる

本事例では、甲会社に10億円の債権を有している出羽銀行は、6億円については返済が期待できないところまで追い詰められています。それが原因で、甲会社の物的会社分割によってホテルを乙会社に移転承継して6億円は甲会社に残留させ、4億円だけは乙会社に承継して長期分割払いを認め、残留した6憶億円については法人税基本通達9－6－2に基づく損金処理をして免責しようと決断しているからこそ、Aに対し、A並びにAの同族は乙会社株式を所有することはできないと説諭しているのです。これは銀行にとって免責の条件です。

仮に、A1が述べているように、Aが本件会社分割後に甲会社から乙株式を取得したとし、それは最高裁のいう「一人会社」の論理でこれを認容するとすればAは甲会社の10億の債務を4億円に減少させる利益を受けながら甲会社で支配していたホテルを今度は乙会社によって支配することが認容されることになります。6億円の利益を得ていながら会社分割の前と資産に対する支配内容が何も変わらない経済的利益を得ることができる結果となるのです。Aは出羽銀行を騙して6億の損害を与えたことになったといわなければなりません。また、これを知った国税当局は法人税基本通達9－6－2による損金処理を認めるはずがなく、後に国税当局が同基本通達が守られていないと判断すれば、出羽銀行に向かって更正決定がなされることは必定であり、そうなっては出羽銀行に莫大な損害が発生します。

法律の眼から見れば、出羽銀行には二点の手落ちがあったというべきでしょう。

第一として、出羽銀行は債権者としてAに対し民事再生の申立てをせよと強く要求すべきであったのです。民事再生手続の中で裁判所の審査を受けていれば、Aの詐術は露見していたでしょう。B1たちに乙会社を任せるにしても、民事再生手続の中で事業譲渡の手法をとっていれば、AはB1たちを騙すことはできなかったでしょう。

第二に、出羽銀行はAに対し、個人連帯保証人として破産手続をとれと要求すべきだったのです。実務では通常、旧会社の代表取締役個人の連帯保証責任はまず逃れようがありません。特に本件のようにAが免除される連帯保証の額が6億円と大きい場合には、Aが個人資産を持っていない場合であっても銀行債権者はケジメをつける意味で自己破産手続をとるよう要求します。後述する第Ⅴ部「和菓子屋草薙事件」でも、連帯保証人である代表取締役日比沢は自宅以外に資産がなかったため破産の申立ては免れましたが、自宅の土地建物に銀行が設定していた抵当権が実行されて競売になり、自宅土地建物を失っています（303頁参照）。

(4) 親族外事業承継

これに加えて、私が特に強調したいことが2点あります。

1点目は、B1、B2、B3は甲会社の従業員だったことです。甲会社の社長であるAから、「過剰債務で身動きできないからお前たちに事業を承継する、甲会社を会社分割し、乙会社にホテルを移す、乙会社の株式を売るから、乙会社でホテル経営をしてくれ」と言われれば、B1らは身に余る光栄なことだと奮い立ち奮励努力するでしょう。社長のAが、乙株取得資金をB1らが用意できないと言うと、「じゃ俺が出しておいてやる」

と言えば、Ｂ１らとしては、長男がいるのに自分たちを信用してホテル事業を承継させようとしているのだ、本気なんだと思い、思わず、ありがとうございます、と礼を言うでしょう。

Ａから、「銀行を騙すための方便としてお前らの名前を借りるだけだ」と言われれば「そんな生殺しはイヤダ」と言ったでしょうが、「じゃ俺が出しておいてやる」と言われれば、株式は贈与してもらったと思うか、株式代金は立て替えてもらったと思うかの違いはあるにしても、乙株式は自分たちのものになると思うのは当然でしょう。従業員という弱い立場にあった者たちを煽(おだ)てて欺瞞し、７年余にわたって努力させ営業成績を上げさせておいて、自分が銀行からも国税当局からも追及されなくなったのを見極めてからホテルを返せと迫るのは、人の道に悖(もと)るというべきでしょう。

２点目は、血のつながりがある息子たちが大会社に入りたがり親の跡を継ぐのを嫌がる風潮があるのが気になり、私はここ５、６年、従業員とか、他人に事業を承継させるべきだと親族外事業承継を推奨し、その場合に発生する法的、税務諸問題について本に書き、講演をし、ネットテレビでも話してきましたし、今もしています。この観点から、他人に中小規模企業株式を贈与しても課税の全額猶予を認める平成30年度から始まった事業承継税制の利用をすすめてきました。この立場から、上記のように銀行を騙し国税当局を騙し従順な従業員を騙すような結果になることを裁判所が容認してしまえば、従業員たちは恐くなり誰も事業を承継しようとはしなくなることは何としても避けたい。経営者の高齢化と後継者不足が叫ばれている現在、裁判所の手によって親族外事業承継の道が塞がれることは国家的損失です。何としても阻止しなければなりません。

この観点から、上記のような「一人会社」を狭い株主の利害の観点から肯定するのではなく、仮に債務超過の場合には、株主の発言権を否定すべきであり、銀行など債権者の利害を守る観点から「一人会社」の論理の限界が明確化されなければならないと考えます。

利益相反行為によって利益を害される株主がいないとしても、会社が倒産状況にいたり資本の部がマイナスになったときは、会社を会社たらしめている経済的力は、株主の力ではなく、債権者の力によっているというべきですから、株主の発言権は縮小すべきであり、債権者の発言権が大きくなるべきです。この理は、破産法、民事再生法、会社更生法など倒産法制において株主の発言権が劣後し、あるいは無視されている構造に端的示されているところです。このように会社分割によって債務免除の利益を受けて事業を承継させようとする、いわば倒産状況に至った場合は、株主の利益を至高のものとするのではなく、利益を害される債権者の利益をより重視し、利益相反行為は法律上無効になるとの判決がなされなければならないのです。この意味で、上記最高裁判例は変更されなければならないと考えます。

(5) 全株主が賛成している場合

(A) 株式の譲渡制限はあるが

もう一つ論点があります。もう一度、〈図４〉の㊂をよく見てください。Ａ１の主張によれば、父親であるＡ個人が自己の資金を出損して甲会社から乙株式を買い取ったというのです。しかし、上記の事実関係によれば、Ａが甲会社から乙株式を買い取った時点（平成23年３月22日）では乙会社がすでに設立登記されています（平成23年２月28日登記）。

ところで乙会社の定款には株式の譲渡制限の規定がありました。株式の内容（この場合は、譲渡制限）に関する定款の規定は登記しなければならないのですから（会社法107条２項１号、911条３項７号）、譲渡制限規定も登記されていたはずです。そうである以上、Ａが乙株を甲会社から取得したときには、乙会社の取締役会の承認を得なければならないことになります。しかし本件では取締役会の承認を得たという事実はありません。すると取締役会の承認を得ないでした譲渡制限株式の譲渡の効力はどうなるかが問題になります。

有効なのか無効になるのか。この点最高裁判決(昭和48年６月15日)は、(法が）譲渡制限を認める「立法趣旨は、もっぱら会社にとって好ましくない者が株主となることを防止することにあると解せられる。……定款に前述のような定めがある場合に取締役会の承認をえずになされた株式の譲渡は、会社に対する関係では効力を生じないが、譲渡当事者間においては有効であると解するのが相当である」と判示しているのです。

つまりＡは法律上有効に乙株の権利を取得する、しかし乙会社との関係では無効だというのです。株式の譲渡自由の原則（会社法127条）と定款で譲渡制限を規定することも合法である、との二つの相反する原理の妥協点は、取締役会の承認は無視できるが会社に譲渡が有効であったとはいえないという点に求めたということでしょう。この見解は広く受け容れられているといえるでしょう（最高裁民事判例解説集27巻６号700頁）。

しかし、乙会社の取締役会の承認は無視して甲会社代表取締役ＡはＡ自身に乙会社株式を譲渡することが法律上有効にできるということは、会社分割後は乙株式を早急に第三者に処分しなければならないとの株主総会議決に反する行為です。かつ、出羽銀行から再々にわたって、今後は６億円を請求しないこととする（債権放棄ではないことに注意してください）、これと引き換えに、乙株式は第三者に譲渡しなければならないと申し渡されていた条件を裏切ることですから、容認しがたい結論といわねばなりません。

何とかならないのでしょうか。

⒝　何か見落としていないか

実は、上記の考え方には事実関係のうちの重要なポイントを見落としている誤りがあるのです。上記⒜の検討では、〈図４〉の㊁に基づき検討したために、Ａは甲会社から乙株を買い取った、だけでなく、その後も乙会社を支配していると考えてしまっているところに間違いがあるのです。Ａ１の主張に引きずられてしまっているのです。

Ｂ１から見れば事態は違って見えます。〈図４〉の㊁ではなく、㊅をよく見てください。Ａは甲会社から乙株式を買い取っていますが、その株式をＢ１はＡから分割払いで買い取っています。問題はその日時の前後関係です。

株式の売買の効力は、代金の分割払いが終了した時点に発生するという停止条件（民法127条１項）が付着していない限り、株式の売主が売るという意思を表示し相手方が買うという意思を表示した時点で発生します。つまり、合意の合致だけで売買契約が成立し効力を発生するのです（民法522条）。代金の支払いは売買契約の成立要件ではありません（この点、書面または電磁的記録で契約する金銭消費貸借（民法587条の２）ではない非書面金銭消費貸借（同法587条）は「相手方から金銭を受け取る」ことが要件であるのとは違います）。代金未受領は債務不履行の問題になるに過ぎません。

Ａ１の主張によれば、ＡがＢ１、Ｂ２、Ｂ３を「名義株主にした」日時は平成23年３月18日であったというのであり、Ａが出羽銀行出羽支店の窓口で同支店の口座に現金で1000万円を入金したのは４日後の平成23年３月22日であったというのですから、ＡとＢ１ら３名との株式売買契約は平成23年３月18日に成立し、即時に効力が発生しています。つまり３月18日に乙株式の株主権はＡからＢ１らに移転してしまっていますから、３月22日に乙株式の株主権がＢ１らに移転することはあり得ません。３月22日になされた銀行口座に対する入金はＡが自分の乙株式取得代金の後払いをしたものとみるか、実はＢ１らが（Ａからではなく）甲会社から直接乙株式を取得し、ＡがＢ１らのために第三者弁済（民法474条）をした（か、贈与をしたか、立替払いをした）とみるべきでしょう（だから、Ｂ１は後にＡに「お返し」をしたか、あるいは分割返済をしたのだと考えられます）。

(C) 理不尽な要求をする心性貧困な者たちを排撃する

このように事実関係を再整理してみれば、このほうが事案にふさわしい理解ではないかといえそうです。Ｂ１らは後払いの分割払いでＡから乙株式を有効に取得し、Ａの乙株式の譲渡に関する乙会社取締役会の承認は、株主であるＢ１、Ｂ２、Ｂ３が乙会社の取締役会を構成しているのですから、取締役会の承認は推定できると構成できます。

また、利益相反行為によりＡが甲会社の意思に反して有効に乙株式を取得できるかという前述の論点についても、本件事実関係の下においては、利益相反行為については（一人会社の理論で最高裁のように有効と構成するか、あるいは、その盲目的静的株主利益過剰保護を嫌って、動的商的取引保護の理念に依拠して）Ａの乙株式取得は無効であるとしても、ＡのＢ１らに対する乙株式譲渡は、Ａが乙株式をいったん有効に取得したと信じているのですから、Ａは財産権たる乙株式について、自己のためにする意思を持って準占有（動産以外の財産権についての権利行使する意思がある占有状態）しており、この準占有を善意無過失で信頼したＢ１らは乙株式について自分たちの所有になると信じ、平穏かつ公然と、その準占有を始めたのですから、占有による取得に関する善意取得（民法192条、即時取得）が準用されると結論づけることができるからです（善意取得においては、前主が無権原であっても、後続の占有取得者が適法な権原を取得する点に注意してください）。

永く会社分割法制の研究をしてきた私としては、会社分割という技術を用いた上記のような論理構成を構築することによって、Ａ１のような理不尽な要求をしてくる心性貧困な者たちを排撃し、積極的に事業承継をする意欲に燃えている従業員や第三者（他人）のために円滑に事業を承継する、動的取引保護の道を切開いてゆきたいと考えているのです。

第III部

「分割型分割」とは何か

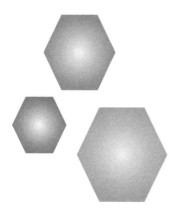

第1章　会社分割の原理

1　分割対価による等価交換の原理

(1)　会社分割の原型は新設分割

会社分割の原型は新設分割です（40頁〈図１〉）。

それとは別に、すでに存在している既存の会社から資産および負債を引きずり出し、それを、すでに存在していた既存の別会社に吸収されていく吸収分割の形があります（41頁〈図２〉）。資産および負債を提供するという部分だけを見れば、既存の会社が新設分割するのと同じ現象ですから、物理的現象としては、分割と、その後の合併です。この意味では、「分割合併」と呼んだほうがわかりやすかったでしょう。

この点、アメリカには吸収分割という方法がなく、これと同じことは、まず新設分割をしてから、新設分割承継会社を別の会社が吸収合併するという二段構えの方法によっています。

それなら、吸収分割という特別の形を独立化する意味がないではないか、という疑問がおありかもしれませんが、どうしてどうして、新設分割＋吸収合併＝吸収分割ではありません。

吸収合併では、合併の目的には合併会社からは欲しくもないものまで会社の中に取り込んでしまわなければなりませんが、吸収分割であれば、やはり分割の一種ですから、必要のない物は残置してくることができる機能

ワンポイント①　合同会社も会社分割ができる

会社分割ができる会社は、株式会社と合同会社だけです（会社法762条、757条）。合同会社は定款自由の旗印の下に、まことに使いやすい構造をしていますから、使い勝手がよく、一般にもっと頻用されてよいでしょう。

合同会社は小規模な家族企業にとって、魅力があるにすぎない組織だと思われていますが、それは明らかに食わず嫌いにすぎません。合弁会社、ベンチャー企業、専門職業人企業など（江頭憲治郎編著『合同会社のモデル定款』参照）、それに大規模な経済活動に従事する大規模企業群を統合する組織としても使うことができます。たとえば、ワンマン経営者一人が巨大なグループ会社を支配するときなど、持株会社は、会社支配の柔軟性の高さから見て、株式会社より優れているといえます。このような性質を持つ合同会社が株式会社とほぼ同様に、吸収合併、新設合併、吸収分割、新設分割、株式交換ができる事実はもっと注目されてよいでしょう。

があります。これは大きな違いです。この意味ではアメリカの会社分割法制よりも日本のそれのほうが優れています。

⑵　組織再編対価による等価交換の原理

いずれの分割の場合でも、重要なことは、組織再編行為では、資産および負債の移転の方向とは、ちょうど逆の方向に向かって、必ず資産および負債の価値（つまり純資産価値）と等しい価値が逆流しているということです。組織再編対価（ここでは分割対価）による等価交換の原理が支配しているのです。

新設分割の場合は、分割対価は、新設分割設立会社の株式、社債、新株予約権、新株予約権付社債です。吸収分割の場合は、吸収分割承継会社の株式、社債、新株予約権、新株予約権付社債、これに加えて、これら「以外の財産」もありです。吸収分割承継会社親会社の株式、それにまったく

ワンポイント②　資本金がなくても会社をつくれる

会社分割の優越性は設立資金の観点からもいえそうです。株式会社を設立しようとすると、発起設立であれ募集設立であれ、必ず発行する株式のため現金による払込みか金銭以外の財産（現物出資財産）の給付（支出）を必要とします。ところが会社分割では、元金による払込みも金銭以外の財産の給付も要求されません。すでに存在している会社から資産および負債の移転を受け、それを材料に新たに会社を設立するからです。

このことは法人税法とか会計学の世界から見て重要な意味を持っています。会社分割によって新たに目の前に開ける世界は、特定の資本からみて見て、支配が継続しているのか、していないのか判断を迫ってくるからです。この根本構造があることから、会社分割の世界は税法適格として始まりました。

別の会社の株式、それに現金もありです。吸収分割の場合で分割対価が現金のときは、吸収分割会社の資産負債が吸収分割承継会社に現金で「買われていった」と同じです。

ところがこの分割対価がない場合もありです。これを無対価分割とよびます。価値という視認できない分割対価の逆流は起きているのですが、分割対価を認識する意味がない場合があるからです。吸収分割の場合ですが、分割対価を交付する会社が分割対価の交付を受ける会社の株式を100％所有しているとか、その両者の会社のそれぞれの株式をいずれも100％所有している両者の親会社が存在しているときなどは、分割対価の逆流を認識することに意味がありません。

⑶　分割対価はどこへ行くのか～物的分割と人的分割～

ここで重要なことは、分割対価の行く先です。

会社法上は、新設分割の場合、分割対価の行く先は、分割会社です。分割会社の株主に行くことはありません（吸収分割も同様ですが、後述します）。分割対価は、分割会社に逆流し、分割会社にとどまり、会社分割としてはそこで終わりというのが現行法の構造です。会社分割がここで終了する形を古くは物的分割と呼び、現在、税法では分社型分割と呼びます。

ところが、そこで分割対価である新設分割承継会社の株式が、名前を「剰余金の配当」と名前を変えて、分割会社の株主の手元まで行くことがあります。それは株主に株式を、剰余金の配当として配当しようとするときです（会社法763条１項12号ロ）。ここで株式を運動させるエンジン（☞次頁〈ワンポイント③〉）が、分割エンジンから配当エンジンに切り替わります。分割対価である分割承継会社の株式が分割会社に入り、その後株主の手に渡る運動は配当と呼ばれます。なぜ配当というかといえば、会社分割による株式という資産が会社の株主に交付される点では会社の金銭が配当されるのと、外形上の形としては全く同じではないか、ということにあります。配当エンジン始動で株式は株主の手元まで登っていくのです。

ここまで分割対価が昇ってくる分割を、古くは人的分割と呼んでいたのです。現在、税法では分割型分割と呼んでいます。分割前の分割会社の株主から見れば、会社は二つに完全に割れてしまうからです。税法的に重要なことは、分割会社から資産負債が新しい会社に出て行ってしまい、会社は二つになってしまった、しかし株主は両方の会社を支配している、つまり従前の同じ資本が形を変えた二つの会社を支配している、ということです。法人税法上、分社型分割では事業年度が途切れます。会社が二つになり資本も二つに切り分けられるからですが、分割型分割では会社が二つになっても資本は一つですから、事業年度が途切れず続いていきます。

⑷　平成29年度法人税法改正

会社に剰余金である「カネ」が配当されるのではありませんから、剰余金の配当制限の規定の適用はありません（会社法812条）。平成28年までは、会社法も法人税法も、配当される「モノ」が、「カネ」ではなく、「カネ」

ワンポイント③　会社のエンジン

本書でエンジンと称しているものは何なのか、その法的性質をはっきりさせておきます。本書でエンジンと称しているのは、「組織再編行為に関する会社株主の意思」のことです。会社の意思は法律上、一定の法定された手続によって決定される株主の意思のことです。通常そのような意思決定は株主総会決議を指しています。重要なことは、かかる株主総会決議は、

①　会社法上の根拠がある場合に限って容認されることであって、内容如何にかかわらず株主がそうすることに決めたことは、内容如何にかかわらず会社の意思であるなどということは許されません。そういうことでは、決定内容は合法性を持ち得ないのです。

②　次いで、株主総会決議は法定の手続を履践していない限りは、合法的な株主総会決議としては扱われないということです。法律上の根拠を持つ取締役が一定の手続に基づいて招集された取締役会において議決された内容が、一定の期限までに、株主名簿に記載がある株主に事前に通知されて招集された株主総会において、招集状に記載された議題について、法律上の根拠がある株主が出席して合法的に議決されない限り、株主総会議決とはいえないのです。それらが履践されて初めて本書がいうエンジンが始動するのです。

なぜ、このようなことをわざわざ書くかというと、

①　組織再編行為（スクイーズアウトを含む）というものは、高度に複雑な株主意思＝株主総会決議に基づいて実行されるものであること、

②　組織再編行為は、紛争になりやすい会社の活動のうちでも最も紛争になりやすい場面だからです。

③　なぜ紛争になりやすいかといえば、組織再編行為の成否がどう転ぶかによって株主の経済的利益が大きく影響されるからですし、

④　組織再編行為に関係する法規が民法、会社法、法人税法、会計学と分かれており、その間に一本筋の通った論理性がないからです。

⑤　特に、法人税法の立法関与者たちが組織再編行為は利害の相反する株主たちが激突する株主総会決議によって初めて成立するものだとい

う冷徹な認識が弱いこと、したがって組織再編行為というものは法人税法に規定すれば実行できる、などいえるほど甘いものではなく、厳密に会社法上の規定（最高裁判例を含む）と矛盾なく整合できていない限り、かえって株主間に法的紛争をもたらすものだという認識が弱いことです。

以外の「モノ」であっても、あまり気にせず「剰余金の配当」と呼んでいたのです。ここまでは使用する用語の混乱は目くじらたてるほどもなかったのですが、平成29年度の法人税法改正により、分割会社の株主に対する分割承継会社の株式等の配当に対して法人税法の用語が俄然大きく混乱し始めました（この意味で、日本の法人税法もアメリカ的に資本を投下した株主の目線で組織再編を見る傾向が強くなってきました）。後述します。

まず平成29年度法人税法改正は、会社分割に即して、少し簡略化していうと、次のように用語が整理されています。

「剰余金の配当」（つまりカネ以外の、分割承継会社の株式以外の「モノ」も含む財産の、株式発行会社から当該株主への交付）と「利益の配当」（つまりカネの配当）を株主等に交付するものを「現物分配」と呼びます（法人税法２条12号の５の２）。その現物分配のうち、分割法人の株主（法人に限る）が分割法人を完全支配している場合の現物分配を「適格現物分配」と呼んでいます（同条12号の15）。

平成29年度改正では、現物分配のうち分割法人が分割承継法人の株式の全部を分割法人の株主に移転するものを、「株式分配」と新たにと呼ぶこととしています（法人税法２条12号の15の２）。

その株式分配のうちでも、分割承継法人の株式が分割法人の株主の株式数に按分に交付されるものであって、当該株式分配の直前に現物分配法人が他の者に支配されておらず、当該株式分配の後に分割承継法人が他の者に支配されていないで、それぞれが独立して事業ができるような株式分配が適格株式分配（スピンオフ）と呼ばれることになりました（法人税法２条

12号の15の３、同法施行令４条の３第16項)。

(5) 吸収分割の場合

吸収分割の場合も全く同じです。分割対価は、吸収分割会社に逆流してそこでとどまり、会社法上の会社分割としてはそこで終わりです。名称としては物的吸収分割、現在は税法用語では分社型分割で、新設分割の場合と同じになります。

吸収分割の場合でも、吸収分割会社の株主まで登っていく（交付される）ことがあります。それはやはり剰余金の配当をしようとするときです（会社法758条８号ロ)。ここで同法454条の総会議決をして、株式を運動させるエンジンが上昇エンジンに切り替わるのです。会社の財産が株主の手に渡る理由は配当です。会社分割による株式が会社の株主に交付される点では全く同じだという観点から命名されたのです。以前からの呼称では人的吸収分割、現在の税法上は分割型分割です。

(6) まとめ

会社分割の原理はただこれだけのことです。ところが、この二つの形の上に法人税法上の適格、非適格、それに全部取得条項付種類株式、取得条項付種類株式、取得請求権付種類株式、などさまざまな種類株式、それに属人株、端株処理、民事再生手続との連続的併用、合同会社の会社分割などのスパイスが加わり、かなり複雑な味わいを呈します。しばらく、その複雑さの材料になるスパイスにどんなものがあるか、のぞいておきましょう。

① 資本　　会社法の規則である「会社計算規則」では、移動する資産および負債を、新設型再編対象財産（吸収型再編対象財産）と呼びます（２条３項42号・35号)。これが右に動いて、新しい会社を新設する材料になったり、既存の会社に吸収されていくわけですが、右に移動してからは、会社計算規則では、株主資本等変動額と呼びます（49条１項

柱書、37条1項柱書）（「右に移動」というのは、あくまで〈図1〉（40頁）のようなイメージです）。資産負債を受け入れて資本額が変動するからです。新設会社、吸収分割承継会社の資本の部に変動を与える材料になるということです。

② 承継　上記の①では資産および負債という言葉を遣いましたが、実はこれは主として会計や法人税法で使う言葉です。会社法では、権利義務という用語を使います。法的表現が違うということであって、指し示す実態は同じです。

資産および負債が左から右に移転するというところは、法律的には、権利義務の承継（とか、契約上の地位の承継）といいます。ところが、ここで大事なことは、資産という言葉を使う局面では、自分か、誰かが、これだけの数量の資産を持っているなどを意味するだけで、対立的ないし敵対的他人とは関係がありません。しかし、権利という言葉を使えば義務者という相手がいます。しかもこの相手は権利者に対して敵対的な、そうでなくとも権利者と利害の相反する相手です。これと同様、負債という言葉を使う局面では自分か誰かが負債を負っているというイメージだけのことですが、義務という言葉であれば権利者という相手がいることを強く意識した言葉です。しかも義務者に向かって義務の履行を要求してくる利害関係相反する相手です。法律用語では、敵対的ないし利害相反する相手がいるという意味を含んでいる言葉を意図的に使うということです。

このことから法律では、権利を承継しようとすれば相手である義務者の了解はいらないのだろうか、義務を承継しようとすれば相手である権利者の了解はいらないのだろうかがすぐ問題として浮上してきます。もし、相手の了解が得られないとすれば、承継するといっても、承継できない場合がありうるのではないか。これに明快に答えられないのに、承継したとはいえないのではないか。この疑問が会社分割をめぐって登場してくる諸問題の通奏低音となって、チェロ奏鳴曲のように、響き続けるのです。

2　包括的承継の原理

(1)　包括的承継の意義

ここで、会社分割にまつわる最も根本的な法的原理をはっきりさせておきます。

会社分割の成立の日（新設分割の場合は新設会社の登記の日、吸収分割の場合は吸収分割契約書に効力発生日と定めた日。法人税基本通達１－４－１では、「資産若しくは負債の移転をした日」としていますが、このような緩い定義では判然としない）に、新設分割の場合は、新設分割設立会社が、新設会社計画書に記載したとおりに新設分割の権利義務を承継するのです。吸収分割の場合は、吸収分割承継会社が、吸収分割契約書に記載したとおりに吸収分割会社の権利義務を承継するのです。権利の相手方の承諾とか、義務の相手方の了解とかを得なくとも承継の効果が発生します。例外はありません。

会社分割によって新設分割設立会社、吸収分割承継会社は、分割会社の法的地位を包括的に承継するのです。契約上の法的地位も法的には権利義務に分類できますから、全く同様の法理で承継されます。

会社が行っている事業は、権利義務とは独立して承継されるのではなく、権利義務を包み込んでいる法的状態として、会社分割の効力によって承継されます。これを「包括的承継」と呼んでいます。

包括的承継という法的現象が起きるのは、ほかに相続と合併しかありません。珍しい現象です。したがって、契約を締結すべく交渉中の法的地位とか、生成中の権利とか、取得時効完成前の善意悪意無過失などの占有状態とか、取消権、解除権など形成権（権利を行使すると法律状態が創設される権利、たとえば、遺留分取消請求権）をいまだ行使していない状態における法的地位などの状態としての地位とか、逆に生成中の義務も事業の内容として承継されます。権利とも義務ともいえない（つまり、資産になることも負債になることもある）プラスの「のれん」もマイナスの「のれん」も事業とともに会社分割の効力により承継されます。

このうち、権利の承継については、相手方、つまり義務者の承諾はもともと必要ありません。なぜなら、権利の定義によってそうだからです。

重要なのは債務です。上記の包括承継について、最も重要な点は、債務についても、分割計画書ないしは分割契約書の記載どおりに承継される、という点です。ここが会社分割理解の肝です。

債務が債権者の承諾なく分割承継会社に承継されるなら、債権者は害されることになるではないか、という反論があります。しかし、意図的に害してやろうとする場合は別として、害されることもありません。

なぜなら、

① 会社分割で債務が承継される場合には、通常、資産も同時に承継されていくからですし、

② 債務が分割承継会社に承継される場合には同債務について分割会社が分割承継会社と連帯保証することが普通だからですし、

③ 分割承継会社に承継される債務についての債権者は、分割会社には請求できなくなりますが、かかる債権者には分割会社に対して、１か月以内に、この分割には異議があると述べることができる異議権が与えられており（会社法810条１項２号)、かかる異議権がある債権者には官報公告と個別の催告をしなければなりません（同条２項。官報と定款に定める日刊新聞にも公告をするときは個別催告は免除されます。同条３項）し、期間内に異議を述べた債権者には弁済か担保提供をしなければならないことと規定されている（同条５項）からです。実務上は、債権者から異議が出た場合は弁済してしまいます。

④ 最も重要なことは、（会社法の条文の中にはまったく書いてありませんが）会社分割によって分割会社の事業が分割承継会社に承継されていくの

ですから、債務に対する稼得能力、返済能力が承継されていくからです（原田晃治「会社分割法制の創設について（上）」商事法務1563号4頁参照）。

⑵ 事業の承継

この最も重要な事業の承継という点については、会社法には出てきません。法人税法の分割法人、分割承継法人の定義の条文にも出てきません（法人税法2条12号の2・12号の3）。会社法、法人税法の会社分割の定義から見れば必要ないからです。しかし、法人税法の適格会社分割には、事業が承継されることが絶対的要件になっています（たとえば、適格分割の定義である2条12号の11ロ⑶）。

平成18年に商法から会社法が独立するとき、会社法制に含まれていた「営業」の承継を削除し、「営業」という言葉を法人税法に追いやったのです。そのほうが会社法の定義としてはすっきりするからです。このため会社法の会社分割（およびその他の組織再編行為）は営業のために、つまり「事業の収益追求」のために行うという根本が見えにくくなってしまったのです。

この改正は間違いであったと思います。実務においては、会社分割は事業の収益追求目的で行うのです。ところが法律制度は理論的に緻密に規定しなければならないため、何のために行うか、という法制度の目的を忘却の彼方に置き忘れてしまったのです。この意味で、会社法を本当に理解するには法人税法も勉強しないとよくわからなくなった、ということは本当です。

⑶ 残存債務の扱い

実は、法律上喧（やかま）しい問題が発生するのは、会社分割によって分割設立会社（分割承継会社）に承継されないで、分割会社に残留させられた債務の債権者の分割会社に対する債権（残存債権）の処理の問題です。すでに分割会社には見るべき資産は遺されていないかもしれず、その弁済はどうなるかが問題になります。特に、会社分割の歴史から見れば、分割会社に残されてしまう債権者とは、バブル経済華やかなりし頃に、債務者が必要ないから勘弁してくれと言っても、もっと借りろ、必要なくとも借りろと嫌がる債務者に融資を押し付け続けた銀行債権者たちの債権です（この表現は決してオーバーではありません。平成の初めころ銀行員の営業活動とは資金を必要としない人に無理やり押し貸しすることだったのです）。バブル崩壊とともにかかる債権者たちは中小規模企業に掌を返し、決して二度と融資はしてくれなくなりましたから、残存債権は経済的には死んだ債権で、収益を生まなくなっていた債権です。かかる債権者たちは、バブル崩壊後になって、今度は自分の債権を残存債権にするのは不当だ、詐害行為だと大きな声で騒ぎ始めたのです。

この残存債権については、会社法は、残存債権であっても、債務者が債権者を害することを知って新設分割をした場合には、残存債権者は新設分割設立会社（分割承継会社）に対しても、承継した財産の価額を限度として当該債務の履行を請求できる、と規定しています（会社法764条４項）。しかしこの場合も会社分割がスピンオフ、あるいはスプリットオフ（84頁参照）になる場合には、適用ありません（同条５項）。なぜなら、通常の新設分割であれば、親会社に子会社ができる分割ですから、債権者保護のため親会社の債務を子会社に支払わせても、のちに子会社から親会社に対する不当利得の求償関係が立ち内部処理ができるわけですが、スピンオフ、あるいはスプリットオフになる場合には、まったくの別会社同士になりますから、求償関係がうまく働かないためです。

残存債権者が、上記のように、債務者の詐害行為性を立証できそうな場合であっても、債務者である新設分割会社が破産開始決定、民事再生開始決定、更生開始決定を受けたときは、債権者は詐害行為だという請求はできなくなってしまいます（会社法764条７項）。詐害行為の手続をとらなければならないようなときは、すでに破産状況ですから、全債権者の利益になる手続でなければならなのに、詐害行為訴訟の実際は、当該債権者だけ一人だけの利益を実現する手続になってしまっている現実がある（つまり、詐害行為訴訟は法律上の建前と実際とがまるで真逆の関係になっている事実があります）ので、公平に債権者の利益を図ることができる倒産法制の手続に譲りましょう、という意味です。

(4)　物権の承継

次いで、権利の相手方の存在を意識する必要がまずない物権の世界です。物権は世の中のすべての人を相手として、権利を主張できる性質を持っているからです。会社分割による物権の承継には何の手続も要しません。会社分割による不動産の承継を会社分割の効力発生日（新設分割の場合は新設会社の登記の日、吸収分割の場合は吸収分割契約書に効力発生日として定めた日）以後に当該物権を承継した事実を第三者に主張するには登記は必要ありません（登記は物権移転の効力要件ではない、という意味です）。

ただし、会社分割における権利の承継は当該権利の対象物件を分割計画書ないし吸収分割契約書にいちいち明記しなければならないのではなく、それと特定できるような概括的な記載で足りますから、同一物件について同一の物権を取得したと主張する第三者が登場する可能性を排除できません。たとえば、分割会社の代表者が新設分割手続によって特定の不動産を分割承継会社に移転する旨の会社分割手続を完了したが登記未了の間に、その同一の不動産を第三者に処分して登記を移転してしまったというような場合です。その場合は対抗問題となり、会社分割により物権を取得したことを、同一物につき同一物権を取得したと主張する第三者に、登記がなければ、権利対抗できません。

(5)　債務の承継

注目すべき問題は義務（債務）の承継です。義務の承継は相手方、つまり権利者（債権者）の承諾なく移転することです（会社法758条4号、759条1項、763条1項8号、764条1項）。たとえば、銀行から融資を受けている債務者が銀行の承諾なく、当該負債を会社分割によって返済資力不十分な分割承継会社に移転してしまったというような場合です。銀行の承諾がなくても債務は分割承継会社に移転するのです。

これは重大なことを意味しています。

義務の定義は相手方の承諾なく処分できない状態にあることを意味します。にもかかわらず、会社分割では義務が相手方（つまり権利者）の同意なく第三者に移転するのです。それが義務の承継です。

民法では義務の承継が多発するのは、通常、相続の場合です。相続では債権者の承諾なく被相続人が負担する債務が相続人に移転します。これに相当するのが会社法上の合併です。合併では債権者の承諾なく被合併会社が負担する債務が合併会社に移転します。つまり会社分割はこの点で、相続、合併と極めて類似しています。

⑹　特定包括承継

包括とは、特に特定しなくとも当然に含まれるという意味です。一般承継という言葉を使う学者がいますが、意味が同じとしても言葉の包摂力が貧弱でよくありません。包括承継とは、特に明示しなくとも、法の要求に従って特定された権利および義務に付随ないし随伴する法的状態が一緒に包み込まれて承継されるという意味です。これを、いわば単品である権利義務の移転とは区別して、権利義務の包括承継と呼んでいるのです。

もう少し、なぜ包括というかを説明します。会社分割は、会社の外部の権利者ないし義務者と権利や義務の取引が継続している状態のまま、人為的に設定した期末とか仮決算時点という特定の時点で会計帳簿上の数字の動きを人為的静的に把握して、特定の分割会社の資産負債内容を、別の会社に移転し承継する技術ですが、生きて活動している会社の内容の移転承継であるため、生きて動いているものをどうしても技術的に把握しきれないのです。このような不可視な、知覚によっては掌握しきれないものも、観念的には、ある時点で、分割会社にとどまるものと、分割承継会社に移転するものとを振り分けなければならないため、包括的という表現をとるのです。一番似ている法現象はやはり相続です。

また、なぜ包括承継の前に「特定」を付けるかというと、通常の会社分割では、生きて動いている会社活動を人が人為的にある特定のところでスパッと切りますから、分割会社に、何か、が残留します、この意味で一部の分割になるのが通常なので、その残留する部分を限定する必要があるという意味と、一部に限定しても、なお、その限定された範囲内では包括的に承継が起きるから特定包括というのです。

⑺　特定包括承継と分割計画書の意味

この包括承継の性質は、会社分割における重要な法的性質です。新設分割において新設分割計画書を作成するとき、また、吸収分割で吸収分割契約書を作成するときには、承継会社に承継される権利義務は分割計画書または吸収分割契約書に明記します。承継の効力は分割計画書や吸収分割契約書に記載されたとおりに、承継の効力が発生するのです（会社法759条1項、764条1項）。

もう少し詳しくいいますと、新設分割では、新設分割計画書に新設分割設立会社に移転する権利および義務、雇用契約その他の契約を特定して記載します。新設分割計画書が株主総会の特別決議で承認されると、すると新設分割の法律上の効果が発生する（新設会社の登記の時）と同時にその権利義務に付随ないし随伴する契約、契約上の地位、契約締結には至っていない段階の法的状態、ないし民法上、商法上、会社法上、税法上等の法的状態、それに行政法上の許可、認可、承認などの行政法上の地位が、新設分割計画書に記載されていないとしても、特に除外すると明記されていない以上、包括されて一体となって、新設分割設立会社に承継されます（行政法上の許認可等の会社分割に伴う承継については特定の行政法規の中に、通常、明文の規定があり、たとえば、風俗営業許可であれば事前の許可、それ以外は事後的届出、何の手続も必要なく承継される、などです）。つまり新設分割会社の事業の全部ないしは新設分割計画書によって特定される新設分割会社の事業の一部がそのまま新設分割設立会社に承継されるのです。

吸収分割では、吸収分割契約書に吸収分割承継会社に移転する権利および義務その他法律が定めている要件を記載します。吸収分割契約書が吸収分割会社の株主総会において、それに吸収分割承継会社の株主総会において、それぞれ特別決議で承認されると、すると契約書に効力発生日と特定した日に吸収分割の法律上の効果が発生すると同時に、その権利義務に随伴する契約、契約上の地位、ないし民法上、商法上、会社法上、行政法上、税法上等の法的状態が、吸収分割契約書に記載されていないとしても、特に除外すると明記されていない以上、包括されて一体となって、吸収分割承継会社に承継されます。つまり吸収分割会社の事業の全部ないしは吸収分割契約書によって特定される吸収分割会社の事業の一部の事業が吸収分割承継会社に承継されるのです。

いずれにおいても、弁護士、税理士、司法書士などが依頼を受けて会社分割手続を進めるときに一番要求されるのは、上記の「特に除外すると明記」する能力です。法律や税務だけでなく、当該会社ではどのような法現象が動いているのかを理解していなければ、「除外」できるわけはないからです。

⑻　特定包括承継と事業の承継

吸収分割の効力を規定する会社法759条１項、新設分割の効力を規定する764条１項がいずれも、会社分割によって承継されるのは権利および義務だけであって、事業が承継されるのではないと読めるのは事実です。これを根拠に、権利義務の承継は要件であるが、「事業の承継」は会社分割における必須の要件ではないとする学説がありますが、それは誤りです。法人税法でも57条４項、同法施行令113条５項、基本通達12－１－６から、事業を移転する会社分割のほかに、「事業を移転しない会社分割」があるように読めます。しかし、権利義務だけを移転し、事業を移転しないものを会社分割として扱うべきではありません。

この考え方では、次のような不都合が生じるからです。

① 「モノ」だけを移転する会社分割を認めることになります。しかし、それでは売買との区別がなくなってしまいます。

会社分割であれば、不動産取得税の非課税（地方税法73条の7第2号）の適用、株式の消費税非課税（消費税法4条7項、同法施行令9条1項3号、同法別表第1第2号）の適用など、特例があります。たとえば「モノ」である不動産だけしか所有していない会社の会社分割、株式だけしか所有していない会社の会社分割を売買より特に優遇することとなってしまいますが、その理由がなく、非合理です。そのような事例は不動産の売買、株式の売買と認識すれば十分ではないか、と私は考えます。

② 法人税法では適格会社分割を「分割事業に係る主要な資産及び負債が当該分割承継法人に移転していること」（同法2条12号の11ロ(1)）とか、「その分割に係る分割法人の分割前に行う事業を当該分割により新たに設立する分割承継法人において独立して行うための分割」（同法2条12号の11ニ）と規定している例に見られるように、会社分割にかかる法人税法の規定全体が事業を中心に資産および負債の変動を把握しています。これとあまりにも整合性がとれないというべきでしょう。

③ 会社分割に伴い新設分割計画書並びに吸収分割契約書に特定されていない、いわばクラゲのような、さまざまな法的状態、とくに「のれん」が承継されていく理由とか、資産調整勘定、負債調整勘定（法人税法62条の8第1項・3項）が認められる理由を説明できないことになるでしょう。

④ 最も重要なことは、事業とは稼ぐ力、つまり収益力を意味していることです。事業がなければ稼ぐことができません。会社分割では、債務が債権者の承諾なく分割承継会社に承継されていきますから、債権者に対する返済能力である収益能力が同時に分割承継会社に承継される必要があるのです。債務の承継と返済能力の承継とは表裏の関係に

なければならないのです。返済能力の承継がないのに債務の承継を肯定する見解は債権者を害する会社分割を推進するに等しく危険な考え方です。

⑼　会社分割の包括承継と相続・合併の包括承継の違い

会社分割は包括承継の点で相続や合併に極めて類似してはいますが、重大な相違があります。

相続では、相続人が（「被相続人が」ではない）、特に特定してこの「物件」は相続しないとすることも、特に特定してこの債務は相続しないとすることは許されません。相続は被相続人の死亡によって発生する法的現象であって、相続人の意思表示に起因して発生する法律行為ではないからです。限定承認、放棄は総体的にしか許されません。合併にしてもあの「物件」は承継するが、この物件だけは承継しない、嫌だ、と主張することはできません。特定の相続人が特定の遺産を相続したくない場合は遺産分割協議ないし遺産分割調停によって実現できはしますが、それは相続発生後の手続によって存続発生時点に遡って相続の効力が発生するからに過ぎません。いったん相続もしないで遺産分割はできないのです。このように相続でも合併でも包括的な承継であるため、専門的な知識や技術がなければ承継できないということはまったくありません。

これに対し会社分割では、分割計画書ないし吸収分割契約書に、これは承継しないと特定して明示すれば承継しないことができるのです。会社分割はこの点で相続や合併よりも Artificial（人為的）で、また Professional（専門的）でもあります。この意味で、相続も合併も専門家の助言がなくてもできますが、分割計画書ないし吸収分割契約書の作成ではそうはいきません。この債権の回収やこの抵当権の実行にはどれほどコストを要するかといった程度の判断から、この建築請負契約やこのビル売買契約を承継したら瑕疵担保責任を追及されて予想外の損害賠償請求を求められそうだとか、知的財産契約、信託契約、投資契約、融資契約、それに海外にある重要な製品製造工場子会社が締結している特許のライセンス契約を承継したほうがよいのかやめるべきか、海外にある鉱物資源掘削工場、その精錬工場、その加工工場、その商品販売会社のうち、全部を承継したほうがよいのか、一部だけにすべきか、などなど、その判断には特許、法務、経済、会計のほかに化学や物理、工業、外国法に関する専門的知識が要求されます。したがって分割計画書ないし吸収分割契約書の作成には、それら特許法、会計学、理科的知識のほかに、国際税務、国際法務などの知識が要求されることもよくあります。

⑽　債務の移転と詐害行為

包括承継のうちでも重要な論点は債務の移転です。重要ですから再説します。論点は二つに分かれます。

(A)　分割承継会社に移転する債務の履行の見込み

一つは、分割会社が債務超過であり、ある特定の債務が会社分割により、できたばかりの分割承継会社に移転させられ、当該移転債務について、分割会社が重畳的債務引受もせず、誰も連帯保証もせず、かつ、当該債務について履行の見込みがあるとは言い切れない場合です。この点も含めてのことでしょうが、分割会社の「債務の履行の見込みがないことが会社分割の無効事由である」とする見解があります（江頭憲治郎『株式会社法〔第7版〕』914頁、931頁）。

しかし、この見解は間違っています。まず、法律上の根拠がありません。会社法が制定される前までは「各会社の負担すべき債務の履行の見込みあること及その理由を記載したる書面」の開示が要求されていました（改正前商法374条の2、374条の18）。しかし現行の会社法も会社法施行規則も、分割前の事前開示書類（会社法782条、794条）にも分割後の事後開示書類（同法791条、811条）にも「債務の履行の見込み」の記載を要求するにとどまっており、「債務の履行の見込みあること」までは要求していません（会社法施行規則205条7号、209条4号5号、192条7号、183条6号）。

次いで、将来の履行見込みは、将来予測であって、現時点において確実なものであるということはできません。適格組織再編行為におけるように一定の事項、たとえば、80％以上の従業員が承継事業に従事することとか、分割事業が分割承継法人において引き続き行われることが見込まれていることなど（法人税法2条12号の11ロ）が要件となることはいくらでもありますが、それらの場合は将来にわたる見通しが現時点で存在していることが要件とされているのであって、初来それが見通しどおりではなくなったとしても要件性が覆ることにはなりません。本件はその場合とは違います。将来履行できると予測していても履行できないこともあるでしょうし、その逆もあるでしょう。このように不確定な「債務の履行の見込みがないこと」は会社分割の無効事由とすべきではありません。

次いで、この見解には、なぜ会社分割法制が商法中に導入されたのか、その歴史的理由についての無理解があるようです。要点だけをいえば、債務者の債務履行など期待しようもない大不況と、大銀行が何行もバタバタと倒産し続けた平成10年前後のバブル崩壊過程から脱却するため、債権者金融機関が何年にもわたって処理できなかった不良債権を、早急かつ大量に処理する方策の一つとして、会社分割法制は導入されたという歴史的事実があります。

ここで強調しておきたいのは、会社分割は債務者のために導入されたのではなく債権者のために導入されたのだ、という歴然たる事実です。当時債務者に求められたことは、債権者金融機関が不良債権処理のため、国税当局との関係でもとり得た唯一の方法であった債権放棄をしたときに、法人税法上債務者に発生する免除益で債務者が倒産してしまわないよう「防備」することでした。この「防備」の有力な方法の一つが会社分割で、（債権者がする債権放棄のために）分割会社が倒産に瀕することになっても、将来的には収益を上げられる見込みがある特定の事業だけは分割承継会社で生き残る方策を立て、幸運にも分割承継会社がその承継した事業で収益を上げることができれば、それで旧債権者たちに弁済することもできるということを願ったのです。この意味で会社分割をした債務者たちは、「債務を履行するために」会社分割を断行したのです。会社分割の技術はこの意味で、債権者をも救い、債務者をも救ったのです。したがって、将来の履行見込みが立っていないとしても、それをもって債務者に不利益に判断すれば、実は、それは同時に債権者にとっても不利益な判断であるといわなければならないのです。債務者にとっても債権者にとっても不利益な事項を要件とすることには合理性がありません。

第３に、実務的理由があります。私は、会社分割登記完了直後に、債権者から特定の債務の履行の見込みを書面で問われたことがありますが、実際のところ、履行できるのではないかとは思いましたが、履行の時期もその方法も曖昧です。将来のことを明確に答えることは極めて困難です。将来の履行を財源を明示するなど確実な根拠をもって明示できるのであれば、会社分割をする必要性がそもそも低い場合でしょう。

実務上、承継会社に移転させられた債務に債権者異議権がある場合に、債権者が異議を現実に申し出てくることは、実は、ないのです。私は会社分割手続の代理行為を何度もしていますが、一度もその経験をしたことがありません。

その理由は、会社分割によって分割承継会社に移転させられる債務の経済的性質は、分割承継会社の営業続行のためには弁済しなければ、明日から商品の仕入れが期待できなくなるような性質の、いわゆる仕入れ債務、営業債務と呼ばれる債務だからです。つまり金融債務ではないからです。ですから、法律上異議権を持つ債権者は、できたばかりの分割承継会社に移転させられることに文句はいいません。むしろ、喜ぶのです。なぜなら、全面的倒産が回避されるかもしれないからです。別の表現でいえば、分割承継会社に移転させられる債務は、債務者が会社分割をしてでも生き抜こうとする以上、商品の仕入れをしなければならないのであり、支払いをしなければならない営業債務であり、この支払いをしなければ商品は二度と入荷されなくなり、そうなれば二度と立ち上がることはできず、全面的破産は必至だからです。逆に、この支払いをすれば商品が入荷され、そのおかげで営業が続行でき、そのおかげで収益も期待できる、そういう性質がある、いわば「生きている債務」だからなのです。債務者が異議を言うわけがないのです。

(B)　分割会社に残留する債務の価値

(イ)　分割会社に残留させられた債務と詐害行為取消

もう一つは、分割会社に残留させられた債務です。特に問題になるのは、分割により稼得能力のある資産が承継会社に移転したのに、債務超過である分割会社に残留させられた債務です。

これら分割会社に残留された債務が、なぜ分割会社に残留させられたかといえば、経済価値が極端に低くなっているからです。これら債務は、営業債務ではなく、金融債務だという点が重要です。債務者が債務超過に陥り生き延びるために会社分割をしなければならない時点では、債権の満額の回収見込みはすでになくなっています。このため、いかなる金融機関もサービサーの親会社である金融業者も融資はしてくれません。それまで継続して実行されていた旧債務のロールオーバー（短期融資の繰り返し）もしてくれません。リスケ（リスケジュール：返済条件の緩和的変更）もしてくれません（ただし、平成20年過ぎころから次第にリスケが認められるようになり、安倍内閣が成立し麻生氏が金融相となった平成25年春以降はリスケは大幅に認められるよう状況が変わってきました）。つまり当該債務によっては何の収益も期待できない、つまり、「死んだ債務」なのです。同じ債務といっても、それは法律的にはそうだというだけであり、経済的には全く性質の違う債務なのです。法律家は、普通この違いを無視して議論しますが、それは説得力のない、債権の経済価値の遷移を見ない議論（会計学的には合理性のない議論）というほかありません。

債権者から見ても、債務超過の会社に対する債権ですから全額回収は期待できない債権です。したがって、債権者にとって最大の関心は、債務者が予定している会社分割を阻止し（会社分割できなければ破産必死の状況にあるのですから）会社を破産させて清算によって回収できる金額と、債務者が予定する会社分割を容認して資産を承継会社に移転して営業を続行させて、その結果、その営業から回収できると予測できる金額と比較し、どちらが大きいかによって自己の行動を決するのが合理的であると考えられます。事実、銀行員たちがそのような判断基準で判断している実例を、私はいく度も見てきています。

この場合、債務者を破産させたほうが債権回収額が大きくなることは、通常、まずあり得ないでしょう。債務者に会社分割させて承継会社で営業させ、その収益金で弁済させたほうが回収額が大きくなる可能性のほうが大きいでしょうか。少なくとも、このような場合、冷静な回収見通し額の比較衡量がなされるべきだったでしょう。ところが、第Ⅰ部第2章4（12頁）で示した詐害行為認容例は、「財産」が承継会社に流出しているから、分割会社に残留させられた債権者の回収額が減少するという理由で詐害行為による資産の承継の取消しを認めているのです。最高裁判決も同様です。これらいずれの判決も、「財産が承継会社に承継された」という局面のみを拡大鏡に大写しにして見ているのです。詐害行為取消は債権の効力の問題であるのに、債権の効力のうちで最も重要な債権回収可能性を判断するわけではない過ちを犯しています。焦点がずれているというべきでしょう。

債権の価値は変化します。債務者が倒産局面に入った場合は特に激しく劣化します。したがって、詐害行為になるか否かは、資産が別会社に移動したか否かではなく、その資産が別会社に移動した結果、債権の回収可能性が向上したのか、劣化したのかが判断基準であるべきでしょう。過剰債務に苦しむ会社が会社分割するときは、分割の方式は吸収分割ではあり得ず、分社型分割です。したがって分割会社と分割承継会社が相互に縁がなくなるのではありません。分割承継会社の全株式は分割会社に掌握されているのです。分割会社は分割承継会社の完全支配会社なのです。分割会社に残留された債権者は、分割会社だけの債権者ではなく、この分割承継会社の全株式を間接的になお支配していることを忘れてはなりません。仮差えも差押えも競売も可能なのです。

(ロ)　詐害行為取消は、事実上原告債権者のためだけのものだ

実際のところ、上記判決例で、債務の承継を詐害行為を理由に取り消した結果、債権者全体の回収額が大きくなった例があるのでしょうか。私はその実例を聞いたことがありません。おそらくは会社分割取消判決の結果、分割会社も倒産し、「財産」が取り戻された結果承継会社も直ちに倒産しているでしょう。詐害行為取消の効力は相対的だから承継会社そのものを取り消すのではない、と判決ではいっていますし、法律雑誌にもそのようなことを書いているのを散見しますが、承継会社に移転していた財産は、事実として原告である債権者に直接的に取り戻されていきますから、財産は承継会社から絶対的に消えてしまっているのです。その結果、承継会社は倒産せざるを得ないのです。相対的という言い方は、いわば子供だましです。ここで「絶対的」という言葉を使ったのは、勝訴して財産を取り戻した債権者が、原告にはなっていない、同じ法的位置にいた他の債権者と勝訴により取り戻した財産を分け合うこともしないで、原告だけが自分の懐に入れてしまっている、という意味です。

これに関連して、現行民法425条は詐害行為取消の効果として「取消しは、すべての債権者の利益のためにその効力を生ずる」と規定していますが(改正民法については後述)、原告勝訴の判決が原告ではなかった他の債権者に詐害行為取消による法的効果としての法的利益を及ぼし得た実例があるのでしょうか。私は見たことも聞いたこともありません。勝訴した原告だけが、勝訴利益を自分だけのポケットに入れています。特定の原告が詐害行為訴訟で勝訴すればその法的効力は原告以外の他の債権者にも及ぶのであれば、当該原告の勝訴判決によって、何の手続も要せず、他の債権者にも経済的利益が発生し、これを原因に所得税または法人税の課税原因が生じてよいことになりますが、そのような実例を聞いたこともありません。勝訴した原告の得る利益を原告ではない他の債権者に分与する手続は法定されていないのですから、かかる利益を他の債権者に分与しようにも分与す

る方法がないというべきでしょう。もちろん詐害行為取消訴訟の被告が、原告勝訴判決前に破産して、全債権者のために破産手続が進行する場合には特定の原告勝訴判決の法的利益が当該原告以外の債権者にも分与されると同様のことが起きるとは考えられますが、それは破産という別異の局面のことであり、破産手続前の実体法の議論の局面ですべき議論ではないでしょう。

つまり、民法425条が原告勝訴の判決の効力が他の債権者に及ぶと規定していても、裁判の実務では原告勝訴の判決の効力は他の債権者に及んでいないのです。詐害行為取消訴訟においては、昔から、条文と法の実務とが食い違い過ぎるのです。識者たちはなぜこの明白な事実を論じないのでしょうか。

（平成29年）改正民法の425条が「詐害行為取消請求を認容する確定判決は、債務者及びその全ての債権者に対してもその効力を有する」と規定していますが、現行の425条とほぼ同様の条文であり、状況が変わるとは思えません。かえって、改正民法の424条の９は、「債権者は、……受益者又は転得者に対して財産の返還を請求する場合において、その返還の請求が金銭の支払又は動産の引渡しを求めるものであるときは、その受益者に対してその支払又は引渡しを、転得者に対してその引渡しを、自己に対してすることを求めることができる」と規定し、（対象物が金銭と動産に限られ不動産が抜けている片手落ちがありますが）勝訴判決の絶対的効力を明確にしています。改正民法は、詐害行為取消に関して、条文解釈の許容限度を超えて混乱の極みにあった裁判所の判決群を、理論的に整序した点の功績を認めるべきだとはいえるでしょうが、この424条の９の絶対的効力と、改正民法の425条が言葉としては判決に絶対効があるように読めても、その表現は判決に絶対効がない現行の425条とほとんど同じであることから、現行法下で、嫌になるほど見てきた、詐害行為の効力に関して続いてきた混乱の極みが、相変わらず続いていくでしょう。元来、民法上の詐害行為取消訴訟には公平弁済の実現については限界があるのですから、民事再生法との区別の一線をもっと明快に引くべきでしょう。

(ハ)　会社分割＋民事再生の申立て

私としては、分割会社に残留させるた債務につき債務を履行できる見通しが立たないときには、直ちに会社分割を断行し、承継会社は営業継続に入り、分割会社についてだけ民事再生を申し立て、開始決定を得て、承継会社の収益によって自主再生の計画が立てられるときは自主再生の道をとり、そうでない場合は、早い段階で事業譲渡許可の申立て（民事再生法42条）をし、ビット（競争入札）に入るか、入らないにしても、スポンサーを得て、承継会社の事業価値に相当する事業譲渡代金を取得して債権者全体に一部弁済する計画を債権者に提示し、事業譲渡の可否についての債権者の意見を聴取し、その同意と、裁判所の許可を得て事業譲渡を実行し、事業譲渡代金を一括取得して債権者に配当する方法をとるのです。このようにして承継会社に移転した「生きている債務」については任意の弁済をして商品納入の継続を維持し、民事再生手続の法的効力によって「死んだ債務」の債権者による身勝手な債権取立てを阻止し、承継会社で営業を続行して収益を上げ、「死んだ債務」に対しても一部弁済を実行するという一連の手続をとってきました。第Ⅴ部で具体例を紹介します。

会社分割の合法性は、倒産ギリギリ段階における債権回収可能性のせめぎ合いの事例なのですから、局所的に判断すべきものではないのです。全体計画から判断すべきでしょう。私としては、会社分割は、倒産に直面した会社に再生の機会と債権回収の見通しが立たなくなった債権者に弁済を実行できる、類例のない優れた手法であると判断しています。このことは、経済産業省管轄の株式会社地域経済活性化支援機構の支援案件をみると会社分割を用いた実例がかなり高い割合である（事業年度によっては6、7割ある年もある）ことからも頷けるところでしょう。

第２章　「剰余金の配当」の出現

1　人的分割の消滅

(1)　人的分割から「剰余金の配当」へ

人的分割は「数奇な運命」を辿ってきました。平成13年に商法に会社分割の規定が登場したとき、物的分割の規定も人的分割の規定も一緒に登場したのですが、平成18年に会社法が商法から分離した際、会社法に物的分割の規定は残りましたが、人的分割の規定は削除されたのでした。しかし同時に、人的分割と同じことができる別の規定が設けられました。それが「剰余金の配当」（会社法758条８号ロ、760条７号ロ。763条１項12号ロ、765条１項８号ロ）の規定です。

しかも導入された「剰余金の配当」技術により、人的分割の規定が存在していた当時に実現しようとしていた分割会社の株主への分割対価の交付・分配が、よりはるかに複雑になり高度化し、より華やかな組織再編行為に連続していけるようになったのでした。

人的分割が、いわば会社分割技法の嫡子として、会社という有機的組織体としての「ボディ」から観察して分割対価株式が株主という、いわば特定の人に、交付される点に着目していただけのネーミングでしたから、人的分割は複雑な分割対価株式のバラエティに富んだ交付方法にまで発展する余地はなかったのです。これに対し「剰余金の配当」は分割対価株式が分割会社の株主に交付される、その仕方が、ゼロ交付や種類株式ごとに交付の仕方を変えるなど、高度で複雑な変化を与えるものでしたから、単に複雑化したというより、華麗なジャズダンスの世界に舞台が回ったともいえるでしょう。

剰余金の配当であれば当然、配当制限の適用があるはずのものです、ところが、「剰余金の配当」には配当制限の適用がありません（会社法792条2号、812条2号)。真正な剰余金ではないからです。ただ形だけが剰余金の配当と同じだというにすぎません。

(2)　分割承継会社の株式交付日

もう一つ、重要な違いがあります。それは「分割の日」と分割承継会社の株式を分割会社の株主に交付する日との関係が整理された点です。

旧法では、新設分割は「分割ニ因リテ設立スル会社ガ分割ヲ為ス会社ノ株主ニ対シ分割ニ際シテ発行スル株式ノ割当ヲ為ス場合」(新設分割は旧商法374条2項6号、吸収分割は同法374条の17第2項6号）と規定して、「分割ニ際シテ」発行する株式の割当を為す場合を人的分割と呼んでいたのです。つまり「際して」さえいればよかったのです。分社型分割をしておいて、分割実行後しばらくしてから分割承継会社の株式を株主に交付することも許容されていたわけです。

ところが、では「しばらく」といっても、いく日ぐらいまでは「しばらく」といえるのか、何の制限もありません。それでは分割対価株式を分割会社株主に交付する一連の行為が、会社分割組織再編行為から離れすぎてしまい、会社分割組織再編行為の一部分とみなす「人的分割」とはいえないのではないか、というかなり重大な問題がありました。

これに対し、会社法で設けられた「剰余金の配当」では、会社分割と株式交付の一体感を取り戻したのです。

(A)　会社法では「成立の日」に

どういうことかというと、会社法では「新設分割株式会社が新設分割設立株式会社の成立の日に次に掲げる行為をするときには」（新設分割につき763条１項12号。「次に掲げる行為」の一つが剰余金に配当（同号ロ））、と「成立の日に」と日にちが特定されたのです。新設分割設立会社の「成立の日」とは設立登記の日のことです（同法49条。法人税法基本通達１－４－１）。設立登記は登記申請の日から実際に登記される日までの間、所によって違いますが数日はかかります。しかし、登記所で登記官が登記手続に何日かかったとしても、「登記の日」は「登記申請の日」（厳密には、登記申請書受理の日）で不動で、変更はあり得ません。

他方、新設分割の法律上の効力発生日は、株主総会で新設分割計画書が議決された日です（会社法804条）。総会決議の日は12月31日でも１月１日でもよいのですが、その日は登記所閉庁日で登記申請を受け付けてくれません。したがって、総会決議の日と登記の日とは食い違うのが普通です。そうすると、会社分割の「成立の日」は「会社分割決議の日」より後の日になるのが普通です。

(B)　法人税法の規定との対比

ここで法人税法の「分社型分割」の規定と対比して検討してみましょう。それは「分割法人が交付を受ける分割対価資産が当該分割の日において当該分割法人の株主等に交付されない」ことです（同法２条12号の10）。ところが、です。この「分割の日」については法人税法に定義がありません。ということは会社法に従わなければならいということを意味しているはずです。会社法でも「分割の日」という言葉がないのですが、分割という法律上の効力が生じた日と受け取るべきでしょうから、「新設分割の法律上の効力発生日」でしょうし、その日は、「株主総会で新設分割計画書が議決された日」（同法804条）でしょう。

つまり会社法上も法人税法上も、「分割決議の日」に分割承継会社の株式が分割会社に留まっており、その株主には交付されないとすれば、それが会社法上の物的分割であり法人税法上の分社型分割なのです。大切なことは、法人税法上には「適格分社型分割」の定義はなく、「適格分割型分割」

の定義もないのです。ただ「適格分割」の定義があるだけです（法人税法2条12号の11）。ですから、「適格分社型分割」も「適格分割型分割」も単なる講学上の言葉にすぎず、適格の分社型分割（物的分割）であればよく、適格の分割型分割（人的分割）であればよい、ということになります。

(C)　分割エンジンと配当エンジン

ここで思い出してください。平成18年以降は会社法における会社分割の形は物的分割だけになり、人的分割という分割の形はなくなったことです。

まず、分割承継会社の株式を分割会社に到達してから分割会社の株主に交付するには、その力は何によるか、です。それは、会社分割の力ではなく、剰余金の配当をする力、つまり剰余金配当エンジンであることを確認しなければなりません。すると、剰余金の配当には株主総会の決議が必要です（同法453条）。つまり、新設分割決議の力だけではもうだめで、別の配当総会決議をしなければならないのです。

ところで、この配当決議をすることができるのは誰かといえば、実は、新設分割では分割会社ですし、吸収分割では吸収分割会社です。ここは大切な点です。同じ会社の決議である以上、この決議（会社分割決議と配当決議）は同じ日にすれば手間が省けます。事実、実務では、剰余金の配当の決議は会社分割の決議と同じ株主総会でやっています。

(D)　剰余金の配当の「効力が生ずる日」

ところがです。剰余金の配当の「効力が生ずる日」とは、剰余金配当決議の日ではないのです。そうではなくて、剰余金配当決議の中で「剰余金の配当がその効力を生ずる日」と定められた、その日なのです（会社法454条1項3号）。つまり剰余金配当決議の日と「剰余金の配当がその効力を生ずる日」とが食い違っても何の問題もないのです。

(E)　新設分割設立会社「成立の日」と剰余金の配当が「効力を生ずる日」は一致させられる

再び、ところがです。会社法では、新設分割では、会社分割によって分割承継会社を設立し、その分割承継会社から分割会社に逆流してくる分割承継会社の株式を分割会社の株主に交付する、という剰余金の配当をするときには、その交付は「新設分割設立会社の成立の日に」せよと規定しているのです（763条１項12号）。

前述したように「成立の日」とは「登記の日」であり、したがって、総会議決の日より後の日であって、日を選べるのです。新設分割設立会社の成立の日に、分割会社の株主に新設分割設立会社の株式が交付される、ということは、新設会社の「成立の日」つまり「登記の日」と「剰余金の配当がその効力を生ずる日」とは、ともに選択できる日ですから、意識的に一致させることができるし、そうしなければならないことになります。そして、この一致した日が法人税法での「分割の日」になるのです（後述）。

2　会社法と法人税法との不整合

(1)　危うい出発点

ここからが、皆さんに考えてほしいのです。

大問題なのは、法人税法上の分割型分割の定義です。その定義は「分割法人が交付を受ける分割対価資産……の全てが当該分割の日において当該分割法人の株主等に交付される」分割と定義していることです（２条12号の９）。

まず、この「分割の日」とは、いつの日なのでしょうか。こんなに重要な日なのに、法人税法に定義がありません。

しかし、会社法としては、一応、分割の効力の発生する日と考えるべきでしょう。そうすると新設分割については「新設分割の法律上の効力発生日」でしょう。そして、その日は、「株主総会で新設分割計画書が議決された日」（804条）ということにならざるを得ません。総会決議の効力は、決議したその日に、発生するのですから。

ところが、この分割が議決された日は、おそらく、分割承継会社（新設分割設立会社）がまだ登記されていませんから、その場合は会社法763条1項12号に定める「成立の日」ではありません。したがって、分割承継会社の株式もまだ成立していないというほかありません。

ただ、そのように考えると、登記所が閉庁日でない日に分割を議決し、その日のうちに登記所に走りその日に登記申請して「成立の日」として、その日の内に、息せき切って分割会社の株主に分割承継会社の株式を交付する株主総会議決をする方法しかないことになります。しかし、これでは、登記所から遠く離れた秋田県との県境にある青森県の碇ヶ関のように、雪の深い山岳地域では、事実上、会社法上の新設分割についての法人税法上の分割型分割はできないことになりかねません。その場合は、事実上、法人税法上の適格分割型分割はできないことになります。それでよいとは思えません。

しかし、「分割の日」に分割承継会社の株式を分割会社の株主に交付することを許容していると解することができるようにするためには、分割承継会社の株式（分割対価資産）が「分割の日」に分割会社にたどり着くために必要な水平方向に働く動力と、分割会社までたどり着いた株式が分割会社の株主まで登っていく垂直方向に働く動力とが、「分割の日」という同一の日のうちに課せられた仕事を完成しなければならないのです。

しかし、人的分割を廃止した会社法では、そうすることができないのです。垂直方向に働く力が働かないからです。しかし、法人税法は「分割型分割」はできますといい切っています。なぜ、そういい切れるのでしょう。私は、何度もこの問題に悩みました。

⑵　「分割型分割」とは何か

しかも上記の議論は新設分割についての議論にすぎないのです。吸収分割については触れていません。法人税法は「分割法人」と「分割承継法人」の定義しか置いておらず（法人税法２条12号の２・12号の３）、「新設分割」

と「吸収分割」の区別を無視しています。しかしなぜ無視しているのでしょう。アメリカ法では吸収分割がありません。新設分割してから合併すればよいのだと彼らは考えているからです。しかしアメリカには「分割型分割」がありません。しかしスピンオフはあります。何かがごちゃごちゃしています。

なぜでしょう。これから、会社法上の吸収分割について法人税法の適用がどうなるかを検討してみます。

3　吸収分割と法人税法の適用

吸収分割の分社型分割については、新設分割の分社型分割と同様であり、「分割の日」に、吸収分割承継会社の新株式が吸収分割会社のお腹に入ってそこで留まって終わりでしょう。この「分割の日」に吸収分割承継会社の新株式が吸収分割会社の株主等に交付されなければ、それは適格の吸収分社型分割ということになるのでしょう（もちろん、別に適格要件が充足していなければなりませんが）。ただ、上記のように「分割の日」とはいつのことかが未解決として残るわけです。

吸収分割の「分割型分割」について（それが法律上ありうるものだと仮定しての話ですが）、「分割の日」に、吸収分割承継会社の株式等が吸収分割会社の株主等に交付されなければならないのですが、それがなぜできるのかについて法人税法は例のごとく規定をおいていません。したがって、会社法の規定によらざるを得ません。会社法では、株主総会で承認された吸収分割契約書に記載されている分割の「効力発生日」が吸収分割の効力発生日としかいいようがありません（759条１項）。

このため会社法上の吸収分割が法人税法上の「分割型分割」であるためには、株主総会で承認された分割契約書に記載されている分割の「効力発生日」が法人税法上の「分割の日」でなければならないことになります。

会社法上の吸収分割が法人税法上の「分割型分割」であるためには、剰余金の配当を議決した株主総会で決議された「剰余金の配当がその効力を生ずる日」として承認された日が、法人税法上の「分割の日」でなければならないことになります。

しかし、このように吸収分割契約書に記載されている分割の「効力発生日」が「分割の日」であるはずがありませんし、また、「剰余金の配当がその効力を生ずる日」が、「分割の日」であるはずがありません。会社法上の規定と法人税法上の規定とがズレが起きています。

これでは、会社法上は合法的な分社型分割まではクリアしても、分割承継会社の対価株式が「分割の日に」分割会社の株主に交付されているか、交付されていないか、をめぐって紛争が発生します。ことは、適格になっているか、非適格になってしまっているかにかかわるのですから、依頼者の懐を直撃し、「おおごと」です。その原因は、法人税法に「分割の日」の定義がないことと、全体として法人税法の定義は会社法の定義の緻密さに比較し、粗雑で不正確なことにあります。法人税法は、どうしてこうも粗雑なのでしょうか。

第3章　法人税法の混乱、スピンオフの純化のために

1　会社法と法人税法との齟齬

(1)　法人税法は会社法に優越するのか

(A)　会社の組織に関する規定は会社法が優先するはず

会社法と他の法律との適用関係について、会社法1条が次のように定めています。「会社の設立、組織、運営及び管理については、他の法律に特別の定めがある場合を除くほか、この法律の定めるところによる」。ところが、会社の設立、組織、運営、管理について特別の定めがある法律としては、社債株式等の振替に関する法律、担保付社債信託法、金融商品取引法、独占禁止法、商業登記法くらいのものです。このため、「会社の設立、組織、運営及び管理」については会社法が法人税法に対して優先適用されると理解してよさそうです。

ところが、法人税法にはかなりの数に上る会社分割に関する規定があります。会社分割に関する規定ですから、当然、新設される会社の設立、組織、運営に関する規定をおかざるを得ないはずです。税法の一種ですから会社の設立、組織、運営に関する規定といっても、おのずから法人税法に関係する会社の設立、組織、運営に関することだろうとは思いますが、そうであるとしても、会社分割に関する多くの規定を包摂している以上は、法人税法は「会社の設立、組織、運営」に関する規定を持たざるを得ない

はずなのです。そうである以上、「会社の設立、組織、運営」に関して、会社法が優先適用されるのか、法人税法が優先適用されるのか、が問題にならざるを得ないはずです。

しかし、常識的に考えれば、法人税法は「会社の組織」について会社法と並んで、あるいは会社法に優位した規定をおくものだとは考えられません。法人税法の本分は租税法にあり、会社分割に付随して発生する税法的側面だけを取り扱っていると考えられ、会社法との関係で会社の設立、組織、運営、管理について「特別の定めがある場合」ではないと考えられます。この意味で会社分割手続と会社分割の法的効力の発生、変更、消滅に関しては会社法が優越して適用されると考えるべきでしょう。

似たような問題は、相続税法と民法第４編親族それに第５編相続との関係についてもあります。税法である相続税法は、婚姻、親、子、養子、相続、遺言、遺贈とかの民法に規定された法律用語を使わなければ理解できない構造になっています。しかし、それら法律用語については民法上の定義を借用しており、民法の定義に従う意味だということは相続税法の構造からすぐ理解できますし、相続税法の条文の中で、民法上の用語とまったく同じ用語が、民法上の意味とまったく違う意味で用いられている、などという罪づくりな用法もありません。したがって、同じ用語を民法上と相続税法上とで違う意味合いに使い分けるなどという、手品使いのような離れ業は必要がありません。

(B)　法人税法の規定の意味は？

ところがです。会社法では規定していないこと、あるいは会社法上ではあり得ないことが法人税法に規定されているとしたら、どう考えたらよいのでしょうか。

法人税法も、憲法上は法律としての効力を持っているはずですから、両方が平等に適用されると考えるべきでしょうか。そうだとすれば両者が衝突している場面では、法適用序列に関する交通整理をどのような法的基準でしたらよいのでしょうか。

やっかいなのは、同一の法現象を規制する会社法と法人税法では規定の内容が異なる場合です。適用関係に優劣をつけなければ両者は衝突して大混乱です。

私は、適格組織再編を、連邦税法で規定しているアメリカとは違い、日本では組織再編行為はまず会社法で規定されており、法人税法は会社法に規定された組織再編制度を前提として、その上部構造として位置づけざるを得ないと理解してきました。相続税法と民法、所得税法と民法との関係も原理的に同じ関係であると考えてきました。

なぜなら、常識的には、法人税法の場合、まず会社法という実体法があり、その上に国の課税権を本体とする行政特別法である法人税法が存在すると考えるべきだからです。しかし、そうすると法人税法は、いったい何を規定しているのか、意味不明といわざるを得ない条文をいくつも抱え込んでいるのです。これを、どう考えたらよいのでしょうか。具体的にみていきます。

⑵　会社分割と剰余金の配当との峻別

(A)　法人税法の分割型分割の定義

法人税法2条12号の9「分割型分割」の定義の中に、無対価分割ではない分割型分割の定義があります（同号イ）。それは、「分割により分割法人が交付を受ける分割対価資産の……全てが当該分割の日において当該分割法人の株主等に交付される場合又は分割により分割対価資産の全てが分割法人の株主等に直接に交付される場合のこれらの分割」と規定されています。

この定義は、法人税法における会社分割についての混乱の一番の元凶です。なぜなら、この定義は会社法における会社分割の定義と違いすぎるからです。

まず、会社法においては、前半の「分割により分割法人が交付を受ける分割対価資産の……全てが当該分割の日において当該分割法人の株主等に交付される場合」などというのは、会社分割の計画（763条1項12号ロ・同項柱書）か吸収分割契約（758条8号ロ・同条柱書）についてはそういえても、会社分割の実行についていえることではありません。

次いで、後半の「分割により分割対価資産の全てが分割法人の株主等に直接交付される場合」など会社法では絶対にあり得ないからです。

この定義は、会社法上の会社分割と、会社法上の剰余金の現物分配という、まったく性質の違う二者を混同しています。

(B)　会社法の規定の構造

平成18年施行の会社法では、商法下で分割対価資産が直接に分割会社の株主等に交付される仕組みであった人的分割が廃止されました。代わって、会社分割の規定の中に「剰余金の配当」が導入されました（株式会社の吸収分割、758条8号ロ。持分会社の吸収分割、760条7号ロ。株式会社の新設分割、763条1項12号ロ。持分会社の新設分割、765条1項8号ロ）。その時以降、分割承継会社から交付された分割対価資産が分割会社に交付されたところで、会社分割は終わる法制度が敷かれたのです。つまり、その後（＝会社分割の後）分割対価資産がどこへ行くかは、現行会社法の「会社分割法制度」としては、主要な関心ではなくなったのです。ただ、新設分割の場合には、新設会社成立の日に分割対価資産を剰余金の配当にまわす計画であるというのであれば、新設分割計画書にそのようにする計画であると書きなさい（763条1項12号）、吸収分割の場合には同様、吸収分割の効力発生日に分割対価資産を剰余金の配当にまわす計画であるのであれば、吸収分割計画書にそのように書きなさい（758条柱書・8号）というだけの関心にすぎなくなったのです。

人的分割があり得ない以上、分割対価資産が分割会社の株主に上昇していく動力エンジンは、「会社分割」そのものでは絶対にあり得ません。

私の言葉で言えば、動力エンジンが別になったのです。人的分割が規定されていた時点では分割会社の株主に分割承継会社の分割対価資産が交付されるには、会社分割エンジンだけで足りたのです。しかし平成18年の会社法施行以降は、分割会社の株主に分割承継会社の株式を交付するには、垂直に対価株式を株主に届けるための別の動力エンジンがもう一つ必要になったのです。最初の一つは水平エンジンです。もう一つは垂直エンジンです（次頁〈図5〉①参照）。

最初のエンジンは、新設分割であれ吸収分割であれ、分割会社が、その所有していた権利義務を分割承継会社に向かって水平に打ち出し、その会計学的等価交換原理に従い、分轄承継会社から分割対価資産を分割会社に向かって水平に戻してきます。単独新設分割の場合、会社法上の分割会社の分割株主総会決議が水平に打ち出すエンジンです。分割会社は、水平に打ち出すエンジンで、分割承継会社の定款、取締役、代表取締役、資産、負債、資本金、発行株式総数まで決定する権限を有しているのですから、会社分割のための一つのエンジンが分割会社に設置されていると認識すれば十分です。

(C)　エンジンは二つ！

平成18年の会社法施行以降は、エンジンは二つになり、会社分割のエンジンと剰余金の配当のエンジンとは別のエンジンになったのです。剰余金の配当をするエンジンは分割会社が分割会社の株主に向かって分割対価資産を垂直方向に打ちだすエンジンです。つまり垂直エンジンです。

吸収分割のエンジンは、吸収分割会社と吸収分割承継会社との吸収分割契約の締結（会社法757条）に基づき吸収分割契約の承認をする吸収分割会社の株主総会決議（同法783条1項）と、同様に吸収分割契約の承認をする吸収分割承継会社の株主総会決議（同法795条1項）です。つまり総会決議というエンジンです。この場合吸収分割会社から権利義務が分割承継会社に向かい、今度は分割対価資産が分割承継会社から吸収分割会社に戻ってくるのですから、いってみれば、反対方向に働く二つの水平エンジンです。

ところが剰余金の配当をするエンジンは、吸収分割会社における剰余金の配当についての株主総会決議（会社法758条8号ロ、454条1項）です。分割承継会社の総会決議ではない吸収分割会社の総会決議がエンジンになる

〈図５〉　平成28年度法人税法改正　直接交付型の分割型分割

①　従来型

従来型では水平エンジンと垂直エンジンは一つのエンジンであった。

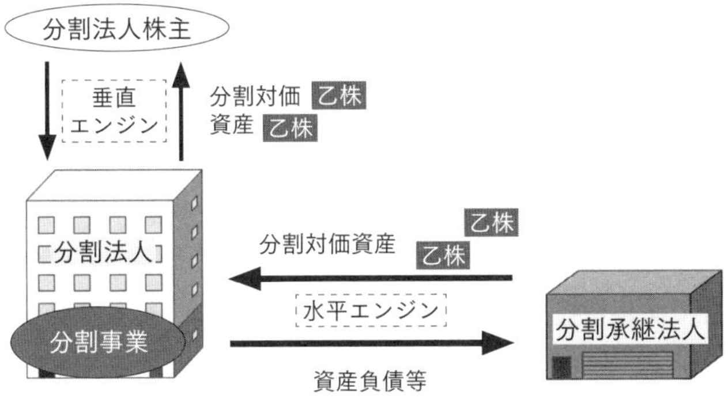

②　平成28年度改正後の直接交付型

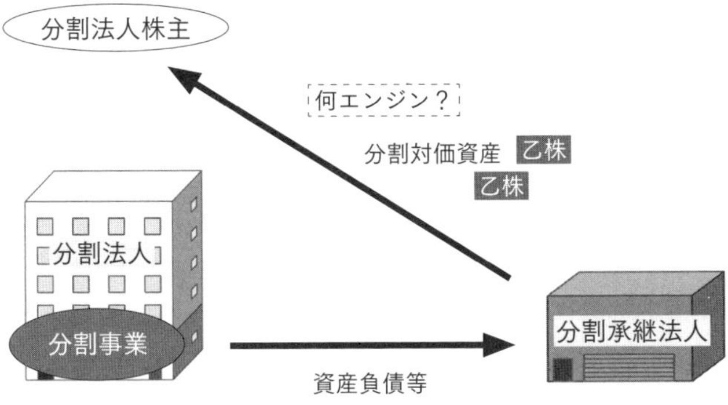

のです。このエンジンで分割対価資産が分割会社の株主に向かって登っていくのですから、つまり垂直エンジンです。

新設分割である場合のエンジンは、新設分割計画（会社法763条）の承認をする新設分割会社の株主総会決議（同法804条）です。この場合、吸収分割の場合と同様に、分割会社から権利義務が分割承継会社に向かい、それに対し分割対価資産が分割承継会社からは新設分割会社に戻ってくるのです。その場合の剰余金の配当をするエンジンは、分割会社に備え付けられている、剰余金配当をするかどうかを決める株主総会決議（同法454条１項）

です。したがって分割会社の垂直エンジンです。

このように、エンジンの性質がまるで違うのです。一つは会社分割をするかどうかの動力です。もう一つは株主に剰余金配当をするかどうかを決めるエンジンです。平成18年施行の会社法はこの両者を綺麗に切り分けたのです。

なお、私がここでいうエンジンとは、「組織再編行為に関する会社の意思」のことです（150頁〈ワンポイント③〉参照）。会社の意思は法律上、一定の法定された手続を遵守することによって決定される株主の意思のことです。株主の意思ですから会社法上の法人税法においても、最も重要な意味を持ちあわせており、いい加減な、根拠のない扱いは許されません。

(D)　分割対価資産が株主に「直接」交付される場合とは？

罪づくりな問題の第二は、法人税法の分割型分割の定義（２条12号の９イ）の後半にある「……分割により分割対価資産の全てが分割法人の株主等に直接に交付される場合」の規定です。「直接に交付」するという意味は、間接ではないということでしょう。間接とは、分割承継会社から交付された分割対価が、一度、分割会社に交付されて、その後、分割対価が分割会社から分割会社の株主に交付されることを意味するはずですから、「直接に」とは、分割承継会社から頭を出した分割対価が、分割会社に交付されることもなく、分割承継会社から分割会社の株主に直接に、つまり左斜め（右斜めでも構いませんが）に上昇して、交付されることを意味するはずです（前頁〈図５〉②）。

ところがです。平成18年に会社法が施行されて人的分割が廃止された時以来、そのようなことは会社法上では、できるはずがないのです。

会社法上、会社分割の種類は、株式会社に権利義務を承継させる吸収分割（758条以下）、持分会社に権利義務を承継させる吸収分割（760条以下）、株式会社を設立する新設分割（763条以下）、持分会社を設立する新設分割（765条以下）の４種類しかありません。このいずれにおいても会社分割に伴い、分割会社から権利義務が分割承継会社に承継され（つまり出資され）、その承継する権利義務に代わって分割承継会社から交付される分割対価資産（株式または持分）は、会計原則に従い、必ず、逆方向に戻り、分割会社に交付されます。（無対価分割を別として）例外はありません。したがって、分割対価資産が分割会社の株主等に、直接に斜めに、交付されることは絶対にありません。これを、これを三角分割という人もいますが、資産負債が移動するには会社株主意思の制度的表現形式であるエンジンが始動しなければならないのです。三角分割を許容するエンジンなど、会社法上あり得ない。会社法上の組織再編行為に関する用語を正確に定義している会社計算規則２条（定義）３項では、その「四十　分割型吸収分割」において、分割型吸収分割とは「吸収分割のうち、吸収分割契約において法（会社法・筆者注）第758条第８号又は第760条第７号に掲げる事項を定めたものであって、吸収分割会社が当該事項についての定めに従い吸収型再編対価の全部を当該吸収分割会社の株主に対して交付するものをいう」と定義しているのです。つまり、吸収分割のうちの「分割型吸収分割」においても、垂直エンジンは吸収分割会社にだけついているのです。吸収分割承継会社についているのではありません。同様に、会社計算規則２条３項の「五十　分割型新設分割」において、分割型新設分割とは「新設分割のうち、新設分割計画において法第763条第１項第12号又は第765条第１項第８号に掲げる事項を定めたものであって、新設分割会社が当該事項についての定めに従い新設型再編対価の全部を当該新設分割会社の株主に対して交付するものをいう」と定義しているのです。つまり、新設分割のうちの「分割型新設分割」においても、垂直エンジンは新設分割会社にだけついているのです。新設分割承継会社についているのではありません。

私の疑問は、この点、会社法上あり得ないことが法人税法上はありうると考えるべきなのか、という点です。

もし仮に、そう考えるべきだとすれば、それでは分割対価資産が分割会社の株主等に、直接に交付される手続、その要件、効力を根拠づけているのは法人税法の何条でしょうか。

しかし、それら根拠規定は法人税法の中にはありません。

法人税法2条12号の9イも同法62条第1項もその根拠規定になることはあり得ません。その要件も手続も効力も、何もわからないからです。そうである以上、これは法人税法の立法上の過誤というほかありません。

⑶　「特定分割型分割」という分割はあり得ない

上記の、分割対価資産が分割会社の株主等に「直接に交付される」形は、法人税法62条で「特定分割型分割」と名称が付されています。この場合、同条によると、いったん分割対価資産は内国法人（分割法人）が分割対価資産を取得し、分割会社の株主等に交付したものとするとされています。しかし、それは会計上はそう考えないとバランスが崩れてしまうから、そう考えることにしますという、いわば言い訳です。会社法上あり得ない「直接に交付される」形が会社法上あることにはできないのです。会社法上は、分割対価はいったん分割会社に入り、それで終わりです。次いで剰余金の配当として交付されることはありますが、それは会社分割とは別の問題です。したがって、会社法上は「特定分割型分割」はあり得ません。

先に検討したように（第2部第3章4⑶①（107頁））、農業協同組合の分割（それは「人的分割」で新設分割組合の組合員が「直接」に新設分割設立組合の出資口を受け取るもの）が法人税法に取り込まれて「特定分割型分割」という、継子の尻拭い、が規定されることになったにすぎません。法人税法は、会社分割の核心部分で、会社法との整合性を失ってしまいました。

⑷　法人税法の混乱の歴史

重要なことは、「人的分割」がなくなった平成18年の会社法施行以降も、法人税法に「分割型分割」という用語を残留させたために、法人税法に、途方もないほど混乱が持ち込まれてしまったことです。

平成18年の会社法施行により、上述のように水平方向のエンジンと垂直方向のエンジンに区別したことによって（この意義は後述します）、また平成29年度法人税法改正によって法人税法は現物分配、株式分配、適格株式分配と、スピンオフの世界が美しい形で広がっていくというのに、「特定分割型分割」などという、斜めに上昇しようと羽叩く醜いアヒルの児を残してしまった結果、平成18年会社法施行以降、法人税法がどのように混乱に陥ったか、会社分割法制が始まった翌平成14年から平成30年まで法人税法がどのように変わってきたかを、表にしてみました（次頁〔表1〕参照）。現行法人税法2条12号の9イも、62条1項も会社法との整合性がなくなりました。

〔表１〕 法人税の混乱の経緯一覧（法人税法組織再編杜撰項目）

分割型分割／年度（平成）	1	2	3	4
	２条12号の９に「分割の日」の記載がある。	２条12の号９に「分割法人の株主等に直接に交付される」の記載がある。	62条１項に「又は分割型分割により」と「又は分割承継法人から」の記載がある。	62条１項に「分割承継法人にその有する資産及び［又は］負債を移転したときは」の記載がある。
14	×	×	○	○
15	×	×	○	○
16	×	×	○	○
17	×	×	○	○
18	○	×	×	○
19	○	×	×	○
20	○	×	×	○
21	○	×	×	○
22	○	×	×	○
23	○	×	×	○
24	○	×	×	○
25	○	×	×	○
26	○	×	×	○
27	○	×	×	○
28	○	○	△	○
29	○	○	△	○
30	○	○	△	○

注：△は、「又は当該分割（特定分割型分割）により」、「又は特定分割型分割に係る分割承継法人から」に表現が変わっている。「特定分割型分割」とは、分割対価資産のすべて

5	6	7	備考
62条1項に「特定分割型分割」の記載がある。	62条1項に「当該内国法人は～取得し、直ちに」の記載がある。	会社法（商法）に会社分割による剰余金の配当の規定がある。	（条文は法人税法）
×	○	×	
×	○	×	
×	○	×	
×	○	×	
×	○	○	会社法と法人税法との連動と混乱の始まり。
×	○	○	
×	○	○	
×	○	○	
×	○	○	無対価分割の登場
×	○	○	
×	○	○	
×	○	○	
×	○	○	
×	○	○	
○	○	○	法人税法の混乱重篤
○	○	○	
○	○	○	

が分割法人の株主等に直接に交付される分割型分割に限ると定義されている。

2 「分割型分割」は必要ない

(1) 「分割の日」とはいつの日か

(A) 法人税法に登場する「分割の日」

法人税法2条12号の9イの「分割型分割」の定義の中に、(無対価分割ではない) 分割型分割とは、「分割により分割法人が交付を受ける分割対価資産……の全てが当該分割の日において当該分割法人の株主等に交付される場合……のこれらの分割」と規定されています。したがって、「分割の日」とは一義的に明快に定義されているものと普通考えられます。

次いで法人税2条12号の10「分社型分割」の定義にも、(無対価分割ではない) 分社型分割とは、「分割により分割法人が交付を受ける分割対価資産が当該分割の日において当該分割法人の株主等に交付されない場合の当該分割」とあります。つまり「分割の日」という基準において、分割型分割と分社型分割とは絶対両立しない関係になるわけです。このため「分割の日」は重要な位置にあります。「分割の日」は一義的に明確になっているものと期待されます。

そのうえ、このことは適格分割でも同じはずです。つまり、法人税法2条12号の11の適格分割の定義を、法人税法施行令まで降り下って凝視しても、この「分割の日」をもって適格分割型分割と適格分社型分割とを区別するという原則が貫徹しており、崩れていません。

ところがです。法人税法にはこれほど重要な「分割の日」がどのように定まるか、定義がないのです。

(B) 会社法の規定では

では会社法で、「分割の日」をどう規定しているでしょうか。

(イ) 新設分割の「分割の日」

会社法に直接「分割の日」を定義する規定も、新設分割の条文中に「分割の日」の定義もありません。しかし、剰余金の配当をする場合の規定には、「新設分割設立株式会社の成立の日」（会社法763条12号）とあり、これを手掛かりに特定することは可能です。持分会社を設立する新設分割でも同様で、「持分会社の成立の日」です（765条1項8号）。

では、「成立の日」とはいつのことでしょうか。

会社法上、会社が成立する日は設立登記の日です（49条、579条）。登記官は受付順に登記する義務を負っていますから、受付日から1週間経過していても、登記官は受付日を登記の日として登記します。このため、登記受付日＝登記の日＝会社成立の日＝分割の日ということになります。

このように、会社法上に関する限り、株式会社においても持分会社においても「分割の日」とは「会社設立の日」として特定することが可能です。

(ロ) 吸収分割の「分割の日」

法人税法2条12号の9号イの「分割型分割」の定義は、「分割により」と文章が始まっており、新設分割と吸収分割を区別していません。このため、法人税法上は吸収分割にも「分割の日」があることになります。

しかし会社法には、吸収分割について「分割の日」の定義はありません。分割の「効力発生日」の定めはあります（同法758条7号）。効力発生日は吸収分割会社と吸収分割承継会社との間で締結される吸収分割契約に定められる「吸収分割がその効力を生ずる日」のことです（同条柱書・7号）。持分会社の吸収分割でも「効力発生日」で（同法760条6号）、同様に契約で定められる効力発生日です。大切なことは、効力発生日は両者間の約束で定められる日だということです。このため、「効力発生日」が吸収分割契約の締結日に一致する場合はまず稀で、両者間で、契約締結日に、たとえば、3日後は、大安だから、その日を吸収分割した日にしましょうよ、と約束したとすれば、その3日後が効力発生日になります。このため、吸収分割では「分割の日」が一義的に定まるわけではありません。

⑵　会社法上は分割ではなく剰余金の配当の日

(A)　「分割型分割の日」は会社法から導かれない

法人税法には分割の日の定義がないのですから、当然「分割型分割の日」の定義もないことになります。

それでは、上記の会社法の規定の検討から、「分割型分割の分割の日」とは分割型分割の設立登記受理の日といえるかといえば、そういえる根拠がありません。

そもそも会社法（法人税法ではない）には「分割型分割」といいう分割の形がないのです。分割型分割の設立登記という概念がなく、定義もないのです。したがって分割型分割の設立登記の日など、決めようがないのです。会社法においては、新設分割についても吸収分割についても、法人税法にいうところの分社型分割しかないのです。

分社型分割の日とは、上記の検討から、新設分割であれば新設分割設立会社の成立の日（会社法763条1項12号）であり、つまり設立登記申請の受付日です。吸収分割であれば、吸収分割の当事者双方の合意によって約定された「効力発生日」（758条7号）です。

そうすると、「分割型分割の分割の日」とは分割型分割の特徴である、株式その他の資産である分割対価資産が分割会社の株主等に交付される日が、分社型分割（物的分割）の日に一致しなければならないはずです。この点は重要なポイントです。

ところがです、会社法（平成18年改正以前までは、法人税法ではない）は分割対価資産が分割会社の株主等に交付されるかどうかは「分割会社」が決めることではなく、そうしたいかどうかは「分社型分割後の」株主らによって構成される株主総会であり、つまりエンジンを切り替えて「剰余金の配当」をなさってください、という構成をとっているのです（758条8号ロ。763条1項12号）。

このため、法人税法上の分割型分割の「分割の日」を定めるためには、原則として、会社法上の「剰余金の配当」の日を検討しないと決められない構造になっています。

(B) 剰余金の配当の日

剰余金の配当（会社法453条以下）の日とは、株主総会（同法309条１項）で、剰余金の配当がその効力を生ずる日（同法454条１項３号）として、株主総会議決によって定められた日、であることは条文上明確です。そして、この剰余金の配当が効力を生ずる日が、上記の分割対価資産が分割会社の株主等に交付される日であることも間違いありません。

そうすると、(法人税法上の）分割型分割の「分割の日」とは、(会社法上の）分割会社株主に分割対価資産が交付される日であり、かつ同時に（会社法上の）剰余金の配当が効力を生ずる日ということになります。そのような日がありうるでしょうか。

(3) 法人税法の規定を検証する

(A) 「分割型分割」はないし、「分割の日」もない

そうすると結局のところ、「分割の日」とはいつなのでしょうか。

（法人税法上の）分割型分割の「分割の日」とは、（会社法上の）分割会社株主に分割対価資産が交付される日であり、かつ同時に（会社法上の）剰余金の配当が効力を生ずる日が唯一ありうるとすれば、（法人税法上の）分割型分割の「分割の日」は独立しては存在しない、という答えが正解です。

つまり、法人税法が２条12号の９イで、分割型分割の「分割の日」と呼んでいる日とは、新設分割でいえば、会社法の新設分割設立会社の設立の日と、会社法上の剰余金の配当が効力を生ずる日とが合致する日しかあり得ない。吸収分割でいえば、会社法の吸収分割の効力発生日と、会社法上の剰余金の配当が効力を生ずる日とが合致する日しかあり得ないのです。

つまり、法人税法は、仰々しく「分割型分割の分割の日」などというが、「分割型分割」などという分割の形は存在しないのです。架空です。単に、会社法上の分社型分割と、会社法上の剰余金の配当とが一緒の日になって

いるというだけにすぎません。

(B)　「分割型分割」と剰余金の配当とは排他的関係にある理由

実は、法人税法の条文上も、「剰余金の配当」から「分割型分割」による株式の配当が明文で排除されているのです（法2条12号の5の2イ括弧書）。なぜ、除外されているかといえば、「分割型分割」という分割対価株式を分割会社の株主まで持ち上げていく上昇動力エンジンなどは存在しないし、「分割型分割」の上昇動力エンジンにみえたその実態は、剰余金の配当決議だったからです。「剰余金の配当」エンジンで上昇しているのに、「分割型分割」というエンジンで上昇するといいうのは、二重であり、ナンセンスだからです。「分割型分割」を設けてしまったために、「剰余金の配当」で「分割型分割」をわざわざ排除せざるを得なかったというオソマツです。

(C)　株式配当、適格株式配当からも分割型分割を排除

同じことは、(「現物分配」の一種である）株式配当でも起きています。

「株式分配」（法2条12号の15の2）の定義においても、株式分配とは現物分配のうちの「剰余金の配当又は利益の配当に限る」とされています。このため「株式分配」は「剰余金の配当」（または利益の配当）に限られ、かつ「剰余金の配当」から「分割型分割による株式の配当」が明文で除外されているのですから、「株式分配」から「分割型分割による株式の配当」が排除されていることになります（法人税法2条12号の15の2）。

また当然「適格株式分配」からも分割型分割による株式の配当が排除されることになります（法人税法2条12号の5の3）。

結局、会社分割によって分割会社の株主に分割承継会社の株式等を分配する世界からは、「分割型分割」は排除されているのです。

吸収分割の場合においても、吸収分割対価資産である吸収分割承継会社の株式が吸収分割会社の株主に交付されるためには、「分割型分割」によることは全く不可能であり、別のエンジンである吸収分割会社の剰余金配当のための別の株主総会議決がどうしても必要になるのです（会社法758条8号ロ、454条）。

(4) スピンオフへ

(A) 分割対価資産を「分割の日」に交付することに意味はない

スピンオフは、会社分割法制が、平成13年以降の長い激動の歴史を潜り抜け、企業組織の効率的な再編技術の確立に向けて、前進しようとしている新しい門出に立つ技術です。スピンオフは、分割会社の株主が、いわば、左手に分割会社の株式を、右手に分割承継会社の株式を持って立つ、均整のとれたバランスのよい世界です（スピンオフについては、第Ⅳ部で詳説します）。

分社型分割と剰余金の配当は、まさに会社法が遺した会社分割法制の嫡出子です。この嫡出子が、現物分配と株式分配という未来の組織再編の入口に立つ二つの形に接するとき、法人税法は、会社分割の世界では独自性を喪い、会社法に統一されるほかないのです。

よく考えれば、分割対価資産を「分割の日」に、一気に、分割会社の株主等に交付してしまうことに特別の意味があるとは考えられないのです。アメリカ法ではスピンオフの定義の中に「分割の日」に分割対価資産を一気に分割会社株主等に交付してしまうことは、入ってはいません。

現物分配（法人税法２条12号の５の２）からも、株式分配（同条12号の15の２）からも、適格株式分配（同条12号の15の３）からも、分割型分割が排除されています。したがって、「分割の日」に分割対価資産が一気に分割会社株主に交付されなければならないわけでは、まったく、ありません。一日や二日、遅れても、また一週間遅れても、スピンオフができない理由はまったくありません。分社型分割をした後、おもむろに、垂直エンジンを発動させればよいのです。

分割の日に分割対価資産は分割承継会社から受領したが、その後気が変わり、剰余金の配当はしばらく待とうと判断しても、何の問題もありません。分社型分割だけをまずしておき、分割承継会社に必要な行政法上の認可、許可を取り付け、あるいは新規事業のための設備投資に時間をかけて完備したのち、スピンオフを実行したほうがよい場合にも十分対応できます。

(B)「剰余金の配当」は「分割型分割」から解放された

「分割の日」に分割法人の株主に完全子会社（新設分割承継会社）の分割対価資産（株式）を一挙に、ただし、垂直に、交付し、かつ交付を完了してしまう分割型分割（法人税法2条12号の9イ）が法人税法に登場したのは平成18年の法人税法改正が初めてでした（旧法人税法2条12号の9）。しかし、この法人税法改正の時点では現物分配の定義が規定されておらず、したがって「剰余金の配当」の定義もありませんでした。当然「剰余金の配当」から分割型分割を除くという規定もなかったのです。

しかし一方、会社法以前の商法の時代から、吸収分割についても新設分割についても分割承継会社の株式が分割会社の株主に交付される、という意味での分割型分割の規定はありましたし、同様商法には現行の会社法454条と同内容の「剰余金の配当」の規定もありましたから、平成18年改正の下において、分割承継会社の株式を「剰余金の配当」として分割会社の株主に交付するときは、「分割型分割」の適用があるかどうか、つまり、「分割の日」に分割対価資産（株式）を一挙に垂直に交付する「剰余金の配当」をしなければならないのか、判然とはしなかったのです。

ところが平成22年の法人税法の改正により、現行法と同様、分割の日に分割対価資産をすべて分割法人の株主に交付しなければならない「分割型分割」の定義が規定され、同時に「剰余金の配当」（法人税法2条12号の5の2イ。改正当時は12号の6イ）の定義も規定され、配当されるものは株式（または出資）に限られ、かつ分割型分割が剰余金の配当から除かれました。つまり、「剰余金の配当」は、「分割型分割」から解放されることによって、同時に「分割の日」からも解放されていたのです。

こうして、「剰余金の配当」は、分社型分割（この形は文句なしに初めからあります）に結びついて、会社法と並んでスピンオフが、そしてスプリットオフが、そしてスプリットアップ（第Ⅳ部で詳述します）が花開く準備が整ったのです。このスピンオフ、そしてスプリットオフ、そしてスプリットアップの三類型こそが組織再編行為の、桜であり、牡丹であり、芍薬(しゃくやく)なのです。会社分割の技法はこれら華麗なる大輪の花の基底部を支える花壇なのです。

(5) 法人税法は改正するよりほかに道はない

今までの議論を整理しましょう。混乱の原因は、次のように整理できます。

① 法人税法上の「分割型分割」と同法上の「分社型分割」とは、「分割の日」で相排斥し合い、理論上両立しないとするところに第1の原因があります。

② 次いで、法人税法の規定の矛盾です。

実務では（全部取得条項付種類株式を使わないで）新設分割をして、甲会社の株主に乙株式を交付する剰余金の配当をするときは、会社法上、分割の形は分社型分割の一つしかないため、会社分割の形を特定する必要がなく、単に新設会社分割するとすれば十分なため、「分割設立会社成立の日に、乙会社株式を甲会社の株主に剰余金配当します」旨を含む分割計画書を甲会社の1回の株主総会で議決する方法をとるのが通常の実務です。

これは、会社法から見れば454条の剰余金の配当のための株主総会を本来なら開かなければならず、その記載もしなければならないところを、ただ省略したのだろうといえないこともなく、その非論理性を問い詰めることもせず、この記載で登記所も文句はいわないため、何となく通っているだけのことです。

しかし、法人税法から見れば、論理的説明不可能な行為です。なぜなら、「分割の日」に分割会社の株主に（現物分配により）剰余金の配当をしようとしても、剰余金の配当の規定には分割型分割によるものは除くと明文で定められているからです（法人税法2条12号の5の2イ）。

③　そのうえ、第３番目に、上記の②では、実務では、新設会社分割で同時に剰余金の配当をするとき、会社法上会社分割の形は分社型分割の型しかないため、「分割設立会社設立の日に、乙会社株式を甲会社の株主に剰余金配当します」旨を含む分割計画書を甲会社の１回の株主総会で議決する方法をとるのが通常ですと書きましたが、これも法人税法から見れば不可能なことをしているのです。なぜなら、法人税法では２条12号の10イで、「分社型分割」では、「分割対価資産が当該分割の日において当該分割法人の株主等に交付されない」と定められているからです。

このように、登記実務も法律の規定に反するイイ加減さですが、法人税法を統一的に説明することは不可能です。

会社法と法人税法との整序がなされる必要があります。

④　「分割型分割」は株式分配（法人税法２条12号の15の２、12号の15の３）から排除されている（同法２条12号の５の２イ）うえ、「分社型分割」は（無対価分割を除き）「分割の日」には（分割対価資産を剰余金の配当として分割会社の株主に交付する）株式分配をすることはできません（同法２条12号の10イ）。したがって、株式分配を基礎として発展し、花開くスピンオフを基礎とする組織再編の世界から見て、「分割型分割」は役に立たないし、「分社型分割」は「分割の日」より後の日に剰余金配当をする場合にしか役に立たないのです。この点からも法人税法はやはり欠陥品です。

⑹　まとめ

(A)　分社型分割＋剰余金の配当で十分

法人税法に「分割型分割」がなくとも、会社法に剰余金の配当に関する条文（445条など）が存在する以上、分社型分割だけで十分です。分社型分割を完了したうえ、吸収分割ないし新設分割の「分割の日」か、その翌日以降に、分割会社の株主に対して分割承継会社の分割対価資産を交付する手続を完了すればスピンオフの世界は開けます。

(B) 分割型分割の規定は不要

法人税法、特に法人税法施行令の４条の３の５項から９項にかけて「分割型分割」という用語が再々使われています。しかし、会社法上、新設分割であれば同法763条１項柱書・12号ロで計画しておき、764条１項と454条で実行することによって、「新設分割会社成立の日」に、まさにその同じ日に、新設分割設立会社の株式全部を分割会社の株主に交付することができるのですから、法人税法が新たに「分割型分割」を創設する必要はまったくない。つまり、「分割型分割」がなくともスピンオフの世界は開けるのです。

第Ⅳ部

スピンオフ、
スプリットオフ、
スプリットアップ
の世界へ

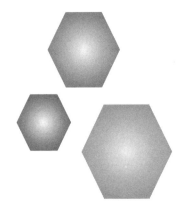

第１章　バラ色の会社分割（平成29年法人税法改正）

1　本書後半の内容

ここまで、主として、戦略的会社分割の理論の基礎的部分について述べてきました。本書はここから後半に入り、会社分割の戦略的、実践的世界に入ります。

そのとば口で、本書が以下の第Ⅳ部の内容をどのような観点から論ずるかを、簡略に予告します。

(1)　支配関係による適格会社分割

まず、平成29年度改正法人税法が力を入れている完全支配関係がある場合の適格会社分割と、同一の者による支配関係がある場合の適格会社分割に簡単に触れておきます（本章２（209頁））。

このような世界では、支配関係が安定的に存在していることが前提でしょう。大規模企業グループ内の組織再編成技法の性質が強く、剰余金の不平等分配とか種類株式に結びつく要素がなく、相争う利害関係の世界の技法ではありません。このため、戦略的な会社分割技法に発展する可能性は低く、この意味で退屈な世界です。この10例を最初に簡単に図示して短い説明を加えます。

⑵　スピンオフ

二番目に、平成29年度改正法人税法が整理し始めたスピンオフの使い方の検討に入ります（第2章1（221頁））。この世界は、きわめて奥が深く、厳しく利害関係が対立する世界にも対応できる可塑性を持っており、戦略的な会社分割技法に発展していく世界です。この世界においても、法人税法は「分割型分割」に重要な位置を与えています。「分割型分割」は、立法関与者の意図としては会社分割と株式分配の世界の一体化を意図した技法でしょうが、「分割の日」その日限りにしか役に立たない方法ですから、会社法に深く根を下ろしている剰余金の不平等分配とか複雑な種類株式に対応できるはずがなく、スピンオフの世界が始まっても主役にはなれません。

このため、スピンオフを「分割型分割」の発展形態としてとらえることはできず、分社型分割と剰余金の配当の結合を基礎とする発展としてとらえるほうが本筋でしょう。会社分割の本籍地は会社法であって法人税法ではないことを再度強調します。法人税法が規定するスピンオフは分割型分割だけでなく、分社型分割と剰余金の配当で十分実現可能です。「剰余金の配当」によって、複雑なスピンオフを実現することができること、そしてさらにスプリットオフやスプリットアップにすぐつながっていくことができることを強調します。

⑶　スプリットオフ～戦略的な会社分割技法に発展する可能性

三番目に、スプリットオフを検討します（第2章2（240頁））。会社法には平成18年から規定がありますが、法人税法では検討が加えられてきませんでした。スプリットオフというのは、甲会社が会社分割すると同時に甲株を失い、それと交換に乙株を手に入れる形です。スピンオフが甲株を所持しながら乙株を手に入れるところに特徴があるのに対し、スプリットオフは甲株を失って、それと交換に乙株を手に入れるところに特徴があります。瞬時に甲株と乙株が入れ替わるのです。それだけでなく、スプリットオフによる対価資産の種類の多さと、スプリットオフによる剰余金の配当の仕方の種類の多さとを組み合わせれば、株式分割の世界は「バラ色の会社分割」といいうるほど多様な需要に応じて色華やかに開花してゆくことは必定です。

このような展開が法人税法上の技法によって実現できるのではなく会社法上の技法によって実現できるという事実は、法人税法上の会社分割技法の劣位性を示しているというべきでしょう。それは税法適格の限界でもあります。法人税法では適格分割を中心に条文が構成されています。それは税法の性格上、当然といえば当然でしょうが、しかし適格にこだわると分割の様式が発展性を失うのも確かです。会社分割を考えるにあたって節税の考慮が大切であることを否定しようとは思いませんが、税金は目的実現のためのコストであると割り切って、求められている会社分割の戦略的目的の実現に向けて会社法の条文にそった設計をし、次に税務を考えるという姿勢が要請されると考えます。

本書はそのような考え方から会社分割の技法の中に、多数の少数株主を一つの株主にまとめる技法として一般社団法人を設立し、それに民事信託契約を用いる方法、それに株式発行会社に向かって株式権を放棄する考え方を導入するよう提案します。

⑷　スプリットアップ

四番目はスプリットアップです（第２章３（248頁））。近い将来会社法にも法人税法にもスプリットアップが登場すると予想されます。スプリットアップとは、親会社である甲会社が子会社である乙会社を切り出すと同時に自らは解散して消滅してしまう形です。会社法にも法人税法にも、この分割の形を認める特別の規定はありません。しかし、非適格100対０の株式分配ととらえ、スピンオフの一類型と考えれば理解は容易なはずです。それにスプリットアップと同類ととらえることが可能な合併類似適格株式分配（合併類似適格分割型分割ではない）もここで検討します。

いずれにせよ、スプリットアップは、繰越欠損金の引継ぎは容認しないでしょうが、将来は法人税法でも適格の一種と位置づけられることになるだろうと思います。

⑸　スクイーズアウト

平成29年度改正法人税法で登場した適格であっても現金対価を用いることができるスクイーズアウト（第2章4（254頁））については、いずれも現金を用いて無理やり敵対的相手を会社外に追いやりながら、それでも適格であるという、驚くべき想念の飛翔を実現した世界ですから興奮ものです。

しかし、その内容の驚異性に反し、技法としては全部取得条項付種類株式を用いる形も、株式交換、株式の併合も、敵方を端株に追い込み、端株処理を用いる技法です。しかも株式売渡請求も含め現金買取の退屈な技法です。現金を出すのであれば、大抵のことは実現できます。それに、いずれも会社分割を用いるものではありません。全部取得条項付種類株式を用いる形一つを扱えばそのほかの形は理解できますから、他は扱いません。

組織再編の世界を扱おうとすると、誰でも抱く共通の悩みがあります。それは税法上の適格に該当するよう組み立てることには成功したが、会社法上の反対株主買取請求権が登場してくることです。法人税法では「おいしい」適格組織再編の要件が規定されており、よしこれで適格で組織再編行為を実行できると思ったとたん、会社法上の反対株主買取請求が必ず顔を出してきます。このため結局は当事者同士の協議によって株式を買い取らされるか裁判所で「公正な価格」決定を受けることによって課税は逃げられないのだと嘆息し天を仰ぐという、法人税法と会社法とが共謀しているカラクリです。特に組織再編行為の内でも技術的に難しいスクイーズアウト技法を考え出すことに成功したと思った途端、この共謀に出合うとがっくりきます。組織再編行為などといってみても、所詮は現金を憎い敵方に支払うか、国税当局に支払うかの違いではないか、と。

そこで本書は考え抜き、憎い敵も追い出せるスクイーズアウトを「事実上」実現しながら反対株主買取請求権も働かない方法にたどり着きました。それが「心中スクイーズアウト」の技法２件です。法人税法の課税がなくなるわけではありませんが、検討に値する場合がきっとあると思います。

⑹　第Ⅴ部「和菓子屋草薙事件」

本書最後の第Ⅴ部「和菓子屋草薙事件」では、再度、本書の主要なテーマに戻り、戦略的会社分割の真髄は、会社を二つに分けることにあること、会社を二つに分けることの意義は、キャッシュフローを確保することにあることを実際の私が経験した実例に基づいて再説します。

それは、事業の再生を実現する会社分割と民事再生を結びつけた、大がかりな会社分割のお話です。現在までの会社分割技法の到達点ではないかと思います。理論上の話ではなく実務的に実現可能なのだということ知ってもらいたいため、実際に裁判所で実行した実例に基づき、それに匿名性維持のための加工を加え、実際の手続がどう流れていくのかを知ってもらいたいということもあり、物語形式でお話しします。

2　平成29年度法人税法改正を踏まえた適格分割

(1)　完全支配関係がある場合の分割

適格分割の規定は法人税法２条12号の11で、そのイで完全支配関係がある場合が規定されています。そして、完全支配関係の意義は政令（同法施行令）で定められています。そこで、以下、完全支配関係について、同法施行令の規定に従い説明していきます（図の甲会社は分割会社、乙会社は分割承継会社を示します)。

〈図６〉　完全支配関係のある会社間の適格分割(1)――吸収分割①（法人税法２条12号の11イ、同法施行令４条の３第６項１号イ）

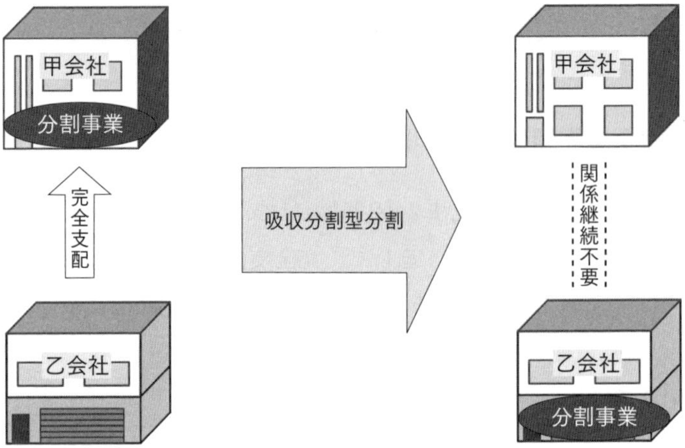

〈図７〉　完全支配関係のある会社間の適格分割(2)――吸収分割②（法人税法２条12号の11イ、同法施行令４条の３第６項１号ロ）

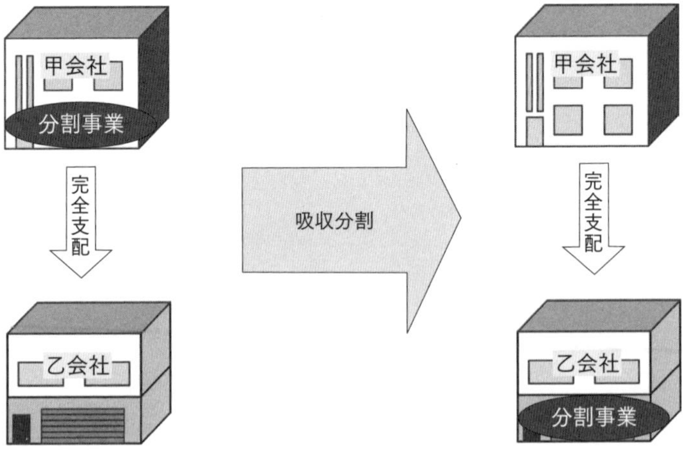

〈図６〉の意味は、乙が甲を完全支配している場合に、乙が甲を無対価で吸収分割（条文では「新設分割以外の分割型分割」と意味不明な表現を使っている）すれば、分割完了後は甲と乙との関係の継続がなくなっても分割の適格は維持されるという意味です（法人税法施行令４条の３第６項１号イ。平成29年度改正）。

〈図７〉の意味は〈図６〉と反対に、甲が乙を完全支配しているときは、無対価分割で分割後に、いずれか一方の法人による完全支配関係が継続するときは、甲と乙との関係は適格という意味です（法人税法施行令４条の３第６項１号ロ）。

〈図８〉　完全支配関係のある会社間の適格分割(3)――単独新設分割（法人税法２条12号の11イ、同法施行令４条の３第６項１号ハ）

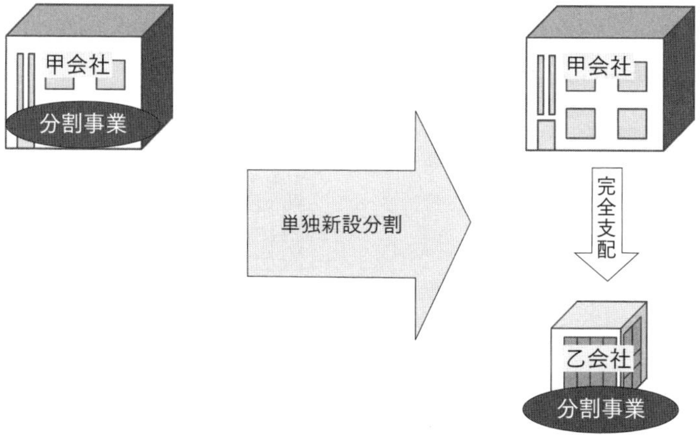

〈図８〉の意味は、単独新設分割で、分割後に甲が乙を完全支配する関係が見込まれる場合には、甲と乙との関係が適格であるということです（法人税法施行令４条の３第６項ハ）。乙は甲の子会社になる分割の形（分社型分割、物的分割）であるから、しごく当たり前の話。

〈図９〉　完全支配関係のある会社間の適格分割(4)――複数新設分割①（法人税法２条12号の11イ、同法施行令４条の３第６項１号ニ(1)）

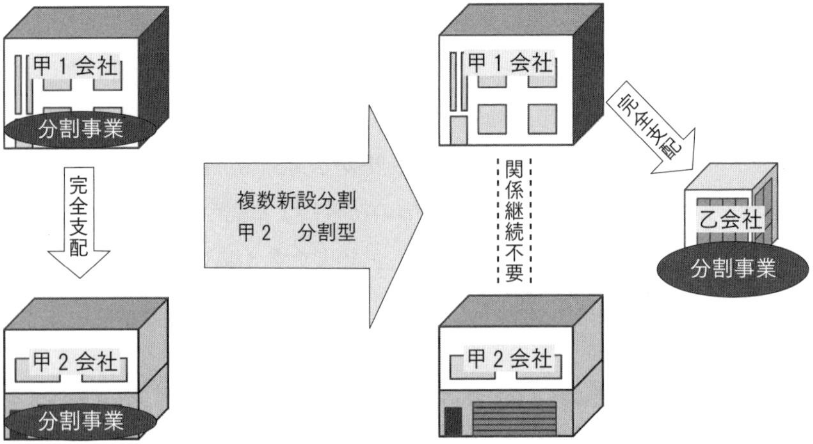

〈図10〉　完全支配関係のある会社間の適格分割(4)――複数新設分割②（法人税法２条12号の11イ、同法施行令４条の３第６項１号ニ(2)）

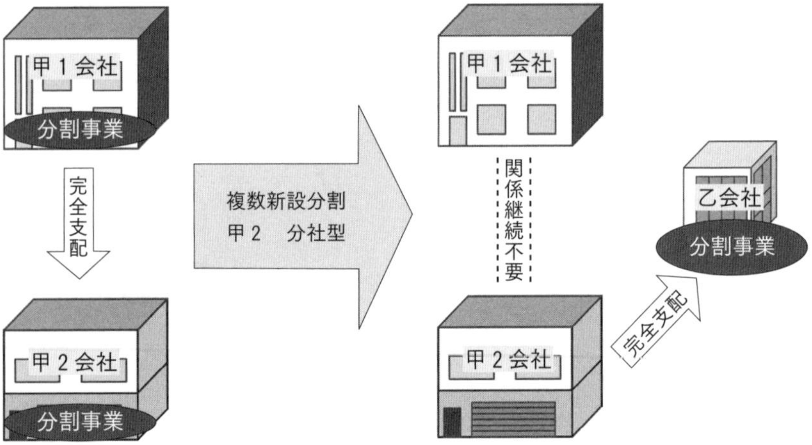

複数新設分割であって分割前に両者間にどちらかが株主として完全支配関係がある場合に、〈図９〉は、甲１と甲２のうち、たとえば甲２が分割型分割をして分割対価を甲１に交付してしまっている場合に、甲１が分社型分割をして乙との間で完全支配関係が続くと見込まれるときは、甲１と甲２との関係は継続しなくとも適格関係は崩れない、という意味です（法人税法施行令４条の３第６項ニ(1)。平成29年度改正）。関係継続不要という意味は、甲１は甲２株を処分しても適格は崩れないということでしょう。

〈図10〉は複数単独新設分割であって分割前に両者間に完全支配関係がある場合に、甲１と甲２のいずれもよいが、一方が分社型分割によって乙を新設し、他方が分割型分割によって乙を分割承継法人としたとき、甲２と乙の間に完全支配関係が続くと見込まれるときは、甲１と甲２との関係は継続しなくとも適格関係は崩れない、という意味です（法人税法施行令４条の３第６項ニ(2)）。しかし、このような適格関係に現実的な意味があるのでしょうか。

⑵　同一の者による完全支配関係がある場合の会社分割

分割前（単独新設分割の場合は分割後）に同一の者による甲（分割法人）と乙（分割承継法人）（複数新設分割の場合は甲１と甲２）に対する完全支配関係がある場合で適格となる分割です（平成29年度改正。前図に優先する）。以下、法人税法施行令に従って説明します。

〈図11〉　同一の者による完全支配関係のある会社間の適格分割⑴――吸収分割①
（法人税法２条12号の11イ、同法施行令４条の３第６項２号イ）

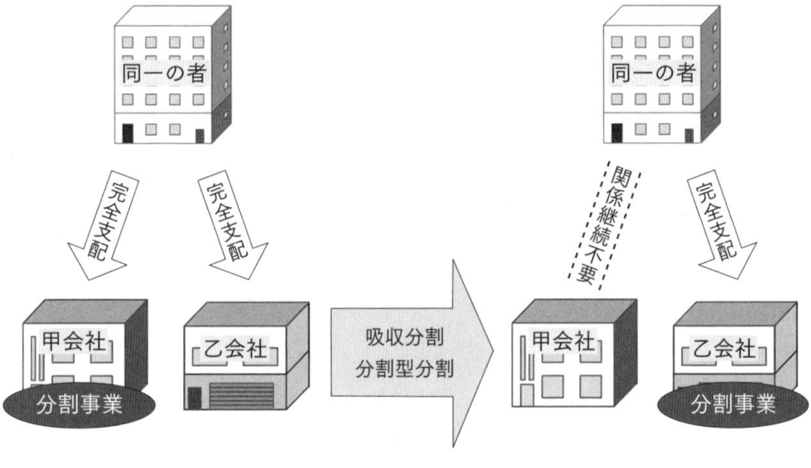

〈図11〉は、分割前に同一の者により甲、乙に対して完全支配関係がある場合に、吸収分割の分割型分割または無対価の分割型分割がなされ、分割後にその同一の者と乙との間に完全支配関係継続が見込まれているときは適格となるという意味です（法人税法施行令４条の３第６項２号イ）。

最終点：甲と乙との関係

最終点という意味は、長い組織再編手法の最後に判断する対象という意味です。それが、甲と乙との関係は何もなくとも、分割の適格関係は崩れないという意味です。

〈図12〉　同一の者による完全支配関係のある会社間の適格分割(2)——吸収分割②
（法人税法２条12号の11イ、同法施行令４条の３第６項２号ロ）

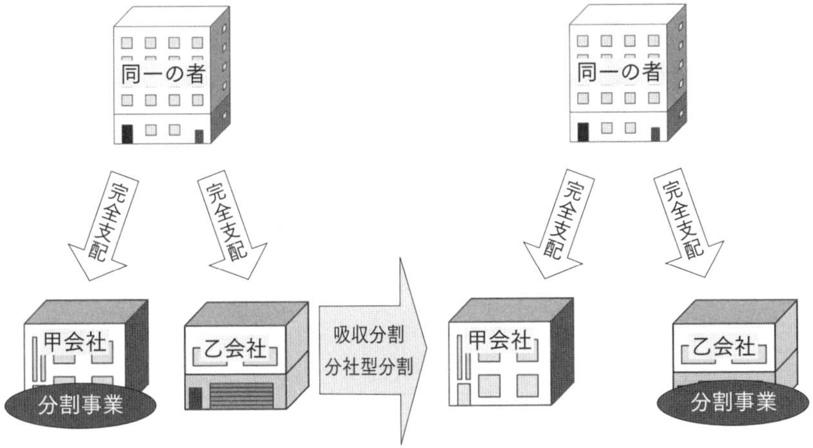

〈図12〉は、分割前に同一の者により甲、乙に対して完全支配関係がある場合に、吸収分割の分社型分割がなされ、分割後にその同一の者と甲および乙との間に完全支配関係の継続が見込まれているときは適格になるという意味です（法人税法施行令４条の３第６項２号ロ）。

最終点：甲と乙との関係

最終的に甲と乙との関係が図示したような関系であれば適格は崩れないという意味、当然のことでしょう。

〈図13〉　同一の者による完全支配関係のある会社間の適格分割(3)――単独新設分割①（法人税法２条12号の11イ、同法施行令４条の３第６項２号ハ(1)）

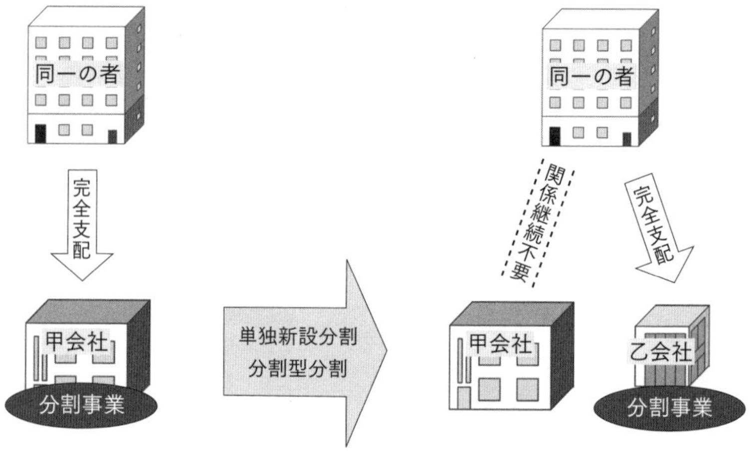

〈図14〉　同一の者による完全支配関係のある会社間の適格分割(4)――単独新設分割②（法人税法２条12号の11イ、同法施行令４条の３第６項２号ハ(2)）

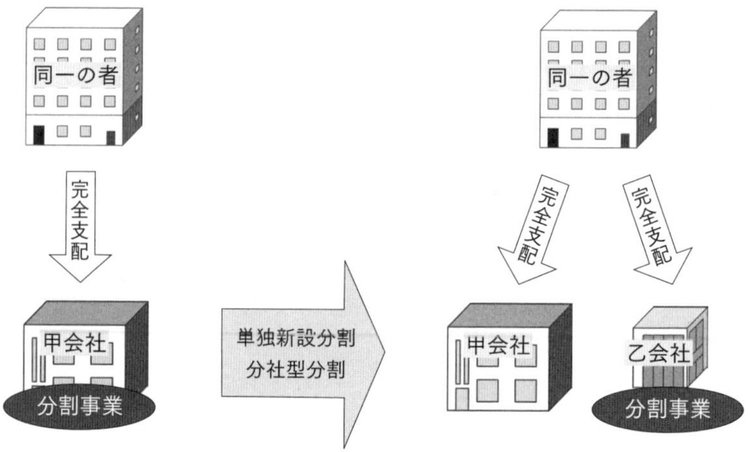

〈図13〉は、同一の者が完全支配する甲の単独新設分割型分割で、分割後にその同一の者と乙との間に完全支配関係の継続が見込まれているときは適格になるという意味です（法人税法施行令4条の3第6項2号ハ(1))。

　　　最終点：同一の者と乙との関係

最終的に甲と乙との関係が図示したような関係であれば、同一の者が甲との関係を第三者に向かって売却したとしても適格は崩れないという意味です。

〈図14〉は、同一の者が完全支配する甲の単独新設分社型分割で、分割後にその同一の者と甲および乙との間に完全支配関係の継続が見込まれているときは適格になるという意味です（法人税法施行令4条の3第6項2号ハ(1))

　　最終点：甲と乙との関係

最終的に図のような関係であれば適格は崩れないということです。

〈図15〉　同一の者による完全支配関係のある会社間の適格分割(5)――複数新設分割
（法人税法２条12号の11イ、同法施行令４条の３第６項２号ニ）

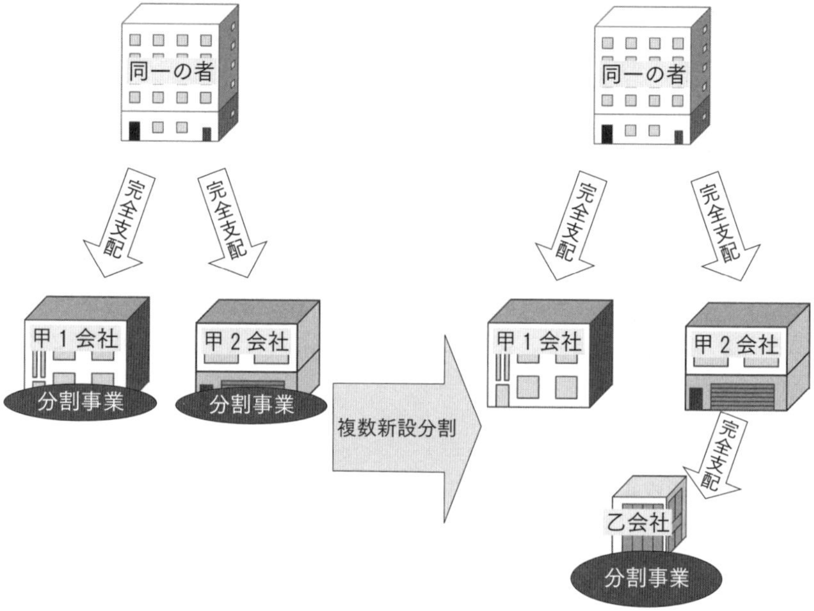

〈図15〉は、同一の者が完全支配する甲１および甲２の複数新設分割で、分割後にその同一の者と甲１および甲２、乙との間に完全支配関係の継続が見込まれているときは適格になるという意味です（法人税法施行令４条の３第６項２号ニ）

最終点：甲１と甲２と乙との関係

上記の〈図６〉から〈図15〉の図10枚では、甲は分割会社を乙は分割承継会社を示しています。また、いずれの図でも甲と乙との間、あるいはいずれかに完全支配関係がある場合のものです。上記の図いずれにおいても最終点と示したものは法人税法が適格であると規定している部分を示しています。

上記の〈図15〉は条文が不親切で、条文に明示していませんが、甲１と甲２のうちどちらが分割型分割でも分社型分割でもよい意味です。上記図では甲１が分割型分割を甲２が分社型をした図になっています。

上記〈図６〉から〈図15〉のいずれにおいても、完全支配関係がある場合ですから、大規模企業以外ではまず実際にはめったにない支配関係でしょうし、あったとしても企業グループ内部の組織再編に利用することがある程度でしょうから、上記のように税法適格の会社分割の形を規定しても役に立つ分野は広くはないでしょう。中小規模企業でも完全支配関係がある場合は、やはり事例は少ないでしょう。

ところで、法人税法で完全支配関係といっている関係は、事例数としては多くはないはずなのですが、このような事例には、どのような法的問題を含んでいるか、検討を要します。

完全支配関係とは、最高裁判例における慣用語に引き直せば「一人会社」にあたります。株主が一人（ないしは複数人がいても全員が近親同族であるため一人とみてよい場合）のときを最高裁は「一人会社」という表現を用いています。学説でもこの表現が定着しています。問題は「一人会社」について、最高裁が大変「甘い」態度をとり続けていることです。完全支配権を掌握している一人の株主が会社法上の諸規定、たとえば利益相反行為、株主総会招集通知、譲渡制限株式についての承認などについて、たとえば、会社に残存する唯一の財産を一人株主が廉価に自己自身に売却してしまっても（自己取引）、株主総会の通知を出さなくても出したことにし、株主総会を開かなくても開いたことにしてしまっていますし、譲渡制限株式が会社の承認なく譲渡されたとしても承認はあったとしてしまっているのです。

最高裁判例の背後に流れている思想は、会社は株主のものであるという考え方であることは見えやすいところです。しかし、「会社は株主のモノ」であるとしても、会社はこの経済社会に一人で生きているわけではありません。問題があるのは、債権者がいる場合です。特に深刻なのは会社が債務超過で倒産状況にある場合です。資本がマイナスである以上、「株主のモノである会社」はすでに存在しなくなっています。それどころか「会社はすでに債権者のモノ」に転化しているというべきでしょう。そのような場合であっても株主が一人しかいないのだから、何をしても許されるのだといえるでしょうか。倒産状況下でも債権者は、一人株主が会社財産を処分して自己の懐にいれるのを我慢して見ていなければならないのでしょうか。最高裁は債務者会社が債務超過で倒産状況にある場合にも「一人会社」の論理が許されるのか、について結論を出していません。学説も沈黙しています。私は裁判で、債務超過か倒産状況にある場合には「一人会社」の論理を制限すべきだと主張し続けてきました。

そのような状況ですから中小規模企業における完全支配関係がある場合における「一人会社」を支配する「一人株主」は、税法適格にしたい一心で、上記の事細かい規定をものともせず、これを利用しようと無理でも上記の図のどれかに押し込めようとしてくるでしょう。法人税法の立法関係者は「一人会社」をめぐる理論状況がこのように危うい状況であるのを知って「完全支配関係」がある場合の適格条件を拡大しようとしているのでしょうか。そうではないと思います。「完全支配関係」といってみても、風の中に揺れ動く葦のごときもので、債権者との関係を考えれば、特に意味のある概念ではないのです。債務超過の場合であっても「一人会社」の論理は成立すると強調する環境の中では、会社を支配する一人株主が会社分割の技法を利用して債権者銀行を欺瞞し、かつ債権回収の見通しがないことから債権額による損金算入を承認させられる国税当局をも瞞着して、その結果「親族外事業承継」の実現がきわめて困難になりかねないからです（第Ⅱ部第４章２「〈物語〉騙しの事業承継――会社分割と『一人会社』」（120頁）参照）。法人税法においても「完全支配関係」があったとしても債務超過の場合には適格にはならない場合があることを立法化すべきだと考えます。

第２章　戦略的分割技法

1　スピンオフ

(1)　二系統あるスピンオフ

スピンオフには、大きく分けて二つの型があります。

一つは、甲会社の資産負債が水平に（別に、上下でもよいのですが、水平のほうがわかりやすいでしょ、という程度の意味）外部に出ていき、その資産負債を原資に新しく乙会社が新設され、あるいは既設の会社に吸収され、それと引き換えにその新設会社あるいは既設会社（乙会社）から乙会社株式が、価値不変の法則に従い、水平に甲会社に戻っていき、次いで乙会社株式が甲会社の株主に向かって上に登っていき、甲会社の株主は甲会社株式を保持したまま、乙会社の株式も手に入れる、という会社分割の形です（人的分割ともいう型)。これがスピンオフです。したがって新設分割にも吸収分割にもスピンオフがあります。ただ吸収分割のスピンオフは、形が綺麗ではありませんから、めったに使いません。

スピンオフは、甲会社の株主が、甲会社の株主であると同時に新設あるいは既設の乙会社の株主にもなるわけです。甲株主は乙株主にもなるのです。これが同時に法人税法上の「分割型分割」です。このため、普通、「分割型分割」のことをスピンオフと呼んでいます。

もう一つの形は、株式分配（法人税法２条12号の15の２)、適格株式分配（法

２条12号の15の３、同法施行令４条の３第16項）です。このスピンオフは、会社分割とは切り離された株式の「現物分配」の一形態として規定されており、子法人を完全支配している親法人がすでに保有している子法人の株式の全部を親法人の株主に「現物分配」を用いて移転するところだけの構成になっています。

このように、現行法のスピンオフには分割型分割スピンオフと現物分配型スピンオフ（法人税法型スピンオフと会社法型スピンオフ）の二系統があるため、なんだかスッキリしないのです。

⑵　スピンオフの特徴――そしてスプリットオフ、スプリットアップ

スピンオフの特徴は、甲株主は右手で甲会社を支配し左手で乙会社を支配しているともいえるわけです。一人（複数でもよい）で兄弟関係にある二つの会社を支配している形です。

ところが、いま甲が会社分割して甲会社と乙会社に別れ、甲株主は会社分割によって甲株式を失うと同時に一挙に乙株主になる分割の形があります。これをスプリットオフと呼びます。単独であった一つの会社（甲会社）が甲会社と乙会社の二つに分かれる（スプリット）と同時に、先ほどまで甲会社の株主であった甲株主は甲株式を失い、それと引き換えに、乙株式を与えられ乙会社の株主になりかわるのです。日本では全部取得条項付種類株式を用いて甲会社が甲株主から甲株式を取得して自己株式とし（したがって、瞬間的に甲株主は株式を持たない状態になります）、同時に分社型分割された乙会社の乙株式が甲会社に交付され、それが（甲株式を失っている）甲株主に交付される方法をとります。それを同時に瞬時に行います。この交換が起きた瞬間を時間を止めて観察すると、甲株式が甲会社のお腹の中に入って自己株になってしまい、甲会社の株主がいなくなっています。では甲会社はどうしたらよいでしょうか、という次の問題が発生します。このようにスプリットオフには前半の次に後半のお話があるのです。

上記のスピンオフで甲株主が甲会社の資産負債の全部を乙会社に移転し乙会社だけを残して甲会社を空っぽにし、甲会社を解散してしまう形をスプリットアップといいます。しかし日本には会社法にも法人税法にもスプリットアップという言葉がありませんし、スプリットアップの条文も定義もありません。平成22年までは合併類似分割型分割と呼んでいる形がありました。いまは、この言葉は教科書にもありません。ただ平成22年の法人税法改正までは合併類似分割型分割をするときは繰越欠損金の引き継を認めていたのですが、同年の改正でこの形自体が廃止されてしまいました。

(3)　スピンオフ直前の適格分社型分割

では、スタート時点に帰りましょう。まず、スピンオフ直前の形である適格の新設分社型分割の形を下記に図示してみましょう（下記図で、Ⓐ、Ⓑは株主を示し、──►は株式関係を示します）。

〈図16〉　スピンオフ直前の適格分社型分割（法人税法２条12号の11イ、同法施行令４条の３第６項１号ハ）

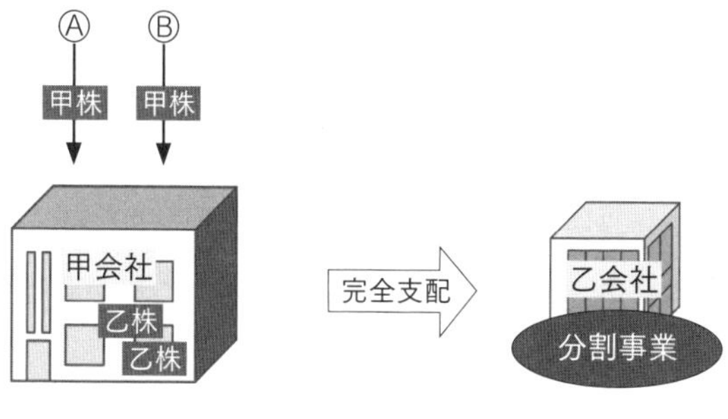

ⒶとⒷは、甲会社の株主は複数いることを示しています。乙会社に網掛けの付いている楕円があるのは甲会社の中にあった事業が分割承継会社乙に移転していることを示しています。乙株は分割後は甲会社が分割対価である乙会株式の全部を持っていることを示しています。法人税法はこれ

を完全支配関係があると表現しています。完全支配関係が継続する以上、この会社分割は税法適格です。

この図は、スピンオフとはどういう形であるかについて理解を求めるため、スピンオフ直前の形を示しています。図としては、甲会社の資産と負債が乙会社に出ていき、それと同価値の乙会社株式が甲会社に交付されたというだけで、単純すぎて、重要性が伝わってきません。会社分割という技術は、事業活動をいったん停止させてから分割するのではなく、会社として生きており、事業活動している活動体を、白昼に、生きているまま、資産と負債と対外的契約と従業員たち人と一緒に、二つに分ける技術だという点がポイントです。

出ていったモノは図の上では資産と負債と書きますが、法的には、契約締結交渉中の当事者としての法的地位とか「のれん」とか、それに甲が当事者として多数の相手との間で締結している包括的契約に基づく権利義務など、さまざまな不可視なものがあります。甲会社が乙会社に承継される当該事業について甲が第三者と約束していたすべての法的関係が乙会社に承継されるのです。当該承継事業に関して乙は甲と同じ立場に立つのです。したがって当該承継の法的性質は民法上の相続と酷似しています。甲は乙の親で、乙は甲の子だといったほうがより的確です。しかし「酷似」という言い方をする理由は、民法上の相続には身分関係が含まれますが、会社分割には、さすがに身分関係だけは入り込まないからです。この意味で身分関係以外のすべての事柄が承継されるのです。これが会社分割の真髄です。

この形が出発点となり、さまざまな組織再編に進展してゆくスピンオフの直前の形という意味で、重要なのです。

(4)　二系統のスピンオフ

次に、スピンオフには二系統があることを図示します。

〈図17〉「分割型分割」型のスピンオフ（法人税法２条12号の９イ）

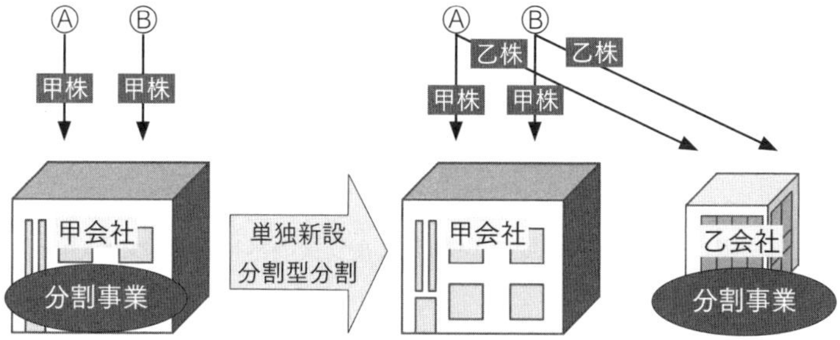

ただし、甲は分割の日に分割承継株式の「配当」をしなければならない、ことになっています。これは会社法上も法人税法上も、「分割型分割」という分割の形があるのではありません。「分割の日」に剰余金の配当が行われる会社分割の形に、便宜のため、そのような名前を付けただけのことです。このことは、すでに第Ⅲ部で詳しく論じました。

〈図18〉　単独新設分社型分割（会社法763条１項12号ロ。ただしスピンオフとは呼ばない）

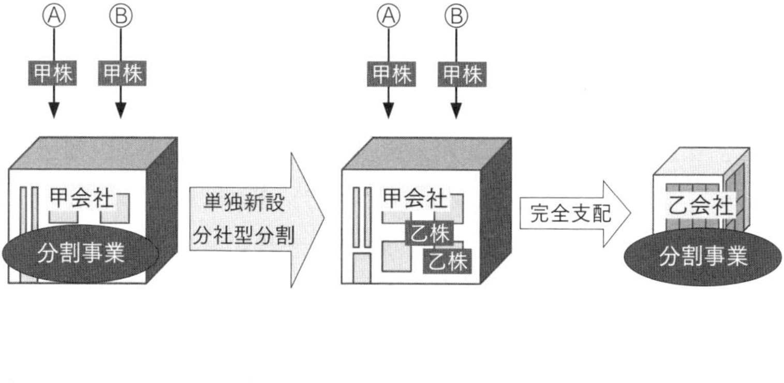

ただし、この図では甲は分割の日に甲の株主等に乙の分割対価資産をまだ交付していません。

〈図19〉「分社型後日」型のスピンオフ（法人税法２条12号の15の３、同法施行令４条の３第16項１号）

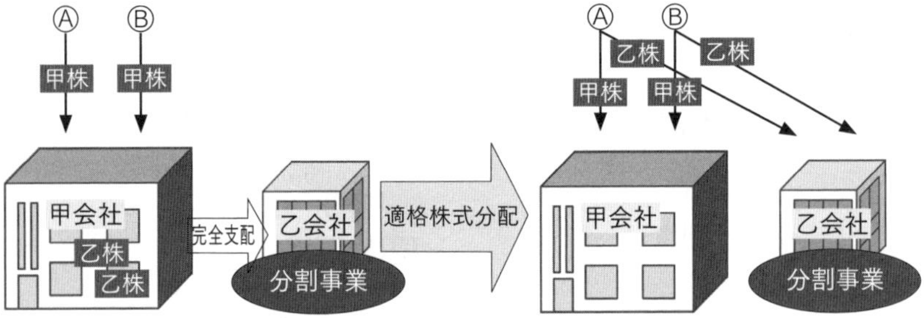

ただし、甲は分割の日か、あるいはそれより後の日に剰余金の配当をしています。

(A)　会社法と法人税法を一元化せよ

上記の〈図17〉で株主Ａも株主Ｂも甲株式を持ちながら会社分割の結果乙株式を入手しています。従前から持っていた株式を維持しながら新しい株式も持つこと（両方持つこと）がスピンオフの特徴です。

しかし、会社法にも法人税法にもアメリカのスピンオフと同じ単独の分割の形はありません。アメリカのスピンオフは会社分割（Corporate Separation）の一種として規定されていますが、日本の法人税法に規定されているスピンオフは独立した会社分割の形があるわけではなく、会社法に規定された分社型分割という会社分割の形と、剰余金の配当という配当の世界の技法との合わせ技として規定されているにすぎません。日本の法人税法では、株式分配（法人税法２条12号の15の２）、適格株式分配（同法２条12号の15の３、同法施行令４条の３第16項）がスピンオフにあたります。このように法人税法では、会社分割とは切り離された株式の「現物分配」の一形態として規定されており、子法人を完全支配している親法人がすでに保有している子法人の株式の全部を親法人の株主に「現物分配」を用いて移転するところだけの構成になっています。

つまり、日本の法人税法では株式分配も、適格株式分配も現物分配の一種として規定されており、会社分割の一種ではないのです。アメリカのスピンオフとは違うことは、それはそれでいいとしても、同じ日本の中で、「会社法のスピンオフ」(現物分配型スピンオフ) と「法人税法のスピンオフ」(分割型分割スピンオフ) とが、結論的には同じことを規定しているというのに、なぜ、これだけ違う二系統構成とする必要があるのでしょうか。そうするだけの特別の理由と必要性があるとは思えません。組織再編行為の確立のため、法人税法を改正すべきです。

(B) 会社分割の中核技術

アメリカで組織再編行為の中では、Spin-off が最も頻用されています。ただ、アメリカの連邦内国歳入法に規定されているスピンオフは、適格要件が5年以上の事業継続要件 (ただし、必ずしも子会社だけの要件ではない) を要求しているところが日本のそれと少し違います。

スピンオフは我が国においても頻用されるようになることは確実です。会社分割は組織再編技術の中でも中核になる技術ですし、スピンオフは会社分割の中でも中核をなす技術だからです。

(C) エンジンが違う

法人税法の「分割型分割」(2条12号の9) の定義では、分割対価資産である乙株式全部が「分割の日」に甲会社の株主めがけて登っていき甲会社株主の手に交付されなければなりません。この点がスピンオフとは違います。スピンオフでは、上に登って行く日は「分割の日」でもよいし、その後の日でもよいのです。なぜなら分社型分割エンジンと剰余金の配当エンジンが違うからです。

(D) 法人税法上の剰余金の配当の意味

株式分配 (法人税法2条12号の15の2) と適格株式分配 (同法2条12号の15の3) はスピンオフ族の中の一種族ということができます。法人税法に規定された株式分配の定義 (2条12号の15の2) によれば、現物分配の、分割対価資産を甲会社株主へ向かって上昇させるエンジンは、「剰余金の配当(又は利益の配当) に限る」(括弧は筆者が付した) と限定されています。法人税法の中で「剰余金の配当（又は利益の配当）に限る」と規定することの意味は、分社型分割により分割会社に交付された分割承継会社の株式を分割会社の株主に交付するにあたっては、「分割型分割」の方法でもできるけれど、それは法人税法の定義によって「分割の日」にしかできない定めになっているので、それ以外の日では「剰余金の配当（又は利益の配当）に限る」という意味しかあり得ません。つまり、分割対価資産を甲会社株主へ向かって上昇させるエンジンとしては、「分割型分割」のために始動するエンジンは「剰余金の配当」なのですから、「分割の日」についてだけは「分割型分割」が独占することとし、それ以外の日は、「分割型分割」はできませんよ、したがって剰余金の配当をする日は「分割の日」ではないのですから「分割型分割によるものを除く」（同法２条12号の５の２イ）という意味です。重要な違いではないのです。要するに実質の差ではなく、張り付けられたラベルの違いにすぎません。

(E)　一日遅れの分割型分割

この辺りは条文上に不明確な点があります。

第一に、「分割型分割」上昇エンジンはその定義によって「分割の日」においてのみ始動する仕組みになっています（法人税法２条12号の９イ）。しかし「株式分配」上昇エンジンを始動させようとすれば「分割の日」にも始動できるが、分割の日でなくとも始動できることです。

第二に、スピンオフが実行されてしまっているとき、外部から見て、それが分割型分割スピンオフであったのか、株式分配スピンオフであったのか、誰にもわからないということです。「分割型分割」といっても会社法にも法人税法にも、その法的要件、分割の手続、その法的効力などについて何の定めもなく、したがって独立した分割の形ではないからです。商業登記法にも「分割型分割」の定めはなく、登記しようもありません。

第三に、法人税法の「分割型分割」の定義そのものについての疑問です。法人税法２条12号の11「適格分割」や同法施行令４条の３第６項から９項までには「分割型分割」という用語が繰り返し出てきますが、本当にこれらの規定は上昇エンジンが始動する日が「分割の日」でなければ適用できないのかという点です。上昇エンジンが始動する日が分割の日から一日でも遅れたら「分割型分割」ではなくなる理由は何でしょう。たとえば、下記の〈図20〉(適格資産売却スピンオフ(株式継続保有要件が崩れても適格の場合))において、条文(法人税法2条12号の11イ、同法施行令4条の3第6項2号ハ(1))では、単独新設分割が「分割型分割」に該当する場合と規定されていますが、この場合に上昇エンジンが始動する日が分割の日から一日でも遅れたら「分割型分割」ではなくなる必然性があるのかという疑問です。

私には、上昇エンジンが始動する日が一日や二日遅れて「株式分配」がなされたとしても、その後株式継続保有要件が崩れることになった場合でも適格を維持するとしてよいのではないかと思えます。法人税法は誤りを冒しているのではないでしょうか。

(5)　適格スピンオフ――適格単独新設分割で事業が独立して継続する場合

〈図20〉　適格スピンオフ(独立事業要件、法人税法2条12号の11ニ、同法施行令4条の3第9項)

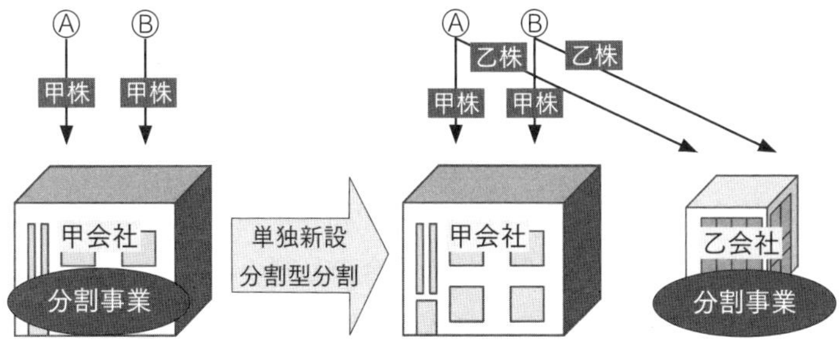

条件：分割前の役員が分割後の特定役員
分割事業資産が移転していること
従業員の80%以上が乙会社に従事している
分割事業が継続している

独立して事業を行うための適格単独新設分割型スピンオフの要件は、次のとおりです。

①　まず、適格要件である分割承継法人の株式ないしは親法人の株式のみが按分で交付されるものでなければなりません。分割の形としては、単独新設分割の分割型分割であって、分割の直前に分割法人が他の者からの支配関係がなく、かつ分割後に分割承継法人が他のものによる支配関係があることとなることが見込まれていないことです。この条件成就は難しくはないでしょう。

②　次いで、分割前の分割法人の役員等（重要な使用人も含まれる）のいずれかが分割承継法人の特定役員（法人税法基本通達1－4－7）となることが見込まれていることです。

③　そして、分割法人の分割事業に係る主要な資産負債が分割承継法人に移転していることです。

④　さらに、従業員の80％以上が分割承継法人に移転していることです。

⑤　最後に、分割事業が分割承継法人で引き続き行われることが見込まれていることです。会社分割として最も重要な要件です。

以上の要件は、アメリカでの適格スピンオフの要件と、ほとんど同じです。

事業を分割しても適格で課税がない（猶予）のですから、まことに使い勝手がよく、頻用されています。しかし私の疑問は、この分割の形（上記〈図20〉参照）がなぜ「分割型分割に該当する分割」でなければならないのか、という点です。分割承継法人の株式が斜め上に直接に登っている形（法人税法2条12号の9イ）は、農業協同組合の分割の場合（であっても妥当性がないことは前述。第Ⅱ部第3章4（104頁））以外では考えられません。次いで分割承継法人の株式が、いったん分割法人に交付された後に分割法人の株主たちに按分に交付されるとき、分割型分割であれば当該分割承継法人の株式の全部が「分割の日」に交付されなければならないはずです。しかし、なぜ、「分割の日」に限る必要があるのか。その必要はないのではないかという疑問です。2、3日遅れると、何が問題なのでしょう。

平成29年度法人税法改正までは、この種のスピンオフ型新設分割であっても、分割法人の資産が株主に交付される点で法人税譲渡損益課税があり、株主に資産が交付される点でみなし配当課税があったのですが、これ改正され、適格になることによって両方の課税がなくなりました（繰り延べ）。この改正はスピンオフ組織再編を花開かせる触媒となることは間違いありません。この意味でも「分割型分割」の定義は改正されなければなりません。

(6)　無対価の適格吸収分割と適格分社型分割（非スピンオフ）

分割法人と分割承継法人との間に完全支配関係がある場合で、無対価分割である場合（法人税法２条12号の11イ、同法施行令４条の３第６項１号イおよびロ）は、適格でありながら資産負債だけが移転するという不思議な現象が起きます（〈図21〉〈図22〉）。

〈図21〉　完全支配関係のある会社間の無対価・吸収分割(1)（法人税法２条12号の11イ、同法施行令４条の３第６項１号イ）

①　分割前

②　無対価・吸収分割後

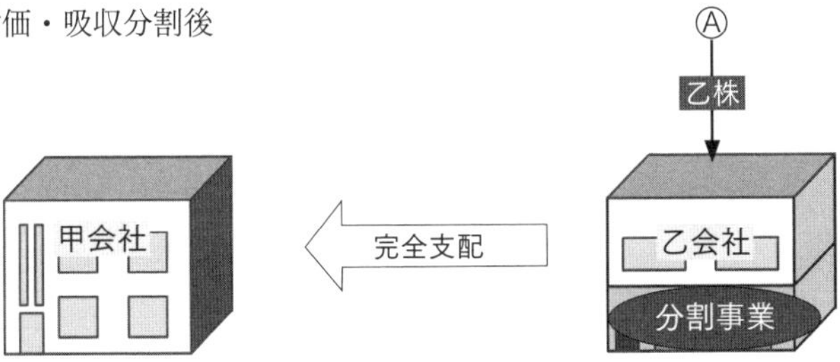

〈図22〉　完全支配関係のある会社間の無対価・吸収分割(2)（法人税法2条12号の11イ、同法施行令4条の3第6項1号ロ）

①　分割前

①　無対価・吸収分割後

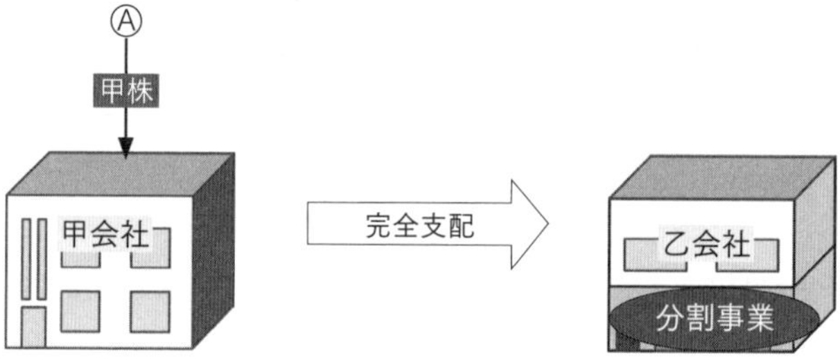

法人税法施行令4条の3第6項1号イの冒頭にある「新設分割以外の分割型分割」という表現は、何とも下品な言い回しです。この用語選択者の意図は吸収分割型の分割型分割といいたかったのであり、その意味するところは「吸収分割型の分社型分割と剰余金の分配」ということです。また、同号ロの冒頭にある「新設分割以外の分割（イに掲げる分割型分割を除く。）」とは、まるでナゾナゾですが、吸収分割型の分社型分割という意味になります。この適格分割はスピンオフではありません。ただ法人税法の用語の選び方の「品のなさ」を示したかっただけです。

(7)　適格グループ内資産移動

〈図23〉　同一の者による完全支配関係のある会社間の吸収分割型分割（法人税法２条12号の11イ、同法施行令４条の３第６項２号イ）

①　分割前

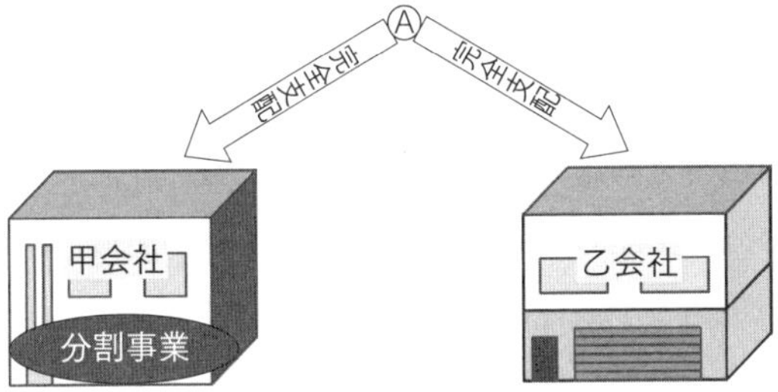

②　分割直後

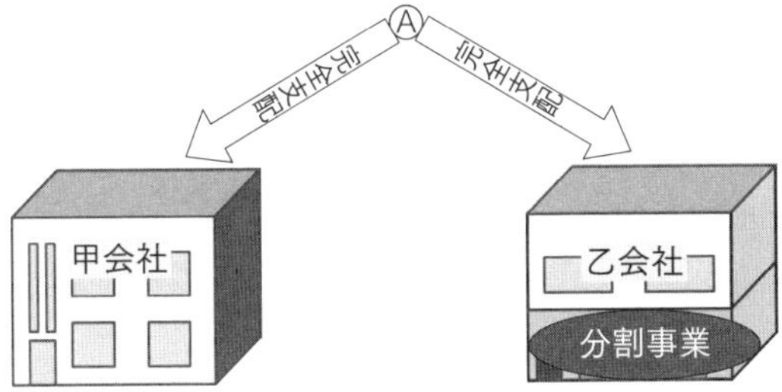

③　分割後、Ⓐは甲会社株式だけをⒷ（第三者）に売却

④　株式継続保有要件が崩れても適格は維持される

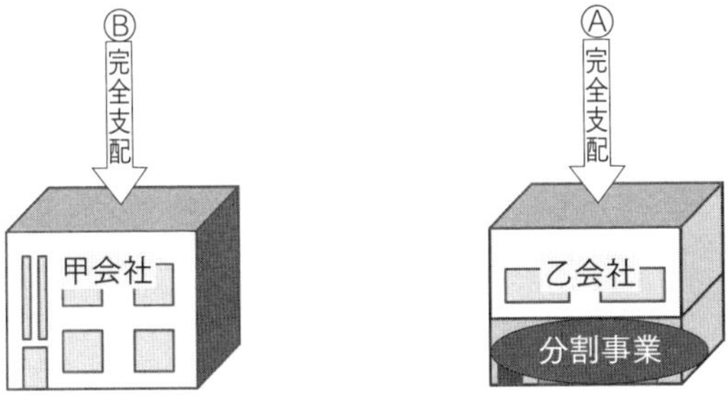

吸収分割で、分割実行前に、分割法人と分割承継法人との間に同一の者による完全支配関係がある場合には、分割の形が分割型分割であっても無

対価分割であっても、形は同じになります。

上記〈図23〉に示した会社分割のおもしろさは、分割完了後に中間にいる株主である同一の者が甲株式を手放しても（株式継続保有要件が崩れても）適格は崩れないこととした立法だということです。〈図23〉の③で、Ⓐは甲株をⒷに「売却」と示しましたが、もちろん、有償売却である必要はなく、手放す、という意味です。

実務で、この適格を利用しようとするとしても、分割前においては同一の者が甲と乙を完全支配していなければなりませんから、同一グループ内部で子会社甲から別の子会社乙に、資産移動を図るような場合だろうと推定されますから、一般の利用頻度はそれほど高くはないでしょう。

なお、カラオケ事業を行うコシダカHD（東証一部上場）が現物分配型スピンオフによりフィットネス事業を行う子会社カーブスHDを独立させることを株主総会に付議すると令和元年10月10日に発表しました。平成29年改正スピンオフ税制の初の適用となるといいます（週刊税務通信3577号）。

⑻ 適格資産売却スピンオフ

〈図24〉 同一の者による完全支配関係のある会社の新設分割型分割（法人税法２条12号の11イ、同法施行令４条の３第６項２号ハ⑴。〈図13〉と同じ）

① Ⓐは甲株式100％を所有

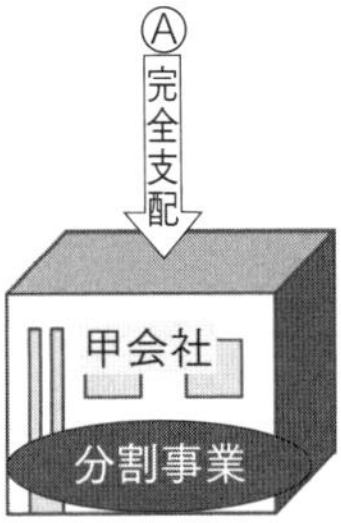

② 新設分割型分割後（条文ではそうだが、新設会社分割＋株式分配でも同じことができる）

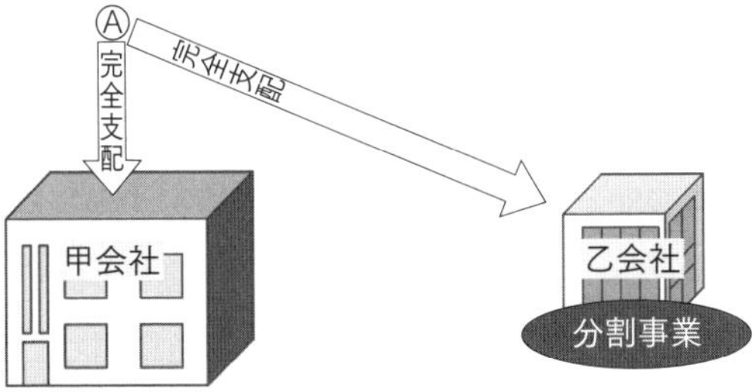

③ 分割後、Ⓐは甲株をⒷ（第三者）に売却する。Ⓑの買取合意を要する。Ⓐには、Ⓑに対する甲株式の譲渡については課税がある。

④ 株式継続保有要件が崩れても適格は維持される

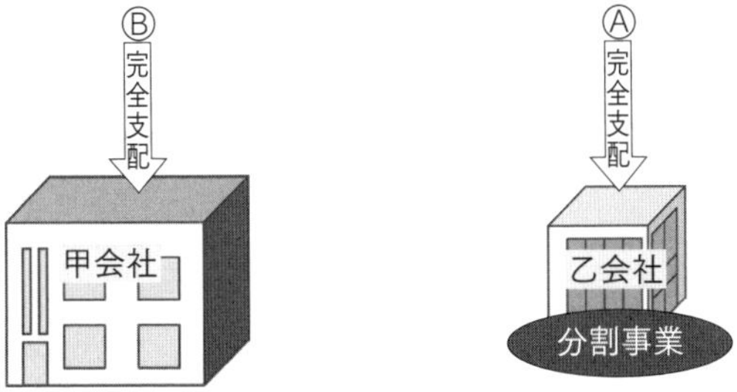

この適格分割の要件の第一は、

①　単独新設分割であること、分割後に、分割法人も分割承継法人も、同一の者Ⓐとの間で、完全支配関係があることです。

次いで、

②　単独新設分割が分割型分割である場合には、その分割後に、その同一の者と分割承継法人との間に完全支配関係が継続することが見込まれていればよいのです。つまり、分割後は、その同一の者と分割法人との間の完全支配関係が継続することは見込まれていなくてもよいという意味です。

この分割は、甲会社がどのような事業を経営している場合であっても、不動産を所有する事業部門を分離し第三者に売却する場合にはうってつけの方法です。Ⓐが甲株式を第三者に売却した後であっても適格は維持できるからです。

たとえば、甲会社が次のようなホテルを3件所有していたとします。ａホテル：すでに建築後30年経過、ｂホテル：建築後20年経過、ｃホテル：建築後10年経過

この場合、建築後の収益が建築後の経過年数に逆比例しているとすれば、資金繰りのため新築後最も古いａを処分したいときには、ａを会社分割で分離するのではなく、ａを残してｂとｃを新設分割型分割で分離するのです。この意味では、資金繰りのため会社分割を用いて資産を売却するときの通常の分割の仕方とは、逆になることに注意しなければなりません。そしてａホテル会社（〈図24〉②の甲会社）の株式を第三者に売却すれば目的を達成できるわけです。単独新設分割から入れますから、まことに扱いやすい方法です。

ただし、この方法は、甲会社資産を売却し乙会社資産は留保している方法ですから、乙会社資産が数多くの不動産で、地方税等で移動コストがかさむ際には使えないかもしれません。また、いずれにせよ、この方法は甲会社株式を買ってくれるＢ（第三者）がいなければどうにもならない方法

です。

それにしても、法人税法は、なぜ分割型分割にこだわるのでしょう。むしろ分社型分割＋適格株式配当（剰余金の配当）の方式のほうが優れているといえます。分社型分割で始める場合であれば、期首にａホテルを売却する方針を決定し、期中に分社型分割を実行してｂホテルとｃホテルの二つを別会社（〈図24〉②の乙会社）に分離して買主を探し、期末までに買主を見つけてから、おもむろに適格株式配当（同法２条12号の15の３）をしてからａホテル（Ⓐが所有する甲会社株式）を売却するという芸当もできるではありませんか。この方法であればａホテルの売却が完了した時点ではａホテルはすでに他人に渡っていますから、乙会社はｂホテルとｃホテルの決算だけをすればよいのです。しかし、分割型分割であれば「分割の日」に分割承継会社乙の株式を株主Ⓐに交付しなければなりませんから、Ⓐ所有の甲会社株式が売れてもいないうちにａホテルもｂホテルもｃホテルも所有したままの甲会社の決算期がきてしまうかもしれないではありませんか。そうはならなかったとしても、株主Ⓐにとっては甲も乙も所有しているのと同じですから分割の利益を享受できてはいないわけです。

しかし、この適格スピンオフ会社分割の利用範囲は極めて広いことは確かでしょう。もしかすると今後の不動産事業者は不動産会社を廃業し、不動産所有会社株式（上記〈図24〉④の甲会社株式）販売業者に変わってしまうのではないでしょうか。いずれにせよ、上記は不動産関連以外にも利用できることは当然で、その利用範囲は極めて広いのです（最近、私の事務所で扱った事例でも、営業成績のよい支社が〈図24〉のⒷとして独立して別会社となり、従来からの本社がⒶとして残る形になりました）。

なお、現物（株式）分割型スピンオフには株主総会の特別決議が必要なところ（会社法454条４項、309条１項10号）、平成30年改正の産業競争力強化法で新設された特例措置では、取締役会または株主総会普通決議で足りるものと緩和されました。

(9) 適格事業承継株式分配（適格スピンオフ）

〈図25〉 新設分社型分割＋適格株式分配（法人税法2条12号の15の3、同法施行令4条の3第16項）

① 新設分社型分割の直後、甲会社のお腹に乙株が入っている

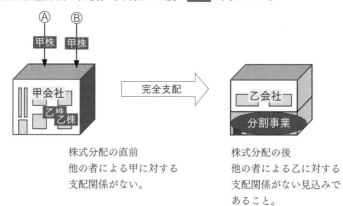

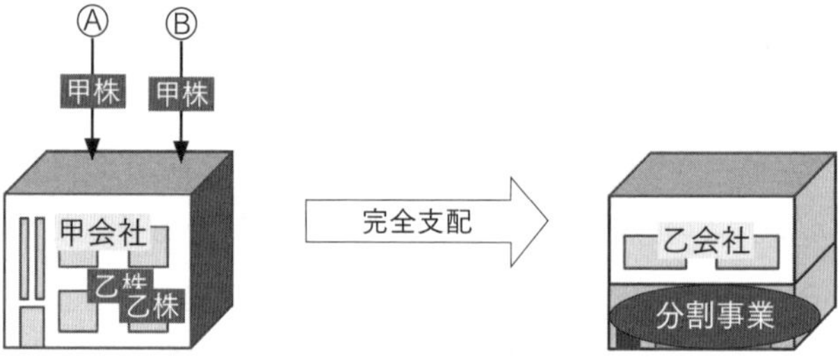

株式分配の直前
他の者による甲に対する
支配関係がない。

株式分配の後
他の者による乙に対する
支配関係がない見込みで
あること。

② 適格株式分配の直後

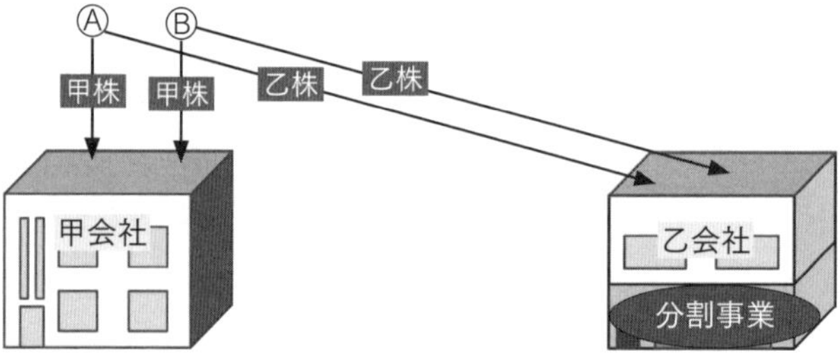

要件：乙の特定役員が引退しない。
80％以上従業員の引継
株式分配前主要事業の継続

スピンオフに関する規定の中で最も利用頻度の高い重要な規定です。規定の仕方には注目すべきものがあります。

適格株式分配は非適格株式分配を引用する規定の仕方になっていることから、株式分配法人が子法人の株式を自己の株主に分配する手続に関して

は分割型分割を完全に排除していることです（法人税法２条12号の15の２）。このため株式分配のエンジンは剰余金の配当（または利益の配当）しかあり得ません。その結果、適格株式分配（適格スピンオフ）は会社法453条以下の剰余金の配当規定としっかりと結びつくことになりました。単独新設分社型分割後に適格株式分配を行うことが見込まれている場合には、単独新設分社型分割のときから適格株式分配のときまで、法令上は、何日空いても、１か月後であっても１年後でもよいことになります。そのうえ株式分配は、分割型分割ではなくて、剰余金の配当ですから、剰余金の配当を不平等にすることも、ゼロ配当とすることも許されることになります（会社法454条）。ただし、適格の株式分配は按分でなければならないということです（法人税法２条12号の15の３）。

次いで、上記に関係してでしょう。適格株式分配の規定の仕方が、現物分配法人が（株式分配される）完全子法人とはまったく関係なく、それとは切り離されて規定されていることです。このことから、完全子法人は現物分配法人と完全支配関係でつながった親子関係さえあれば、どのようにしてその完全支配関係が成立することとなったかは一切問われないことになります。完全支配関係が発生する理由が会社法上の金銭出資、現物出資、新設分社型分割でもよいわけです。このため、この〈図25〉に示した適格株式分配（適格スピンオフ）の適用範囲はきわめて広汎になります。

法人税法上のスピンオフの検討はここで一応終わりますが、法人税法はなぜ「分割型分割」という、わけのわからないものを持ち出してきたのでしょう。あまりにも粗雑であるとの非難を免れないでしょう。会社法上のスピンオフの検討はこれから始まることを強調したい。株式の不平等分配、株式の無分配、種類株式の種類に応じた配当財産の割当など、これからなのです。会社法上のスピンオフは組織再編の女王として君臨することになるのです。

2　スプリットオフ

(1)　変態スプリットオフ

次頁の〈図26〉は、少し趣が変わります。

〈図26〉の②左の分割では支配関係の継続がありませんから、分社型分割が適格とはいえません。いずれにせよ、③で相互に譲渡をするのですから双方に課税があるでしょう。

何のゆえあってこの図を掲記するかですが、兄弟間で会社経営上の争いがあり相互に分かれて独立した別々の会社で別々に経営したいと諍いがある場合はこの分割の形が適切ではないか、という趣旨です。もう10年前になりますが、父親亡き後、兄は親譲りの会社を堅実に経営し、弟は、兄が代表取締役となっている親譲りの会社が債務者となって多大な銀行借入れを起こしてもらって自分は別事業に投資し手広く事業を興し、かなり収益も上がり順調に成長し始めているため、兄にとしては弟のため、負債の法的返済責任と連帯保証責任を負い続けることがおもしろくない、弟のほうも自分の裁量で事業をやってゆきたい、もう兄に口出しされたくない、と不満が募り、両者から依頼があり、結局上図のような別れ方をした実例があります。

いずれにせよ、兄弟間であれ他人間であれ、株主Ⓐ、Ⓑ間で、非適格でもいいから、金銭によって処理しよう（課税があってもやむを得ない）との合意ができるのであれば、上記以外にもお別れの方法は数多く考えられます。次々頁の〈図27〉もその1例です。

「変態」というのは、金銭を使っており、適格ではないからです。税法にはもちろん規定がない方法です。Ⓑが90％以上を支配しているときは、後に述べる適格の方法以外に、金銭を使っても手っ取り早く目的を達成する方法もある、という意味です。

〈図26〉　変態スプリットオフ(1)

①　分割前

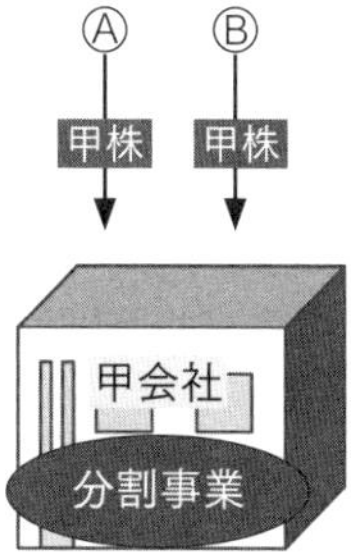

Ⓐ、Ⓑ：株主
Ⓐは20%、Ⓑは80%
甲：分割会社
乙：分割承継会社
⇨：完全支配または50%超支配
→：株式保有

②　甲会社は乙会社を分社型分割＋適格株式分配

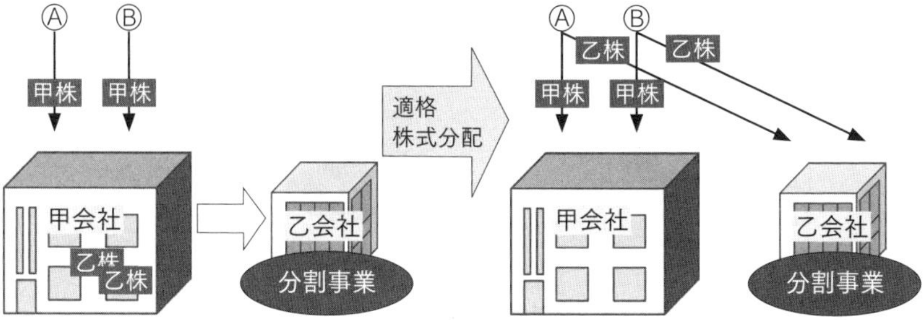

③　相互譲渡、株式売却に課税

Ⓐ→Ⓑ：Ⓐは乙会社株式をⒷに売却
Ⓑ→Ⓐ：Ⓑは甲会社株式をⒶに売却

④　Ⓐは甲会社に支配を継続、Ⓑは乙会社に支配を継続＝売買スプリットオフ

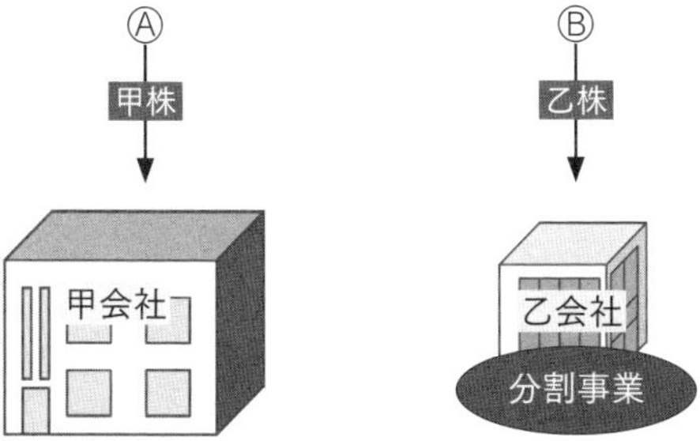

〈図27〉　変態スプリットオフ(2)

①　分割前

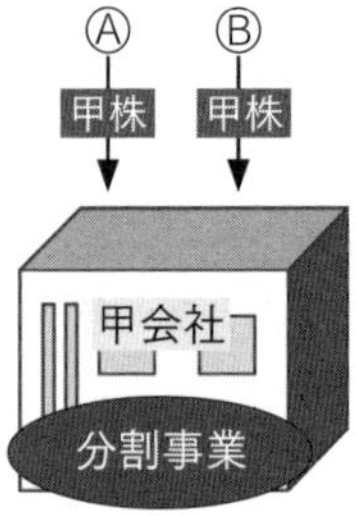

Ⓐ、Ⓑ：株主
Ⓐは10％以下、Ⓑは90％以上
甲：分割会社
乙：分割承継会社
⇨：完全支配または50％超支配
→：株式保有

②　第1段階：新設分社型分割

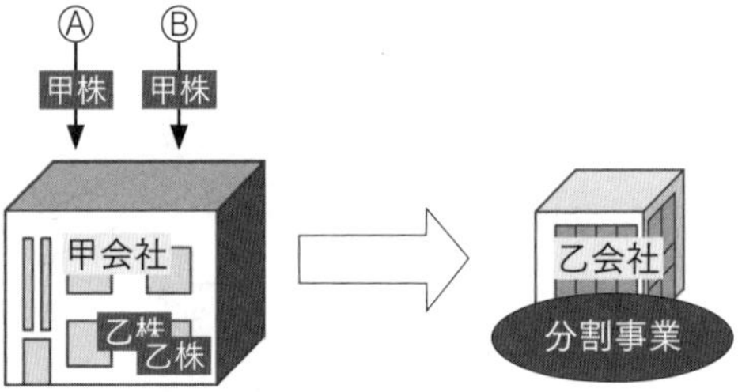

③　第2段階：

上記の事例で、Ⓐを弟と、Ⓑを兄と仮定する。

Ⓑは、Ⓐがどうしても欲しいと思っている事業を乙会社に分社型分割する。

Ⓑは、甲会社をして、甲会社が保有する乙会社株全部をⒶに売却させることを条件に、

㋐　Ⓐに甲会社株全部をⒷに売却せよと要求する、

㋑　それが厭なら「株式売渡請求」を掛けてⒷはⒶを甲から追い出す、と脅して上記㋐を実現する。

④　目的達成

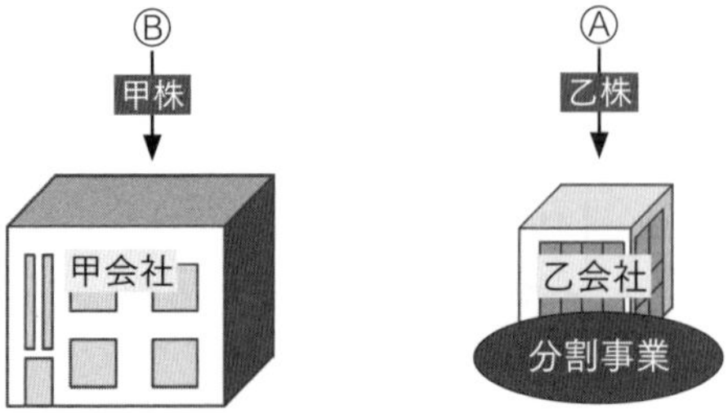

(2) 金銭不使用変形スプリットオフ

〈図28〉 金銭不使用変形スプリットオフ(1)

① 分割前

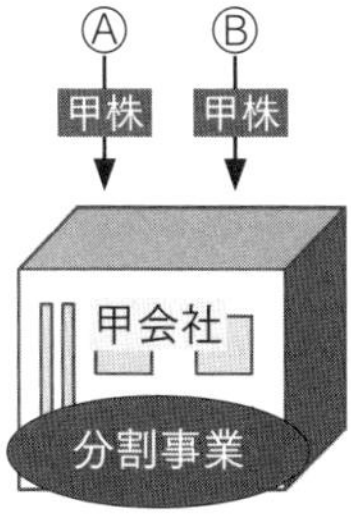

Ⓐ、Ⓑ：法人株主
Ⓐは80%以上、Ⓑは20%以下
甲：分割会社
乙：分割承継会社
⇨：完全支配または50%超支配
→：株式保有

Ⓐは Ⓑを、甲の中にあるⒷが欲しがっているモノ（たとえば、工場など）を、会社分割して乙会社に承継させるから、と説得しⒷの同意を得てから、
Ⓐの甲会社株を、甲会社の新設会社型分割によって乙会社を新設するが、乙会社株の剰余金の配当は受けられない内容とする旨の属人株化をする（会社法109条２項、105条２項、309条４項)。

② 分割後

甲会社は新設分社型分割で乙を新設、不平等株式分配

甲会社は乙会社株をⒷに剰余金分配し、Ⓐには剰余金分配しない（会社法763条１項12号ロ、454条２項)。

Ⓑの剰余金分配は法人税法上は株式分配であるから譲渡益課税はないと考えられるが、みなし配当課税がある場合も考えられる（法人税法61条の２第８項、24条１項３号)。

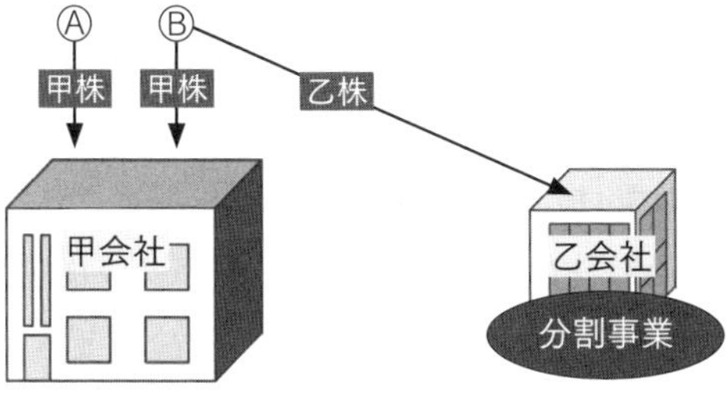

③ 目的達成

甲会社はⒷの甲会社株を会社法155条13項、同法施行規則27条１号に基づき

無償で取得する。この場合の無償はⒷと甲会社との贈与契約でもよいし、Ⓑが甲会社に向かっての甲会社株の株主権無償放棄（Ⓑの単独行為、税法上は贈与と同じ）であってもよい。

Ⓑの甲会社株取得につき、無償だから甲会社からⒷに対する資産の移動がなく、したがってみなし配当の問題は起きないし、甲会社に法人税法上の収益が発生しない。

甲には、Ⓑの甲会社株取得が無償取得であるから甲会社株取得による受贈益課税もない。ただし、Ⓑには甲会社に対する資産の譲渡と考えられるから寄付金課税があると考えられる。Ⓐには不平等剰余金分配による含み益の発生があるが、法人税法22条２項の所得が発生するわけではないから、課税はない（清水秀穂「自己株式の無償・低廉取得に係る法人税の課税関係」税務大学論叢66号309頁（2010年））。

しかし、Ⓑが贈与もしないし、無償放棄もしないのであれば、甲会社は会社分割もしないで、Ⓐは増資し90％以上を保有してからⒷに「株式売渡請求」を掛ける。

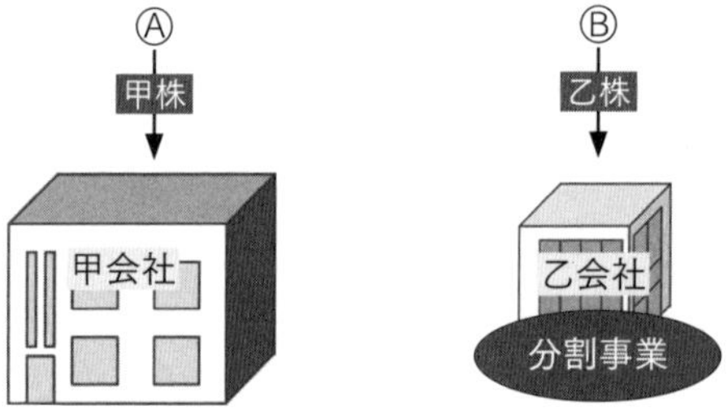

私がここで株主権放棄と表示しているものは、当該株式を所有している株主が当該株式を発行している会社に向かって当該株主権を放棄することを意味しています。この方法は会社法に規定はないし法人税法にもありません。しかし民事の基礎理論から見て、株主権の放棄が許されない理由はありません。株主権放棄を受けた発行会社にとっては放棄された株式は自己株式となります。現行会社法は幅広く自己株を認めています（155条）。株主権放棄による自己株を自己株とは認めないという論理はあり得ないでしょう。

株主権放棄の考え方を私が主張する理由は、これによって組織再編技術が飛躍的にやりやすくなり、組織再編の世界が拡大することにあります。

加えて、誰にも迷惑をかけるわけではないし、不利益を与えることにもならないものです。考えなければならないのは法人税との関係です。しかしそれも上記清水秀穂氏の論文が教示するように、放棄した株主に寄付金課税がありうる程度でしょう。組織再編自体（この場合は新設分割）が巨額の資産移動を税法適格で行えることがめずらしくないことを考えれば（本事例では株式分配があり非適格であるが）、識者は株主権放棄の手法を組織再編に導入することを真剣に検討すべきであると信ずるものです。

〈図29〉　金銭不使用変形スプリットオフ(2)

①　第一段階

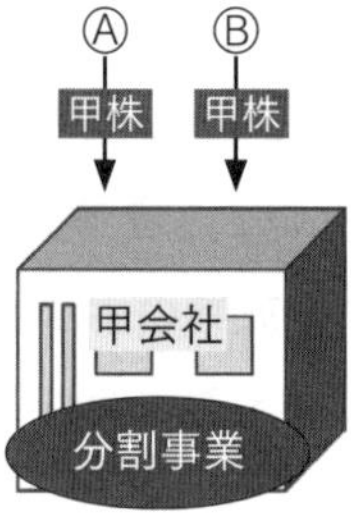

Ⓐ、Ⓑ：法人株主
甲の会社分割前のⒶの甲会社株は80％以上
甲の会社分割前のⒷの甲会社株は20％以下
甲：分割会社
乙：分割承継会社
⇨：完全支配または50％超支配
→：株式保有

・ⒶもⒷも会社とする。Ⓐは甲会社株の80％（すなわち4分の3以上）を保有している。甲は取締役会設置会社。
・Ⓐが保有する甲会社株を属人株とし、甲会社を分社型分割したのち、①Ⓐには乙会社株を剰余金分配しない、かつ②乙を新設登記した日に甲会社は甲会社株の一部であるⒷの甲会社株を取得できると株主総会で定款変更する（会社法109条2項、105条、309条4項、107条2項3号ハ、110条)。

②　第二段階

下図のとおり、会社法763条1項12号ロ、454条1項・2項2号で、甲は新設分社型分割し、乙会社株をⒶには交付しない。

このとき甲会社は会社法110条に基づき、同法107条2項3号ハ（取得条項）の定款の定めを設ける旨Ⓑを含め甲会社株主全員の同意を得る。

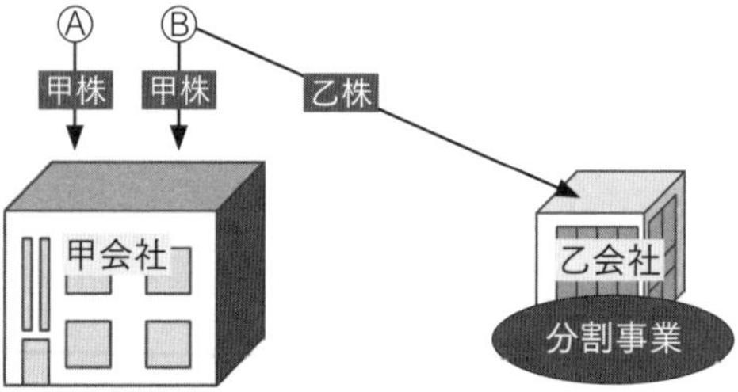

③　第三段階

甲は会社法169条1項で取締役会で分割の日（ただし、同法170条1項の日）にⒷの保有する甲会社株だけを全部取得すると決議し、Ⓑに同法169条1項・2項規定により同株式を取得すると通知または公告し、同法170条1項で取得する。

④　第四段階

甲会社の取締役会で取得後のⒷの甲会社株式を消却する旨を会社法178条で決議し、同法911条３項９号、915条１項で発行済株式総数の変更登記をする（株式消却はしなくともよい）。

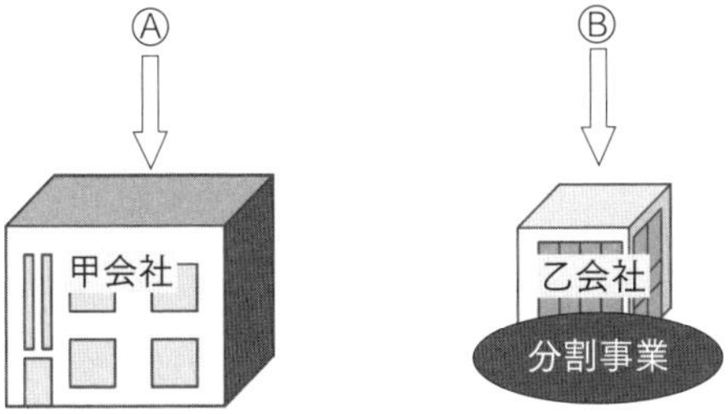

〈特徴〉

上記③第三段階で、甲会社がⒷの甲会社株を取得するとき、会社法116条１項の１号・２号・３号の適用がないため、Ⓑには、反対株主の株式買取請求権が働かない。

Ⓑの甲会社株は属人株ではないし、また、会社法109条３項によるみなし種類株式でもないから同法322条も働かない。

③第三段階で、甲会社はⒷの甲会社株だけでなく、Ⓐの甲会社株も会社法107条２項３号で取得し、同時に甲会社は新株を募集する方法もある。

多数派Ⓐは少数派Ⓑを金銭を使わないでスクイーズアウトしたことになる。会社法73条３項で会社設立時株主の全員同意がなければ同法107条２項３号の株式取得はできないが、会社分割後であれば、Ⓑは分割事業承継後の乙会社を完全支配できる見込みがあるし、自分が損をする見込みはないし、あくまでⒶの意向に逆らえば、Ⓐは増資をして同法179条の株式売渡請求をかけてくるだろうから、同法110条（全部取得）の同意をするであろう。

属人株、取得条項付株式、全員同意を少しテクニカルに使って反対株式買取請求権を抑えてスクイーズアウトしてスプリットオフを完成するという少し手の込んだ手法です。金銭を使わないで実行するところがミソです。

3　スプリットアップ

〈図30〉　スプリットアップ(1)

①　株主は複数

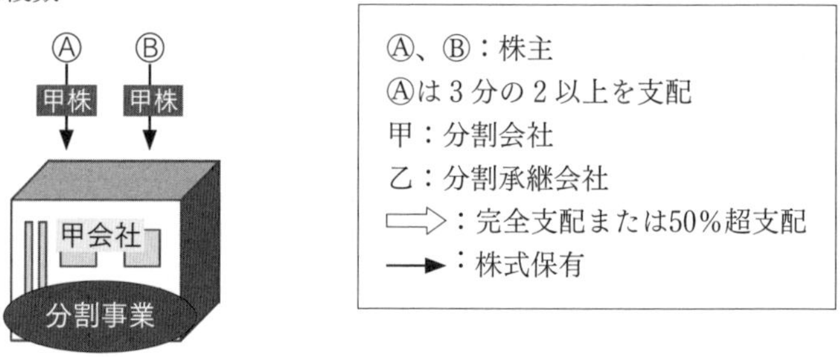

②　分割後

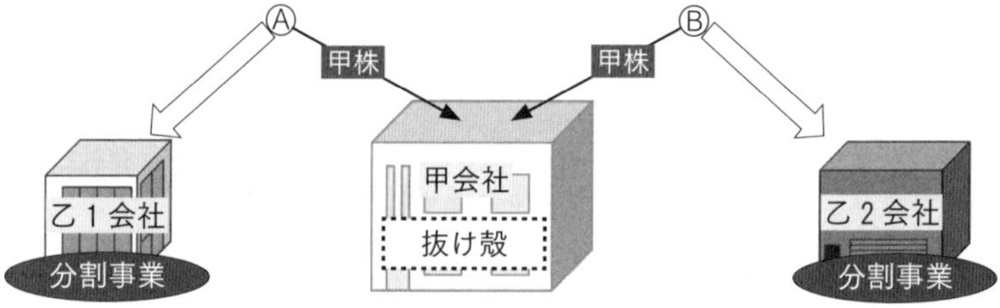

甲は同時複数新設分社型分割　＋　同時不平等剰余金配当、乙１会社株はⒶのみに、乙２会社の株はⒷのみに分配
甲事業の全部を乙１と乙２に分割、甲には何も残っていない「抜け殻」

③　目的達成

甲会社は抜け殻となり資産も負債も残留しない。甲会社株は無価値化し、Ⓐの議決権行使（図の③には図示されていないがⒶもⒷも甲会社の株式を有している）により解散し、清算に入り、清算結了登記する。ⒶとⒷがそれぞれ甲株を最後まで持っていることは清算結了の妨げにならない。

乙１会社、乙２会社は独立して事業を行う。

〈図23〉の兄弟の別れは、この図のような別れ方をしたほうが簡便であったかもしれない。ただし、その場合は親が設立した甲は跡形もなくなってしまう。

乙１会社も乙２会社も甲会社からの資産の移転コスト（地方税含む）が低くなければこの分割には、賛同しないかもしれない。ただし、新設分割であるから甲会社は断行できる。

この形の会社分割を認める規定は現行の法人税法には全くなく、そのため非適格ということになるが、原理的には法人税法２条12号の11ニ、同法施行令４条の３第９項の適格分割が左右同時に行われたとほとんど同じで、税法適格として扱ってよいものです。そもそも現行税法がスプリットアップを適格と規定しないこと自体が片手落ちなのです。まもなく適格として改正になるでしょう。

〈図31〉　スプリットアップ(2)

①　株主は複数でもよいが、Ⓐと Ⓑのみと設定する。甲会社は非上場会社とし、Ⓐは3分の2以上、Ⓑは3分の1未満の株式を保有しているものとする。

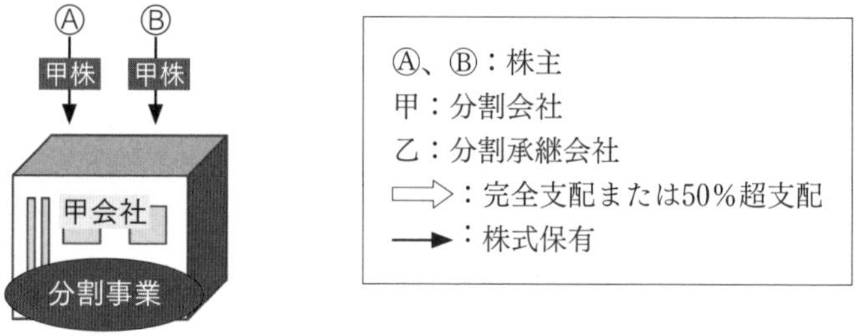

②　分割後

甲会社は完全子会社乙、丙を複数適格新設分社型分割で設立する。甲会社には乙株と丙株および乙株の時価額と丙株の時価額の合計額に相当する金銭が残存するだけとし、それ以上の財産はすべて乙社または丙社に移転承継されているものとする。

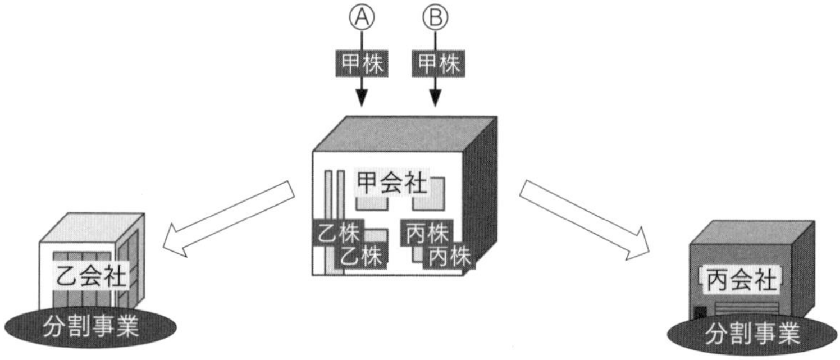

③㋑　甲会社は株主総会の決議（会社法471条3号）で解散し、同法478条1項3号で清算人を選任する。清算人は同法504条1項1号で分配すべき残余財産としてⒶに対しては乙株式全部、Ⓑに対しては丙株全部を分配すると決定する。

㋺　Ⓑが会社法505条1項に基づいて丙株に代えて金銭を請求してきたときは、清算人は金銭分配請求権を行使すべき期間を定め、同期間の末日の20日前までに同権利を行使できる期間をⒷに通知する。

㋩　甲会社は会社法505条3項2号により、裁判所に対しⒷが取得できる丙株に代わる金額を決定するよう非訟事件の申立てをする。裁判所が同金額を決定したときは、甲会社は同金額をⒷに交付して丙株を取得する。

㋥　仮にⒷが上記㋺の期間内に金銭の請求をしてこなかったときは、甲会社はⒷに残余財産として丙株を交付する。

㋭　同時に甲会社はⒶに対し、上記Ⓑに対してとった手続と同様の手続を踏んで、Ⓐに乙株に代わる金銭を交付するか、Ⓐが金銭を請求しないときは乙株を残余財産の分配として交付する。

④　甲会社消滅

乙会社、丙会社は独立して事業を継続する。甲会社株は無価値化、甲会社は清算結了登記し、消滅する。

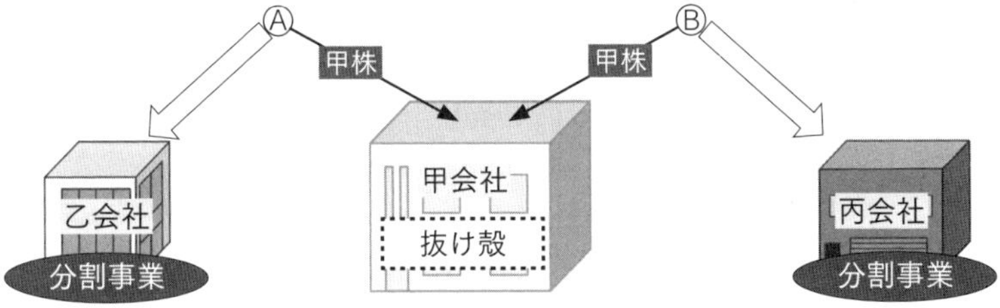

⑤　目的達成

残余財産が乙株と丙株の金銭以外の財産であることから、ⒶⒷは乙株丙株に代わって金銭の分配を請求する可能性がある。最終段階になれば清算手続の終結によって甲会社は消滅することとなるが、その直前の段階においては、ⒶⒷの残余財産に代わる金銭分配請求権（会社法505条）の行使があるか否かによって、ⒶⒷと乙会社、丙会社との関係に大幅な違いが現れると想定される。その違いは下記の四つの形となって現れるであろう。

(1)　ⒶもⒷも金銭分配請求権を行使した場合

Ⓑが金銭分配請求権を行使したときは丙株は甲会社の中に残置されるから、甲会社は丙会社の100％株主として丙会社の株主総会を開き、甲会社は清算段階に入っているから丙株を処分する必要があり、Ⓒに丙株の全部を交付する（ⒸはⒶでもⒷでもない単なる第三者の意味。後記Ⓓも同様）。

Ⓐが金銭分配請求権を行使したときは、甲会社は上記同様乙会社の100％株主として乙会社の株主総会を開き、Ⓓに乙株の全部を交付する。甲会社は消滅する。

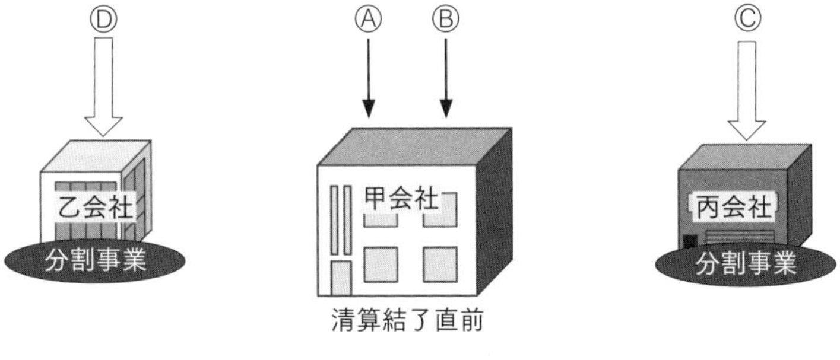

(2)　Ⓑは金銭分配請求権を行使し、Ⓐは行使しない場合

甲会社に丙株が100%残留するから、甲会社は丙会社の100%株主として丙会社の株主総会を開き、Ⓒに丙株全部を交付する。

甲会社はⒶに対し残余財産の分配として、乙株全部を交付する。甲会社は消滅する。

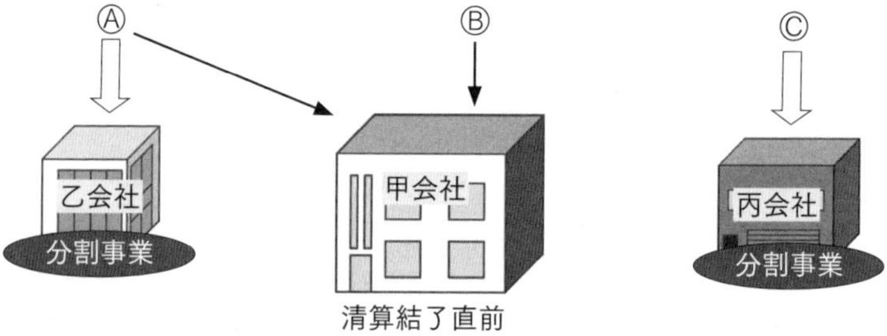

(3)　Ⓑは金銭分配請求権を行使せず、Ⓐは行使した場合

甲会社はⒷに対し残余財産の分配として、丙株全部を交付する。

甲会社は乙会社の100%株主として乙会社の株主総会を開き、Ⓓに乙株全部を交付する。甲会社は消滅する。

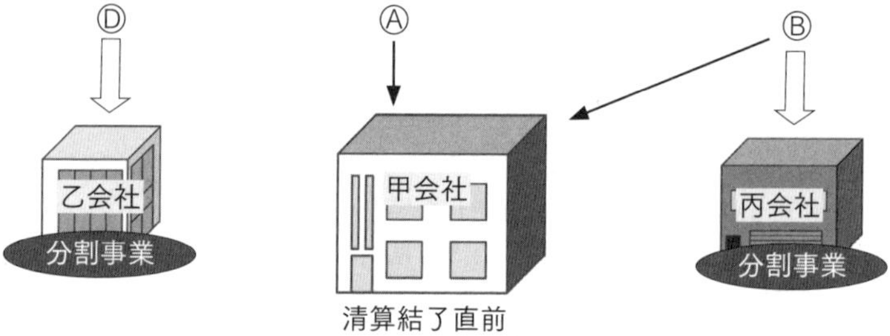

(4)　ⒶもⒷも金銭分配請求権を行使しなかった場合

Ⓑが金銭分配請求権を行使しなかったとすれば、甲会社は残余財産の分配として丙株全部をⒷに交付することになる。

Ⓐがやはり金銭分配請求権を行使しなかったとすれば、甲会社は残余財産の分配として乙株全部をⒶに交付することになる。甲会社は消滅する。

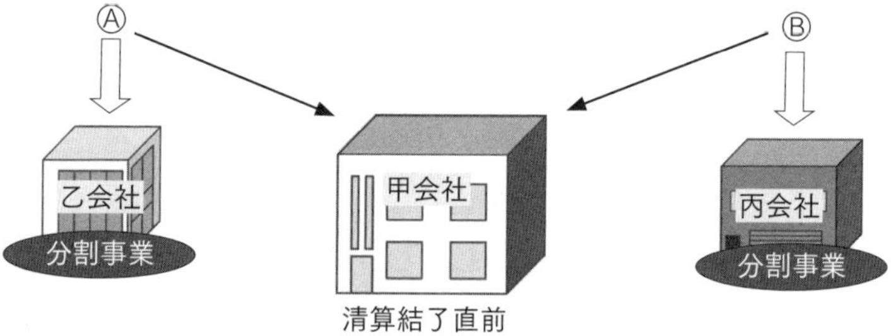

⑥　最終形態

以上(1)(2)(3)(4)のいずれの場合も、甲会社は清算を終了して消滅するから、スプリットアップは完結する。

Ⓐが甲会社株式の3分の2以上を掌握していたことから、おそらく②の会社分割をするときには、乙会社の資産内容と丙会社の資産内容を自己に有利になるようにしていたであろうから、会社分割後Ⓐは金銭分配請求権の行使をせず、上記のうち(2)か(4)の形となって落ち着くものと考えられる。上記(4)の形で落ち着いたとすれば、最終形態は下記のようになる。甲会社は消滅している。

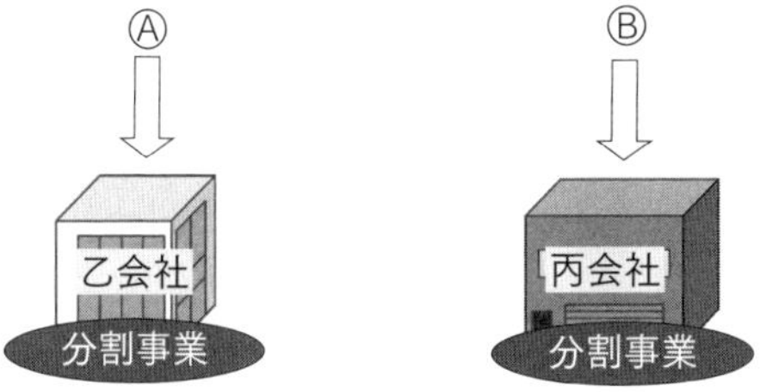

上記で残余財産分配によるスプリットアップを詳しく述べたのは、残余財産分配の方法は、解散決議後ではあるが、株式分配（法人税法2条12号の15の2および同条12号の15の3）と同じ機能を果たすことができることを示したかったからです。

なお将来、この形は適格になってよいでしょう。

4　スクイーズアウト

〈図32〉　現金交付スクイーズアウト

①　第一段階：Ⓐは甲会社株を85％所有し、Ⓑも甲会社株を15％所有している。

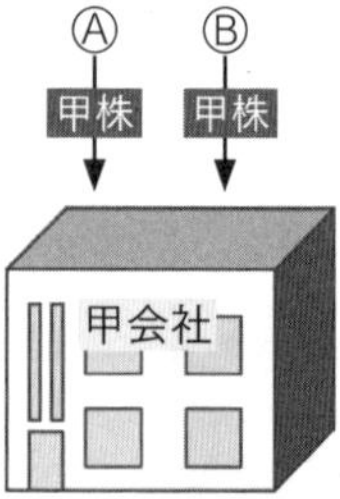

Ⓐ、Ⓑ：株主
Ⓐは85％、Ⓑは15％
⇨：完全支配または50％超支配
→：株式保有
〔関係条文〕会社法108条１項７号、111条２項、322条、324条、171条、234条１項２号・４項、法人法２条12号の17・12号の16イ

②　第二段階：甲会社の臨時株主総会を開き、下記決議を行う。
　㋐　甲会社は残余財産分配優先株式を発行する旨の定款変更決議
　㋑　会社法108条１条７項に基づき、発行済普通株式の全部（Ⓐ所有甲会社株とⒷ所有甲会社株の全部）を全部取得条項付種類株式に変更する旨の決議
　あわせて、
　㋒　Ⓐ所有甲会社株とⒷ所有甲会社株の双方を会社法171条１項１号イで一挙に甲会社が取得する旨の議決を、上記㋐の議決、㋑の議決と同時に同じ株主総会で行う（反対株主買取請求については次の〈図33〉で検討するから、ここでは省略する）。

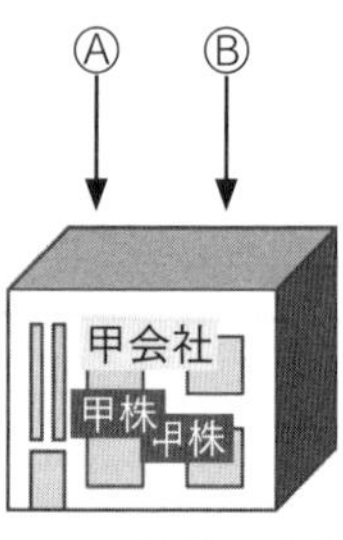

甲会社は甲会社株を全部所有している。

③　第三段階：甲会社株取得の対価として普通株式に残余財産分配優先株式を交付するものとし、端株計算を行う。

Ⓐ所有株数が85、Ⓑ所有株数を15と仮定すると、

普通株式１株につき残余財産分配優先株式16分の１株の割合をもって交付する。

Ⓐ 対 Ⓑ　＝　5.3125 対 0.9375

したがって、端株合計数は0.3125＋0.9375＝1.25

したがって、競売の対象たる株数は残余財産分配優先株式１株となる。

甲会社は、会社法234条２項、非訟事件手続法により裁判所に１株の売却許可の申立てをする。甲会社は許可を得て同株式を現金で買い取り、売却代金をⒶ、Ⓑに3125 対 9375で分配する。

④　第四段階：ⒶはⒷを甲会社から追い出すことに成功。金銭を使いながら税制適格である。

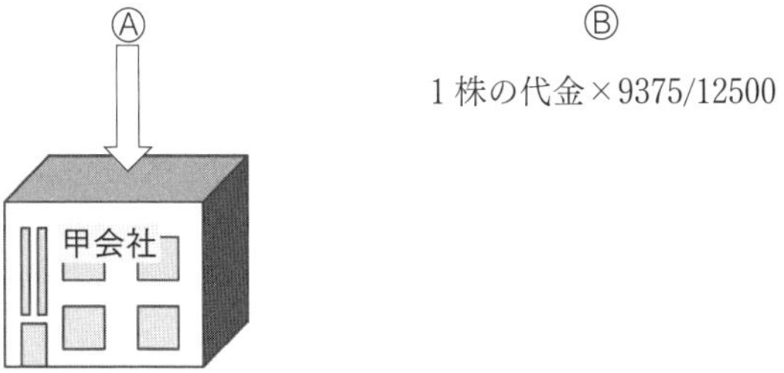

適格条件については、法人税法２条12号の17ロ以下参照。

最後に、全部取得条項付種類株式５株を株式の分割（会社法183条、184条２項）を用いて普通株式に戻し、株数を増加する手続をとることになろう。

なお、ほかに株式交換、株式併合、株式売渡請求を用いた適格で現金を用いたスクーイーズアウト（会社法２条12号の16、12号の17の規定に従い株式併合をする際に売却する株式を買い取るときは同法465条１項９号、234条４項、461条１項７号の財源規制が働くことに注意）は上記の全部取得条項付種類株式を用いた方法と同様です。説明が反復になるし、会社分割とも離れるので本書では省略します。

金銭を使って適格である点では魅力的であるが、端株にして競売という方法はどこかいかがわしい。Ⓐは85％を所有しているのであれば、増資して90％以上にしてから株式売渡請求をかけたほうがスッキリすると思う。

〈図33〉 株主権放棄スクイーズアウト

① 目標：法人であるⒶ、Ⓑが甲会社株式を、Ⓐが67％超、Ⓑ33％以下の割合で支配していると仮定する。

現金を一切使わないでⒶは甲会社を100％支配し、Ⓑは乙（甲会社の事業の一部）だけしか支配できない状態にすることはできないか。

Ⓐ、Ⓑ：法人株主
甲株は甲会社株式、甲株は甲会社の新株、甲株、乙株とも譲渡制限株式
甲：分割会社
乙：分割承継会社
⇨：完全支配または50％超支配
→：株式保有

② Ⓐは甲会社の３分の２以上を支配している。Ⓑは甲の３分の１未満しか支配していない。

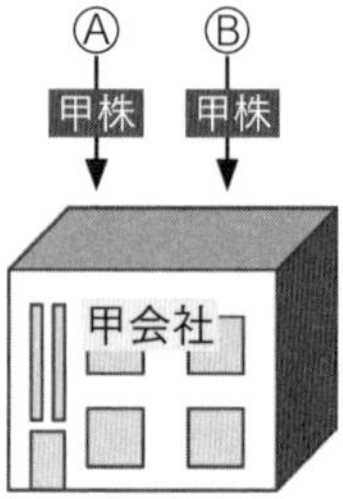

㋐ 甲会社は会社法108条２項２号で残余財産分配劣後種類株式発行会社に定款変更する準備、並びに同条１項７号で全部取得条項付種類株式を定款に定める準備に入る。

㋑ 甲はⒶとⒷの全員に、会社法116条３項に基づきこの定款変更の効力発生日（株主総会の日）の20日前までにこの定款変更することを通知するか、同法911条３項28号に該当しない限り同法939条１項による公告をする。公告は官報か日刊新聞の掲載かのいずれかによることができ、そのいずれにするかは定款に定めるところによる。

なお、甲は下記③の㋐の全部取得条項付種類株式を取得する株主総会議決の日を上記「効力発生日」として上記二つの定款変更も同日に議決する予定であるから、会社法299条の株主総会招集通知の中に上記定款変更事項を記載して、二重の手間を省略することが考えられる。

㋒ Ⓑは会社法116条１項に基づき甲会社に対し上記通知または公告に応じて、効力発生日の20日前の日から直前の日までの間に甲会社に自己の甲株式を「公正な価格」で買い取るよう請求することができる。

㋓ 請求後Ⓑと甲会社とが協議し、効力発生日から30日以内に協議が整わないときは、Ⓑも甲会社もその後30日以内に裁判所に価格決定の申立てをすることが

できる。

㋔　上記の手続とは別に、甲会社は会社法108条２項７号で株主総会を開き、普通株式（Ⓐ所有株、Ⓑ所有株）を全部取得条項付種類株式に変更する旨の定款変更を議決する。

なお、Ⓑから株式買取請求がなされても、下記③の㋐の甲による当該株式取得の効力は上記「効力発生日」に発生するから、裁判所による価格の決定の日からその「効力発生日」までは法定利率（平成29年改正民法による法定利率）による利息の支払いが必要になる。この利息発生を極力抑えるには甲会社は裁判所の価格決定日より前に甲が「公正な価格」と考える額を支払ってしまうことである。

いずれにせよ、Ⓑが裁判所の決定する価格を異議を留めず受領すれば（あるいは、ⒶとⒷとの協議が整ってしまえば）、その後は下記④以降の手続は不要になる。しかし、その時点では下記④の効力がすでに発生している場合がありうるから、その場合は何らかの事後的手続回復の必要があるであろう。

③　会社分割

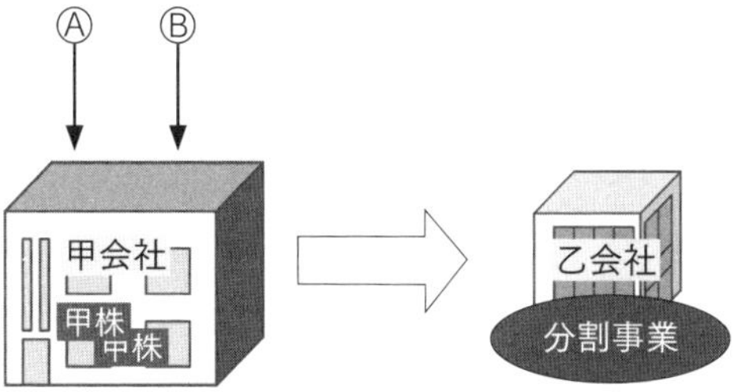

㋐　甲会社は、株主総会特別決議により会社法763条１項12号イ、171条１項１号ホで乙会社を新設分割する。と同時に、Ⓐの甲会社株とⒷの甲会社株を全部取得条項付種類株式として取得する旨の株主総会特別決議を議決し、即時取得する。

㋑　上記の図は甲会社が乙会社を分社型分割をし、甲会社が乙会社を完全支配していること、甲会社がⒶ、Ⓑの所有していた甲会社株を全部取得したことを示している。ただし、この分社型分割は支配の継続が見込めないから適格にはならない（甲に課税がある）。

なお、上記の図では甲の株主がいなくなっているが、下記のとおり、株主がいなくなるのと同時に乙株が交付されるから問題はない。

④　株式分配

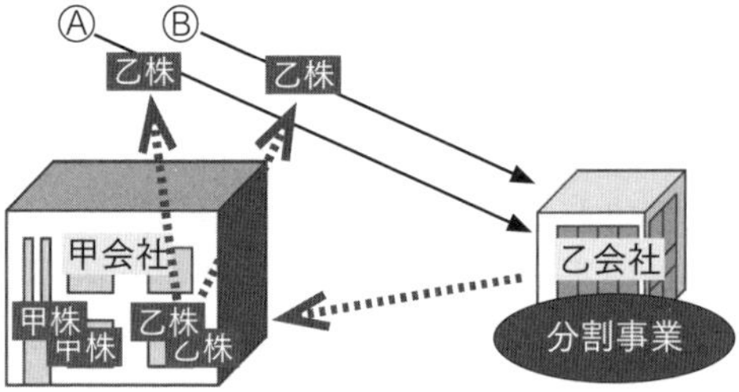

㋐　上記③の議決と同時に乙会社は新設分割承継会社株式である乙会社株を全部甲会社に交付する。

㋑　それと同時に、甲会社は乙会社株をⒶとⒷに会社法171条２項（454条ではない）で各全部取得条項付種類株式の株数に応じて按分に交付する。

㋒　上記図では乙会社株が甲会社に交付された直後にⒶとⒷに交付されたことを示している。

⑤　Ⓐの権利放棄

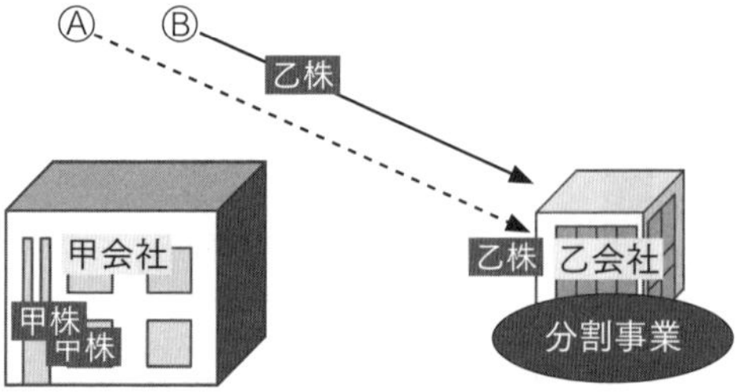

㋐　同時にⒶは交付された乙会社株全部を乙会社に向かって権利放棄する。乙会社は、権利放棄されたⒶの乙会社株を会社法155条13号、同法施行規則27条１号で無償取得する（自己株式の無償取得）。

㋑　上記図はⒶが乙会社株を乙会社に向かって放棄したことを点線で示し、乙会社は同乙会社株を自己株式として取得したことを示している。

⑥　甲会社の新株発行

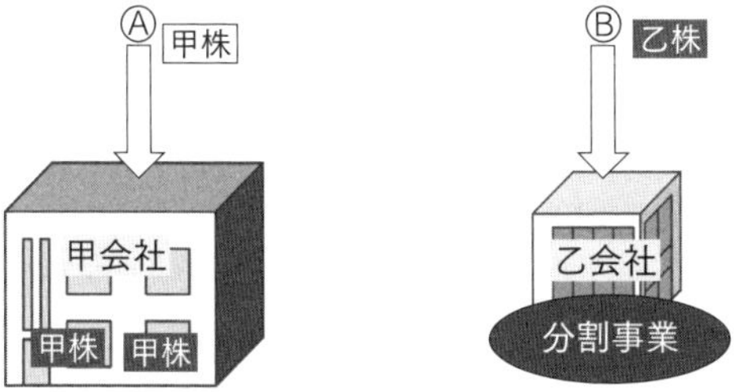

㋐　直後に、甲は会社法199条で募集株式１株の発行をする旨、募集株式１株の払込金額等を株主総会の特別決議で議決する。もちろん、この株主総会は上記③の段階で準備しておかなければならない。

㋑　甲会社はⒶに会社法205条、206条の募集株式引受契約の取締役会承認を得て１株だけ新株（甲株）を発行し、Ⓐは208条で新株の払込みをする（ここで発行する新株は１株ではなく下記⑦で増加する株数まで引受契約を締結してもよい。急場だから１株としただけである）。

⑦　スクイーズアウト完成

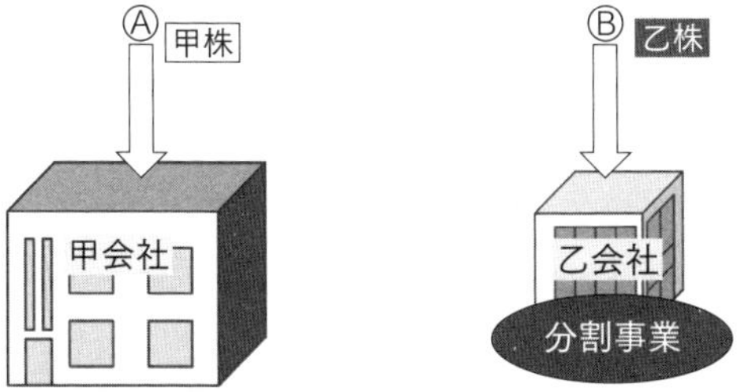

㋐　甲会社は会社法178条により取締役会で旧甲会社株（甲株）を消却する（消却はしなくともよい）。

㋑　甲会社は会社法183条、184条により取締役会で株式分割して株数を上記②の段階における株数まで増加させればよい。

上記⑤で、Ⓐは乙会社株を乙会社に向かって放棄している。乙会社はこの権利放棄された乙会社株を自己株式として無償で取得することとなる。会社法155条13号、同法施行規則27条１号で自己株式を無償取得することが認められている。

この場合の乙会社株について第三者が担保権を有しているわけでもなく、第三者の権利の対象になっているわけでもないから、Ⓐは自己の意思だけで株主権放棄を決めることができる。この権利放棄の対価は無償であるからⒷにとって利益となっても損害を受ける可能性はない。Ⓑにとって、Ⓐによる乙会社株放棄を受容すれば乙会社を完全支配できるから利益があり、Ⓑはこの権利放棄を受容するであろう。しかし、Ⓑとしては Ⓐによる乙会社株放棄を受容せず、これを拒否する権利はある。Ⓑが拒否すれば、Ⓐはそのいったん放棄した乙会社株分だけで乙会社を支配する（上記設例の仮定から、３分の２の支配）ことになるか、あるいは乙会社をその分だけでも支配することに利益があると考える第三者に当該乙会社株を売却するであろう。いずれにせよ、Ⓑは再び甲を支配する機会を手に入れることはできない。

⑧　上記Ⓐによる乙会社株の権利放棄はⒶと乙会社との民法上の贈与契約でもよい。ただスクイーズアウトであるから贈与契約の成立は期待できないであろう。株主権放棄は民法上、単独行為であるが、税法上は贈与と同じ扱いを受ける。しかし、乙会社にとって、上記権利放棄による乙会社株取得は無償であるから、乙会社にとって「含み益」の発生が認められても、法人税法22条２項該当の収益の発生がなく（清水秀徳「自己株式の無償・低廉取得に係る法人税の課税関係」税務大学論叢66号309頁（2010年）参照。なお、本件では乙株式の権利放棄は意図的に資産価値をⒷに移転するものではないから、Ⓐに法人税法22条２項の収益の発生する余地はない。最高裁第三小法廷平成18年１月24日判決(オウブンシャ・ホールディング事件）の射程外である)、受贈益課税もない。乙からⒶに対しても資産の移動がないから、Ⓐにとって「みなし配当」の問題も起きない。ただし、Ⓐには乙会社に対する寄付金課税（法人税法37条１項）があると考えられる。

これで、全部取得条項付種類株式と株主権放棄による現金を使わない一方的なスクイーズアウトを実行できることが明らかになりました。しかし上記は甲会社の価値と乙会社の価値については無視した計画です。Ⓑから見て②で所有していた甲会社株の価値に対比して、⑦で所有することとなる乙会社株の価値が大幅に低下すれば、ⒷはⒶを被告としてその差額の支払いを訴求してくるかもしれません。しかし、上記スクイーズアウトはⒷに乙会社を完全支配する権利を与えていますから、大きな不満はないはずですし、民法、会社法、法人税法に立脚する合法的な手法ですから、その請求原因は立論困難、立証至難でしょう

なお、上記ではⒶは一人のように図示していますが、通常は、そうではなく複数か、多数に上る場合が多いでしょう。Ⓐと利害を共通にする当事

者が多数である場合には、株主を「一の者」にする方法が考えられます。一般社団法人を設立し、それにⒶと同じ利害に立つ者たちと一般社団法人との株式民事信託契約をすることによって株主を「一の者」にする方法が考えられます。事務が煩瑣にわたることを避けるため多数の株主を「一の者」にする方法はいろいろ考えられるが、一般社団法人を設立し、それとの株式民事信託契約の方法が最も法的に堅牢で費用が低額でしょう。ただし、一般社団法人を利用する場合には、スクイーズアウトの目的を達成した後をどうするかを事前に考えておく必要があります。なぜなら一般社団法人が当初に所有した株数が目的達成により増加しているため、これを一般社団法人設立時の個人株主に戻す作業はかなりセンシティブなことになりかねないからです。最も賢明な方法は、目的達成後も、同じ一般社団法人を「持株法人」として利用する方法でしょう。ただし、そのためには、初期段階で慎重な定款作成が要請されます。

〈図34〉 節約スクイーズアウト（非適格株式交換＋増資＋適格株式売渡請求）

① 前提

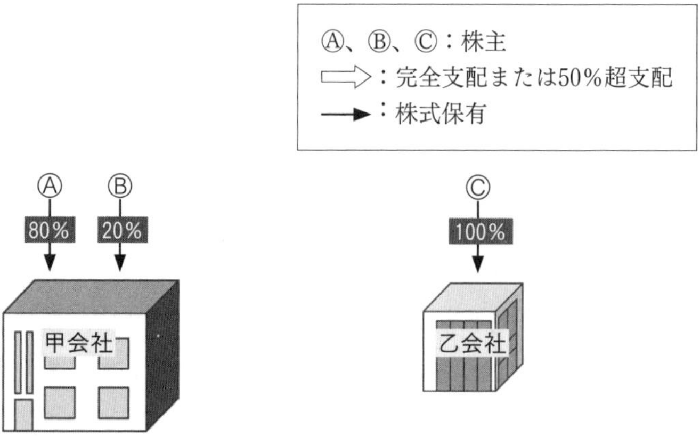

㋐ 乙会社は甲会社と資本関係はないが、甲会社と取引関係があり、法人税法２条12号の17ロ、同法施行令４条の３第20項１号～４号・６号の要件を満足する関係がある友好会社とする。

㋑ 甲会社、乙会社の総資産比率は、４対１であったとする。

② 適格株式交換実行後の株式比率の変化

乙を株式交換完全親会社とし、甲を株式交換完全子会社とする。

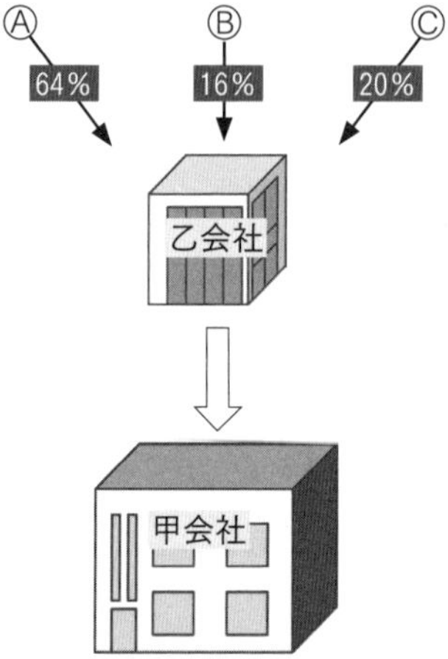

Ⓐ ＋ Ⓒ ＝ 64 ＋ 20 ＝ 84

90－84 ＝ 6

③　84　＋　6　＝　90　　（Ⓐ＋Ⓒ）が90以上になるまで第三者増資
　　Ⓐ　＋　Ⓒ　≧　90　　「一の株主」

④　適格株式売渡請求（法人税法２条12号の17）
　ⒶとⒸの株主を「一般社団法人ＡＣ」である「一の株主」とするため、株主に一本化する。

Ⓑ　←　一般社団法人ＡＣ
　　株式売渡請求
（株式売渡請求後の手続は簡単であり、特別の問題はないから省略）

目標：㋐　ⒶはⒷを甲会社からスクイーズアウトしたい。
　　　㋑　支出現金をできるだけ節約したい。

前提：㋐　ⒶとⒷとの持株比率は80対20で、Ⓐの比率は株式売渡請求をかけるにはかなりの差があるが、この差を第三者割当増資で埋めるには抵抗が予想される。
　　　㋑　甲会社と乙会社とは業務上親しい関係があり、法人税法上の適格関係（左記①㋐に記載した関係）がある。
　　　㋒　甲会社と乙会社との純資産比率は４対１である。

方法：㋐　Ⓐ株主は数が多いため、一般社団法人Ａを設立し、Ⓐの株主を委託者とし、一般社団法人を受託者、Ⓐの株主を受益者とする民事信託契約を締結する。
　　　㋑　Ⓑも上記㋐と同様に一般社団法人Ｃと民事信託契約を締結する。
　　　㋒　売渡請求をかける前に「一の株主」の一本化のため、Ａ、Ｃの各信託を終了させ、ＡとＣを一本化した別個の「一般社団法人ＡＣ」の設立と民事信託契約を締結する。
　　　㋓　株式交換の段階で反対株式買取請求（会社法797条）が提起されたときは応訴し価格を争う。

この方法は、甲の株主ⒶはⒷをスクイーズアウトしたいが株式比率がⒷ20に対しＡは80しかないので株式売渡請求がかけられない。そこで株式関係はないが友好関係にある乙会社の協力を求めることとする方法です。

前提により、甲会社と乙会社とは資産価値の比率が４対１で甲会社のほうが大きく乙会社のほうが小さい。しかし、乙会社を株式交換親会社にし甲会社を株式交換子会社にすると、Ⓐと©の株式比率合計は84となり90にかなり接近するところが肝心です。上記では84と90との差6について増資していますが、出発点が80より高く85、86などになれば当然増資額は減少します。

株式交換では、法律上親会社が子会社より資産価値が大きくなければならない規制があるわけではないところが目のつけどころです。

〈図35〉　飛び込み心中スクイーズアウト

①　前提

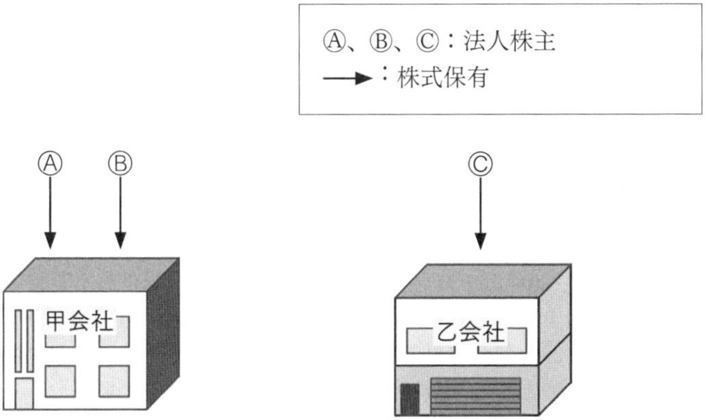

- Ⓐは甲会社の3分の2以上を支配している。
- Ⓐは甲会社からⒷをスクイーズアウトしたい。
- Ⓑは激しく抵抗している。

- Ⓒは乙の3分の2以上を支配

甲会社と乙会社は、甲会社が乙会社に対し事業の全部の譲渡をするものとし、乙会社は現金を対価とする甲会社の事業の全部の譲受けをするものとする。甲会社は乙会社に対し事業譲渡に係る各債権者の同意、各債務者の同意、並びに第三者対抗要件を要する物件につてすべてこれらの要件を取得する手続、それに全部事業譲渡契約、全部事業譲受契約を、それぞれ特別決議で承認を受けた日から6か月以内に完了する（同手続に要する費用は甲乙折半して負担する）とともに、同日までに事業譲渡対価を現金で全額支払うものとする。

その効力発生日の前日までに、全部事業譲渡契約並びに全部事業譲受契約を締結する（会社法467条1項1号・3号)。

甲会社は乙会社と友好的な取引関係があることから、甲会社の債権者のうち、本件事業譲渡に反対する債権者はいない見込みである。

② 事業譲渡

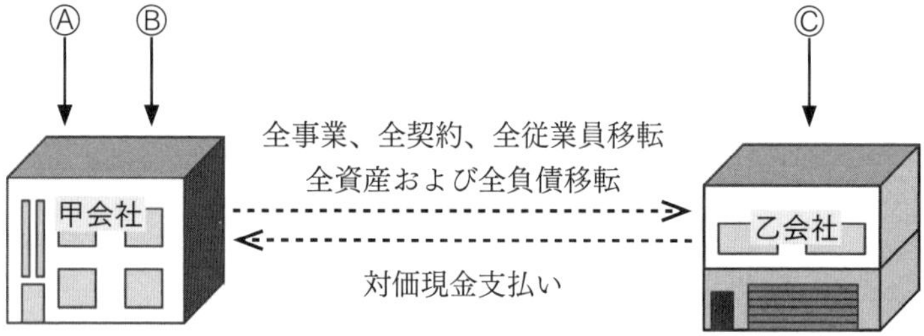

㋐ 甲会社も乙会社も効力発生日の前日までに、上記全部事業譲渡契約、全部事業譲受契約をそれぞれ特別決議で承認する（会社法467条1項）。

㋑ 甲会社は、上記全部事業譲渡契約を株主総会で承認決議をすると同時に、解散の特別決議をする（会社法467条1項1号、471条3号）。

㋒ 債権者の不安危惧を完全に払拭するため、乙会社は甲会社の商号を引き続き使用し（会社法22条1項）、甲会社の事業によって生じた金融債務営業債務を引き受ける旨をホームページ上に広告した（同法23条1項）。

③ 乙会社において、甲会社からの移転事業を継続しながら6か月以内に甲からの移転純資産の時価評価を行わなければならない（事前準備が必要である）。

乙会社から甲会社に対価の現金が交付された後は、甲には残債務が残留していないから清算は迅速に結了する（会社法492条、507条）。

Ⓐ：（乙会社からの対価現金額）×（Ⓐの株主権割合）
　　＝（乙会社からの対価現金額）× 3分の2（以上）……　T
Ⓑ：（乙会社からの対価現金額）× 3分の1（以下）………　P

この方法の特徴は、甲会社にとっての事業譲渡に伴う法人税額がかなり高額になる場合があり得ることですが、他方、この方法（事業譲渡承認決議と同時に解散を決議する方法）では、Ⓑには甲会社に対する反対株主の株式買取請求権が発生しない（会社法469条1項括弧書）という大きなメリットがあることです。

したがって、甲会社にとっては、事業譲渡に伴う法人税額と、全部取得条項付種類株式を用いるスクイーズアウトの方法をとった場合にⒷから株式買取請求を行使された場合における「公正な価格」（会社法116条）と、どちらが高いか、という比較の問題になります。

甲会社の事業譲渡対価額（取得原価との関係）と、乙会社からの対価額如何にかかる問題ですから、どちらが有利か一概にはいえません。

甲会社の資産構成と、甲事業の価値を乙会社がどの程度高く評価してくれるかなどにより結論は変わってきます。

さらに、Ⓐにとっては上記のＴの額が、ⒷについてはＰの額がそれぞれ戻ってくることも、上記の損得計算に入れなくてはなりません。

解散法人甲は解散後に継続する事業はまったくありませんから、甲会社の解散事業年度、残余財産確定事業年度における税務は特に複雑な問題はありません。株主Ⓐ、Ⓑについてはみなし配当の問題があります（ただし、Ⓐ、Ⓑは法人）。

上記の各要素の内容によっては、会社分割を用いたスクイーズアウトよりも事業譲渡を用いたこの方式のほうが有利な場合がありうると考えています。おそらく、乙会社は甲会社と資本関係はないが、友好的取引関係があることの意味がどの程度の内容であるかによって、結論が左右されるのではないでしょうか。

また、Ⓐとしては、この方法を実行するにあたって、この事業譲渡の実行完了後は、Ⓒとどのような関係をとり結ぶかを計画しておかなければならないでしょう。実際この方法を実行できる場合とは、ⒶとⒸとが友好関係以上の親密な関係がある場合に限られるかもしれません。

第V部

和菓子屋草薙事件

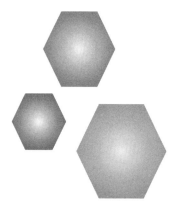

第１章　小説・事業再生

1　倒産必至

「悪いが、なにしろ急いでいるので」

知り合いの税理士から、一刻を争う事態だから、何とか時間をつくってくれと電話がかかってきた。

平成24年２月18日、土曜日であった。森海津弁護士は、昼過ぎから事務所に出ることにした。来客は税理士をいれて三人であった。

税理士の猪之頭は静岡市内に税務事務所がある。猪之頭が二人を紹介した。一人は、70前か、それにしては、いかにも疲れ切った感じがする。和菓子のメーカーで、静岡一の老舗の社長であるという。もう一人は30にもなっていないだろう。

「社長の、ひびさわ、と言います」と年配の男がゆっくりと自己紹介した。ひびさわ、とはどんな字だろうと思っている目の前に、差し出された名刺には「株式会社和菓子屋草薙　社長　日比沢喜代治」とある。日比沢とはどこかで聞いたことがある。

「このままでは、もういけません。４月末の支払いができそうもないんです。長い歴史があるお店ですから、何とかならないものかと思いまして」

猪之頭が手短に日比沢家の歴史を紹介した。

家康が将軍職を辞し江戸から駿府城に戻り、「駿府の大御所」として幕府の実権を握り続けた頃、駿府城の近く呉服町に店を構えたという。呉服町は静岡県庁と静岡市役所に近接し、安倍川に向かって七間町通から駒形通りと大通りが抜ける市内一番の商店街だ。盛時は徳川家に出入りするお菓子屋であった。現在でも、旧東海道の宿場町であった由井、丸子、岡部、藤枝、島田、日坂、掛川と律儀に和菓子屋店舗を維持している。それに愛知県、神奈川県内にも営業店舗がある。直営の独立店舗が11、デパートや駅内店舗などが併せて15、別に、餡子など菓子の原材料とか飲料水、食材を製造する工場がある。製造された餡子など原材料を卸している先の菓子屋が30軒はある。資本金は5000万円。資本金が1000万程度の同業者が多い中にあって和菓子屋にしては規模が大きい。従業員が正規で45人、非正規だけでも60人ほどは抱えている。

このまま潰れるわけにはいかない。事業再生事案に慣れている森弁護士なら、良い知恵を貸してくれるのではないかと、こうして静岡からやってきた、何とか方法を考えてやってくれ、と言って税理士が頭を下げる。しかしキャッシュフローが追いつかないとすれば、大ナタを振るわなければ生き残るのは簡単にはいかない。

＊　＊　＊　＊　＊

一緒に来たもう一人が名刺を出した。草薙の名刺に「駒形通り本店　吉行浩二」とある。肩書がない。社長の秘書のような立場なのだろう。言葉少なめに、慎重な態度だ。目に力があり、しっかりした印象を与える。

＊　＊　＊　＊　＊

日比沢喜代治は、旧東海道が三河で姫街道と分かれる御油追分の生まれで、昭和35年、18歳のときに名の知られた草薙の門を潜(くぐ)った。当人としては、和菓子の美しさをこの手で作りたい一心であった。それだけに上達は早く、先代の日比沢に認められ、28歳のときに先代の娘と結婚し養子に入った。日比沢喜代治が会社を任されて以降、和菓子屋草薙の経営は順調に店舗数を拡大し、売上げが15億円を超えた時期もあった。平成７年には北海道十勝の小豆生産農家数十軒と結んで小豆の安定供給を確保したうえで、餡子の製造工場を建設し、静岡県境を越えて菓子生産原料の卸を始めた。毎年、売上総額11億から12億円を達成し、事業は隆盛した。

だが、平成９年に売上額のよくない豊川の１店舗を閉鎖した頃から調子が狂い始めた。和菓子の売上げは、バブル経済の崩壊と関連があるのだろうか、売上げは各店舗で減少し、収益は縮小して、事業は逆回転し始めた。

＊　＊　＊　＊　＊

「しかし、」と喜代治は続けた。

「店舗数は減りましたが、１店舗あたりの客数売上げは減ってはいないんです。製餡の製造販売、清涼飲料の製造販売などもそれほど悪くなったとは思えないんです。自分はなぜこれほど苦しくなったのか呑み込めないんですよ」

＊　＊　＊　＊　＊

喜代治の言葉を受けて吉井浩二がつづけた。控えめながら、機敏な話し方をする。浩二は広島県西条の生まれであった。父は鶴系の銘酒醸造元の二男であったが、フイリッピン戦線で死亡した兄の跡を襲い、ゆくゆくは会社の采配を振るう立場に立てるのだと信じて懸命に働いた。戦後の立ち直りとその後の会社の成長は誰が見ても浩二の父の功績が大きかった。ところが兄が１人遺した長男が大学を出て西条に戻り会社に入った。祖父は父の功績を評価せず、まだわずか25歳であったその長男を会社の跡取りにすると宣言した。浩二の父は気落ちしてしまい、まだ51歳であったのに腑抜けのようになってしまった。

なさけない父の姿を見て育った浩二は、静岡の製菓会社草薙が、鶴系の酒粕を和菓子に使う道を切り開いていた縁があって、平成12年に18歳で草薙製菓に入社した。父のような負け犬にはなりたくないと心に誓った浩二は、懸命に腕を磨いた。浜松店に勤務していた平成22年、社長の喜代治から御池煎餅の改良案を求められた際に提案したアイデアが新鮮だと評判を呼び、眼をかけられるようになった。

＊　＊　＊　＊　＊

「今から考えると、私が草薙に入った平成12年ころが会社のピークでした。和菓子の世界は景気不景気に影響を受けやすい体質があります。平成20、21年にはリーマンショックで売上げが減少しました。店舗の数だけではなく、餡工場の新設、それに口車に乗せられて手を出した武蔵小杉のマンション投資、事業を拡大するにつれて大きくなったそれらの債務が重くのしかかってきました。入社して以降、店舗閉鎖、人員削減、コスト削減に奔走してきましたが、もう限界です」

ここで浩二は一息つぎ、もう冷えてしまったテーブルの上のお茶を口に含んだ。

＊　＊　＊　＊　＊

「経理部長が言うには、御津穂銀行と取り交わした為替デリバティブ契約があり、平成21年に発生した損失がじたじたと効いてきたというのです。もちろん、当社は為替取引などと縁はなく、デリバティブ契約などまるで用がなかったんですが」

＊　＊　＊　＊　＊

為替デリバティブ契約というのは、今から10年以上前、プラザ合意の流れを受けて円安から円高に切り替えられた時代に、金融機関が優良な中小規模企業をカモにした金融商品だ。

銀行員は数億円の損をさせても持ち堪える力がある中小規模企業をみつくろって、為替デリバティブ契約をもちかけた。

いろいろな契約形態があったが、多くは、顧客は相場にかかわりなく毎月同額のドルを「固定した価額の円」で買う義務を負うという契約だ。

毎月10万ドルを105円で５年間買うと約束した場合を想定すると、円安になり１ドル110円になれば、顧客は１ドル５円の儲けになる。10万ドルで契約していた場合、50万円の儲けだ。

銀行とのデリバティブ契約には「ノックアウト条件」という条項が付いているのが普通で、たとえば、１ドル110円になると、そこでその契約条項がノックアウトになり、銀行の損はそれ以上拡大しないというカラクリだ。

したがって次の日、1ドルが120円になっても儲けはもらえない。それどころか相場が円高に転じ1ドル90円になった場合、1ドル105円と固定された価額で10万ドル買う義務があるわけだから、90円で済んだはずのものを105円も支払わなければならないから、1ドルにつき15円の損となり、一月に150万円の損がでる。1ドル80円になれば250万円の損だ。客の損には歯止めがかからない仕組みになているから、円高がどこまでも続けば顧客は底なし沼の損に落ち込む。顧客と銀行はゼロサムの関係だから、客が損すれば銀行が儲かる。

それだけではない。中途解約をすると莫大な解約金がとられる仕組みになっている。顧客が数億円にもなる解約金など都合できないと銀行に泣きつくと、銀行は、ご心配なく、解約金は新規に貸しましょうとくる。借りても、借りなくても、銀行の仕掛けた地獄のカラクリから抜け出せない。

＊　＊　＊　＊　＊

2008年、リーマンショック以降は急激な円高になり、中小規模企業の中には莫大な損が発生したところが続出した。悲しいことに、複雑な契約の意味が理解できないのに、出入りの銀行員から、「お付き合いしてください」と下手にでられると、いまもその銀行から借入れをしているか、明日には借入れをしなければならない立場の中小規模企業の経営者としては、「お付き合い」を断る言葉を口には出すことはできなかった。

＊　＊　＊　＊　＊

森弁護士は、為替デリバティブ契約で大きな損失を出したビニール製品販売業の経営者兄弟から相談を受けたことがある。兄の社長は、すぐ損は取り戻しますから大丈夫、心配はいらない、と言う。弟の専務は、損は莫大で取り戻せるものですか、兄は気がふれてしまったのです、という。似たような話で中古自動車販売業者に頼まれたときは、銀行相手に損害賠償請求訴訟を提起して闘った。日々の記録をとっている銀行の証拠は厚く、依頼人に甘い誘いをかけた銀行員の言葉の記録はない。裁判所は裁判所で、書面があるほうを勝たせるのが正しいのだと信じている。それを破ることもできず、敗訴した苦い経験があった。

＊　＊　＊　＊　＊

森弁護士が日比沢喜代治のほうを向いて質問した。

「社長は為替デリバティブで損が発生したことは、ご存じなんでしょ？」

「え、いや、為替デリバティブとか、そんなことは、和菓子屋とは関係ありませんから、私は、何も知りません。御津穂銀行には長い間、お世話になってましたから、書類に判を押してくれといわれて、押したことはあります、でも、何が書いてあったか、読んでもいませんし」

また、このケースかとげんなりして、森弁護士は話を本筋へ戻した。

「当面の資金繰りをどうするかですね。銀行に借入れの申込みはしてみたのですか？」

浩二は、森を見ないでぼそりと言った。

「ええ、申込みは、しました。何度も。昨年暮に3回、今年に入ってからも2回、返事は、もうロールオーバーも無理だ、他に方法を考えてくれというのです」

ロールオーバーというのは、1年ごとの見直しをする短期間の融資で、借り手に問題がなければ、それまでの貸付け条件と同じ条件で転がしてくれることをいう。

「ほかに方法を考えろといわれても、社長の自宅も担保に入っているし、ほかの銀行に頼んでみても、所有していた店舗は2つ閉鎖して、売却していますし、残り5店舗にも担保がついています。武蔵小杉のマンションも処分しました。

静岡県内には、かなりの面積、土地は持っています。岡部町には餡の製造工場と敷地、それに静岡市内には倉庫と貸し宅地もあり、浜松と富士宮には更地もあります。安倍川の上流と大井川沿いにも山林を持っていますが、使える土地はすべて担保にとられており、山林は広くても価値がしれています。

北海道十勝は、事業協力者はいますが、資本関係がないので、支援を当てにはできません。債務超過で、ほかに担保がない以上、新規に借入れを起こすことは無理です。もう手はなさそうで……」

森弁護士はこれまで、息の詰まるような資金不足に陥った中小規模企業から、何件も、何件も、毎年、相談されてきた。債務超過に陥り苦悶する企業をどうすれば蘇生させることができるだろう。

＊　＊　＊　＊　＊

「商品の買掛けは別として、金融負債の総額は、どれくらいですか？」

「去年の末で、取引のある銀行は御津穂銀行、地銀、信用金庫、信用組合、農協まで入れて６行で、総額約25億円になります。拘束されている定期が全部で３億円ありますから、真水で22億円です」

「そうですか。負債22億円で、新規融資が無理であれば、ちょっと普通の方法ではもう、無理でしょうね。小豆やお砂糖など、仕入れは支払いが滞っているということはないのですね？」

「ええ、それはありません」

「賃金の未払い、社会保険料の遅延は起きていませんか？」

「賃金の未払いはありません。社会保険料が一部未払いになっています」。

＊　＊　＊　＊　＊

税理士の猪之頭は先ほどから腕組みをして、事務所の天井を睨みつけたまま身動きもしない。あまりにも遅すぎたのだ。税理士の世界の論理では、債務超過を生き返らせる手法はない。

森海津弁護士は、俯いて考え込んだ。息が詰まる。事業を立て直すどころか、打つ手を間違えれば、全滅だ。

2　再生への道

平成24年２月23日、午前10時。２回目の打ち合わせ。

森弁護士は、日比沢喜代治社長のいないところで、従業員らの本音を聞きたかった。実務を担っている吉井浩二と経理部長の石沢昭雄の二人だけを呼んだ。

まず吉井浩二が説明した。

「実は、すでに内々にスポンサーの打診は、してはいるのです。支援の意向を持っている会社は、ないわけではありません。二社あり、両方とも原材料の仕入れ先で、互いになくてはならない存在です。両社とも、当社が破産したり、第三者に買収されて、取引を打ち切られてしまっては困る、何とか支援したいと、言ってはいただいているのですが……」

＊　＊　＊　＊　＊

そこから先は、「私が、」と石沢経理部長が話を引き取った。

「両社とも本当のところ老舗の信用が維持できるのかという点を案じています。400年の歴史があるということは、逆に生き馬の目を抜く今の世の中に後れを取らないような経営ができるのか、といった心配です。銀行との契約書を読みもしないで印を押すようなことでは、どうしようもない。両社とも、支援する以上、社長は理にかなった経営をしてくれる人でないとダメだといっています。その点、看板の古さ頼りの日比沢家の時代は終わったのではないか、合理的な経営ができる、新しい経営者でないと、ということでしょう。

しかし、では日比沢の一族はどうなるのか。そこですね。この話が難しいところは」。

「浩二さんは、どうお考えですか」

「うーん、難しいですね。しかし、日比沢家が先か、会社が先かといえば、会社が先でしょう。会社の立て直しができないとなると、日比沢家も先がないでしょうし」

＊　＊　＊　＊　＊

森弁護士が身を乗り出して二人の顔を交互に見た。

「そういうことでしたら、再生の手法をどうするかとも関係しますので、私がその二社に直接お会いして、条件を煮詰めてみようと思うのですが、よろしいですか？」

「お願いします。」

浩二と石沢が口を揃えて言った。

3　再生の手法

平成24年２月29日、午前10時。

その日の朝、寒さが厳しかったが、日が差し始めるにつれて温度が上がり、庭先の福寿草の蕾みが黄色に膨らみはじめた。森海津弁護士の事務所で開かれたその日の会議は、日比沢喜代治、浩二と経理部長の石沢も同席した。三人が座るとすぐ、森弁護士はゆっくり話し始めた。

＊　＊　＊　＊　＊

「今日は、和菓子屋草薙の事業を立て直すには、どういう方法があるかを検討します。債務超過で、支払い危機に直面した債務者がとり得る手法として、最初に考えられるのが、裁判所に対する民事再生の申立てです。

民事再生の典型的な使い方は、債務を、長くても10年間かけて、分割払いで返済します、それでも払いきれない債務は勘弁してください、事業再生することを許してください、と債権者にお願いする手続です。

しかし、その手法で成功するには、長期にわたって弁済を継続できるだけの基礎がしっかりしているかどうかが問われます。銀行の理解と協力はもちろんですが、草薙の事業が倒産しては困ると考える顧客や原料供給業者や生産品買入れ業者の協力が得られるかどうかです。草薙の400年の暖簾は、安定的な顧客層を確保している強さがある一方、隙あらば足を引っ張ろうとする、敵対的な同業者の方を多く育ててしまっている可能性はないでしょうか。もし、そうだとすれば、その手法だけでは危険です」

＊　＊　＊　＊　＊

「もう一つの道は、民事再生を申し立てる前に、会社分割に踏み切り、民事再生の早い段階で事業譲渡を申し立てる方法です。これは、東海地方、特に静岡県内では断トツの知名度を誇る和菓子屋草薙の強さを生かすことができる手法です。

民事再生は、世間では倒産とみなされます。扱う商品が生活必需品ではなく、贈答品、嗜好品ですから、早い段階で民事再手続から脱出して倒産の汚名を払拭しないと、売上げが次第に力を失いかねない。早い段階で事業譲渡を申し立てる方法をとるのです」

＊　＊　＊　＊　＊

森弁護士は、ただ、事業譲渡の手法は、裁判所の外で経営を継続しながら、裁判所の下で民事再生に入り、最後に、ビットと事業譲渡を組み合わせて、債権者に対する配当を実現し、同時に事業の立直しを図る手法で、かなり複雑な方法です、と急いで付け加えた。

＊　＊　＊　＊　＊

「まず、メインバンク御津穂銀行に了承を得て、すぐ会社分割に入り、銀行債務を負っている旧会社と、和菓子事業を行う新会社に分離する。新会社は営業を継続しながら、旧会社だけは、裁判所の中で債務処理を進める、民事再生の申立てを行う手法です」

＊　＊　＊　＊　＊

この手法は、会社分割と裁判所を噛ませた民事再生法の適用下で、民事再生手続が始まって、ほんの数か月後に、再生会社の銀行負債だけを残して、再生会社の資産と事業を第三者に一挙に事業譲渡するものだ。この方法を使うことは、債務者会社が大規模で負債総額が数百億を超えているとか、従業員の数が数百人を超えている場合などでは無理がでてくるが、債権者が銀行だけとか、債権者の数が少なく、債務者の規模も大きくない場合には有効な手法である。

＊　＊　＊　＊　＊

会社分割というのは、債務を整理する旧会社と事業を継続していく新会社とに分離して、旧会社で旧債務を処理し、新会社で事業を再生する手法だ。会社法、法人税法、会計学の三つがからむかなり複雑な技術で、債権者を相手にする不良債務処理手続と、事業を再生させる手続とを同時に別々の会社で進行させることなる。債権者の利益と債務者の利益とを同時に、かつ円滑に実現することを目指すものだといえる。

＊　＊　＊　＊　＊

「会社分割は民事再生手続と組み合わせて使うこともできます。債権者に対して、債務のうちどれだけを、どのよう方法で弁済するのか、の問題は裁判所で扱い、弁護士が担当します。あなた方は新会社で事業を継続し、収益を上げることに邁進するのです」

＊　＊　＊　＊　＊

「この手法の特徴は、民事再生を申し立てる直前に会社分割を実行する点です。民事再生法を管轄する裁判所からすれば、何か、裁判所を忌避するような、いかがわしさがある感じがするのでしょう。かなり抵抗がありますが、合法的であり、合理的な手法ですから、裁判所も必ずこの手法を受入れるようになると確信しています」

＊　＊　＊　＊　＊

「会社分割によって新設される分割新会社の商号は、分割旧会社である『和菓子屋草薙』と同じ商号とし、分割旧会社の給料債権者である従業員、小豆、砂糖、糯（もち）米など原材料納入業者、店舗の賃貸借契約の貸主、電気ガス水道料金などの営業債権を分割新会社が承継し、分割新会社はそれら債務を全額支払い続けて事業継続を確保するのです。このように金融債務以外の買掛債務は支払い続けるため、取引先を巻き込むこともありません。従業員との雇用契約は、分割新会社が引き継ぎます。勤務場所も同じ、給与も社会保険、退職金規程など労働条件も全く同じにするのです。不満の声は出ません」

＊　＊　＊　＊　＊

「ですから営業上の支障は全くといってよいほど出ない。顧客から見れば分割新会社の商号、看板は分割旧会社の商号、看板と同じ、商品も同じ、従業員も同じですから、会社分割したこともわからないのです。世間には大会社で、実は倒産状況になったため会社分割をしたのだけれど、私が今説明した手法を採用したことにより、世間の人は倒産したことさえ知らない事例が沢山あります。大会社にも数多くあります。大新聞社にもこの例があります」

＊　＊　＊　＊　＊

「ここからは説明が少し複雑になりますから、話をわかりやすくするため旧会社を甲と新会社を乙と呼びます。

まず、銀行債務と不動産は甲に残してきます。なぜ残してくるかといえば、銀行の債権を担保する抵当権が付着しているからです。これら担保を外すことができる時点は、債権者銀行と話がつき、債務の一部の弁済によって残債務の消滅に同意するときです。それは一連の手続の最終段階になります。賃借りしている店舗も、やはり甲に置いてきます。店舗不動産は所有しているか賃借りしているかにかかわらず、一括して同じ取扱いをしたほうが法律関係の処理が簡略だという実務的理由からです。ただ、賃借りしている店舗は手続が進行中は乙が又借りすることになりますから、その手続をとります」

＊　＊　＊　＊　＊

「もう一つ甲に残してくる大事なモノがあります。それは分割新会社乙の新株式です。乙の株式の全部を甲に握らせておくのです。その理由は、二つあり、一つには銀行債権者が持っている債権は、それを権利として請求できる相手は分割旧会社甲だけであって分割新会社乙に及びませんから、債権者は不安になります。しかし乙の全株式が甲の中にあれば、銀行債権者はいざというときは、乙の全株式を甲の財産として自分の債権で差押えることができるから安心です。

もう一つの理由は、民事再生手続に入るのは旧会社甲だけですから裁判所も分割新会社乙を裁判所の支配下に置くことができないので不安です。しかし分割新会社乙の株式が旧会社甲の中にあれば、乙の株式は甲の財産ですから、当然裁判所の権限は、分割新会社株式にも及ぶことになるからです。裁判所が指定する管財人が乙株式を管理します。このため、たとえば、乙が再生手続中に株主総会を開いて議決をしたいときには、議決は甲の中にある財産の管理にかかわる問題ですから、裁判所は、乙株を管理下に置いていることによって民事再法上は裁判所の権限が及ばない乙に対しても、株を通して間接的に乙をコントロールできることになるのです」

＊　＊　＊　＊　＊

「民事再生の開始決定が出てから、極めて早い段階で事業譲渡を実行するのですから、いろいろ事前に準備することがあります。まず事業譲渡先の第三者をどうやって準備するのかについては、後でお話しします。では、事前にその第三者が準備できていたとしても、民事再生法下における事業譲渡は、第三者である事業譲受人に向かって事業譲渡するのではなく、分割新会社乙に向かって事業譲渡するのです。ただし、旧会社甲には銀行負債だけは残してきます。このとき、旧会社甲は、旧会社甲を管理する裁判所から、その許可を得て、旧会社甲が所有していた不動産など一切の資産と新会社乙の株式全部を新会社乙に譲渡するのです。この瞬間、新会社乙の株式はその全部が新会社乙の自己株になってしまいますから、同時に裁判所の許可を得て新会社乙の新株式を１株だけ、法的には100株でも１万株でもいいのですが、１株だけで十分ですから１株だけを、募集株式総数引受契約承認の手続で発行し、事業を譲り受ける第三者に向かって、譲渡代金と引き換えに発行するのです。したがって、理論上、この１株式の価値は譲渡代金の価値と等しくなり、かつ事業譲渡実行後の乙会社の価値と等しくなり、かつ会社分割前の甲会社の価値から金融債権額を控除した額に等しくなります」

＊　＊　＊　＊　＊

「譲渡代金は事業譲受人から新株一株と引き換えにいったん、その新株一株の発行元である新会社乙に入りますが、直ちに乙から旧会社甲に交付され、それと交換に旧会社甲に残留していた不動産に付着していた担保を抹消し同時にその所有権を新会社乙に移転するのです。旧会社甲に交付された譲渡代金は、旧会社甲に最後まで残存していた銀行債権者に向かって、担保抹消と同時に弁済し、こうして約定した債務額を弁済するのです」

＊　＊　＊　＊　＊

「この一連の手続が終了した段階で甲会社に残るものといえば、債権者も債務者も第三者の事業譲受人も、誰も欲しくないようなもの、たとえば、かっては名門とうたわれた倒産ゴルフ場の会員権、解散した○×一般社団法人に対する基金返還請求劣後債権など、資産価値がほとんどない資産等、いわばゴミのようなもの、そして最後に、上記、事業譲渡手続によって銀行債権者に先ほどの約定配当の後に残る残額債務があります」

＊　＊　＊　＊　＊

「この残存債務処理のため、民事再生手続の最終段階で民事再生計画案をつくり、債権者集会を開いて賛否の議決をとります。債権者議決権者の頭数の２分の１以上の賛成と、債権者の議決権の２分の１以上の賛成によって可決されると、その場で裁判所の認可があり、再生計画が発効し、残存債務は法律の規定によって消滅します。後は甲会社の解散登記、抹消登記をするだけです」

＊　＊　＊　＊　＊

「それでも、なお残る問題があるのです。それは債務者会社の代表取締役の連帯保証の処理です。これは性質が少し違いますから、後に説明しましょう。

手続の一応の流れは説明しましたが、わかりにくいところを押さえておきましょう」

＊　＊　＊　＊　＊

「最初会社分割を説明する段階では、会社分割は従来の事業再生の方法に比べて極めてダイナミックに進行しますから、金融機関は最初は騙されるのではないかと少しは抵抗します。しかし、分割新会社乙の全株式は旧会社甲が握っており、甲会社は裁判所の管理下にあるのを見て安心し、会社分割後も事業が継続していますから、それを見て、債権回収が少しは期待できるのではないかと考えを改め始め、次第に、事業を潰してしまうより有利であることを、理解するようになってきます」

＊　＊　＊　＊　＊

「しかし、金融機関に支払いきれない債務について債務消滅しかないことを了解させるのは簡単ではありません。金融機関としては債務者の事業が継続されているのに、債務を放棄した場合――実は債務消滅であって放棄ではないのですが――株主総会で責任を追及されるかもしれない、国税庁からは回収できない消滅債権額の税法上の損金性を否認され課税対象として扱われるかもしれない、そのため、債務者には、きっちりと『死んでもらう』必要がある、と主張してくる、ことはよくあることです」

＊　＊　＊　＊　＊

「しかし、銀行が要求するように本当に死んでしまえば、銀行も債権回収が不可能になります。この矛盾を解決する技術が会社分割なのです。過剰な債務でフラフラになった債務者が、過剰債務を抱えて本当に解散し消滅してしまう死ぬ部分と、稼得能力をもってこれから弁済能力を持ち再生していく事業部分の二つに分ける技術です」

＊　＊　＊　＊　＊

「この意味で事業再生手法としては優れているのですが、問題がないわけではありません。それは、事業が第三者の手に渡ってしまい、旧来の経営者は経営権を奪われる可能性が高いことです。しかし突き詰めた言い方をすれば、経営者の交代にあくまでも抵抗すれば、事業の全体を死に追いやる可能性が高くなることです。本件の場合、事業を永続させようとしても、新規の資金の投入がなければもう無理ですし、第三者に新規資金の投入をお願いするには、多すぎる過剰債務の切下げがどうしても必要です。この意味でも銀行債権者の協力がなければもう、無理なのです。そして新規資金を投入する第三者の協力と、債務の一部免除を認めてくれる銀行債権者の協力があれば、従来からの原材料供給業者の協力も得られるようになります。そうなれば、必ず従業員は付いてくるでしょう、そして事業は続いていくでしょう。和菓子屋草薙の400年の伝統は生き続けるのです。

経営者は身を退くが、事業は永続していく名誉をとれるかの、ぎりぎりの選択です」

＊　＊　＊　＊　＊

「本件では、事業譲渡を計画しますから、債権者から競争入札をするよう要求されるでしょう。債務者の性質が飛び抜けて歴史の長い老舗であることから、時価評価の難しい老舗の看板を競争入札で値付けしたいとい動機が働きますし、債権者の多くが銀行だからです。銀行としては、こうなった以上、どの案が最も高い配当を実現してくれるかです。理屈ではありません。最も高い配当を実現できる方法は、競争入札だからです。競争集札はビットともいいます。スポンサー候補者の中で一番高い金額で『和菓子屋草薙』の事業を買ってくれる企業を募集することです」

＊　＊　＊　＊　＊

森弁護士は、吉井浩二と石沢経理部長に念を押した。

「あなた方が自分たちの力だけで返済計画を立てる自主再生型も選択肢の一つではあります。しかし、自主再生型の場合には、弁済原資は自分の力で稼ぐ将来の収益だけです。ですから、非常に長期間の弁済計画にならざるを得ません。おそらく10年計画、15年計画になるでしょう。民事再生法上の返済期間は法律上10年に制限されています。

しかし10年間の長期返済計画を立てたとしても、12億を全額返済しようとすると、単純計算で、毎年１億2000万円を返済しなければなりません。返済元本原資は税法上の損金にはなりません。収益から返済しなければならないのです。それだけの額を収益として毎年計上できる見通しがありますか。もちろん民事再生の手続によって、うまくゆけば返済総額は半分ほどに減額できるかもしれません。それでも毎年6000万円の返済です。それだけの額の返済計画が間違いなく達成できる保証があれば債権者銀行は一部債務免除を認めてはくれるでしょう。しかし、もし、毎月が500万円以上の元本返済ができたのなら、ここまで押し込まれることはなかったはずです。つまり、10年返済計画案であっても、ここまで総負債が膨らんでしまっている事例では、計画の始まる前に、元本債務の切下げ、つまり債権者から債権一部免除が実行されていなければ、所詮は実行に無理があるのです。

ところが、初期の段階に債務の一部免除を実現しようとすると、債権者はそれでは一部免除後の残債務を間違いなく全額返済できることは確かであるという、何らかの担保なり、保証なりをくれと要求します。そんなものあるわけがありません。そうなら、と債権者は続けます、今すぐ支払能力のある第三者に事業を売却せよ、と」

＊　＊　＊　＊　＊

「しかし、仮に、スポンサーの助力が得られるとすればどうでしょう。普通は、一括払いになります。スポンサーはお金を出す以上は即時に事業支配権を手に入れたいのが普通ですから、支払額を可能な限り減額させておいて、一括して支払おうとするのです。債権者は当然一括支払いを歓迎します。これをスポンサー型といいます」

＊　＊　＊　＊　＊

森弁護士は、ここで一息ついて、テーブルの上のお茶を一口飲んだ。

「ここに、中小規模企業にとって重要な問題が立ち現れます。自主再生型では債務者は、なお経営権を保持していますが、スポンサー型では経営権を失うことになるのは必至だという点です」

＊　＊　＊　＊　＊

中小規模企業の経営者は経営権を失うことに激しく抵抗する。一生をかけて築いてきた財産を失うし、連帯保証責任で破産に追い込まれ、自宅まで手放すこともあるから、抵抗するのも当然である。本件の場合、それだけでは済みない。江戸時代初期から400年余の歴史のある老舗の経営者が追われるのだ。日比沢家の抵抗は激しいであろう。そんなことなら先祖の名誉を守るため破産を選ぶというかもしれない。それも見識かもしれない。

旧家の名誉を守る途なのかもしれない。しかし、そうなると従業員はどうなるのか。従業員は一緒に死ぬのを選ぶであろうか。やはり経営者の責任の問題は残る。

＊　＊　＊　＊　＊

他方、債権者の立場からは、スポンサー型のほうが魅力的に映る。旧経営者を追い出すことで、スポンサーは事業の完全な支配権を握り、事業を支配することで債権回収額を大きくしてくれる見通しが立つからである。

＊　＊　＊　＊　＊

ここで、債務者と債権者とは激しく対立する。

経営者が特殊な知識や技術がなくてもやっていける事業の場合は、この局面に至れば、債権者は、事業を経営する「経営者」と、経営者が経営する「事業」を分離して考えるのだ。〈従来からの経営者を放り出して、事業だけを第三者に売ってしまうスポンサー型でよいではないか〉、〈事業を、第三者に譲渡してしまうほうが回収額が大きくなるからよいではないか〉、という声が銀行・債権者から出てくるのは避けがたい。

＊　＊　＊　＊　＊

森弁護士が続ける。

「スポンサーはお金を出す以上、経営権はとるというでしょう。しかし、日比沢さんには経営責任をとって退任してもらうにしても、菓子生産の技術がある浩二さんには経営を任せるという可能性がありえます。お菓子屋の経営は、誰でもできるという仕事ではないし、まして草薙の場合、歴史が古く、地域の人たちは草薙の名前と看板に郷愁もあり、地域の名誉とも感じているでしょう。経営に失敗した経営者が替わるのはやむを得ないにしても、日比沢の名前を継ぐ人に経営を担ってほしいと願う気持ちがあるでしょう。もちろん、これは浩二さんが日比沢を名乗ることになるという前提がある話ではありますが」

4　当て馬と競争入札

森弁護士の考えをまとめると、次のようになる。

スポンサーに名乗りをあげる人は、草薙の経営を拡大し収益を上げることができると思っている人か、自分の事業にも連動して向上させることができる、つまりシナジー効果があると睨んでいる人か、そのいずれかになる。

経営拡大ができると思っている人は、間違いなく同業者だ。同業者であれば、旧経営陣は邪魔なので、日比沢家の人間、旧幹部は退社を余儀なくされる可能性が高い。

シナジー効果があると睨んでいる人は、１＋１が３以上になる成果を求めている。「和菓子屋草薙」を手に入れることによって、自分たちの商品を「和菓子屋草薙」に、従来以上にたくさ売り込むことができると思っている人だ。現在「和菓子屋草薙」に商品を納入している業者が想定される。競争関係にある同業者を和菓子屋草薙から駆逐できるからだ。

シナジー効果があるとにらんでいる人は、いままで他人の事業であったものを取り上げて、直接自分でその事業を経営することには興味を持たない。経営するリスクを背負い込むことになるからだ。したがって、「和菓子屋草薙」の経営は、引き続き日比沢家に任せ、「資本と経営の分離」を図る可能性もある。

ここで森弁護士は、また椅子に座り、飲みかけのお茶を啜った。まだ重要な話が残っていた。森弁護士は再び話し始めた。

＊　＊　＊　＊　＊

「ビットについてお話ししておかなければなりません。スポンサー候補者が事業を手に入れるのと引き換えに、事業買収代金としてこれだけの金額を支払いますから了解してくださいと銀行に申し入れてみても、それだけでは銀行は納得しません。なぜなら、その金額が最も高い金額であるという保証がないからです。もっと高い額を支払うところがほかには絶対ないとはいいきれない、という反論がありうるからです。したがって、最も高い金額を支払うところに事業を売るのなら銀行は納得するはずですから、銀行自身も参加した入札を行い、最も高い金額で入札したところに事業を売るという方法をとるのです。つまり、競争入札です」

競争入札には、単純競争入札のほかに、当て馬を立てる方法がある。

＊　＊　＊　＊　＊

あらかじめ落札する意思がある人が、自分はいくらで買い取ると表明し、それ以上の札を入れる人がいなければその人が落札する。それ以上に高い札を入れる人がいればその人が落札する。最初に買取値段を付けたその人を当て馬と呼ぶ。当て馬が表明した金額以上での応札者が出てくれば、一対一で競り、競り勝ったほうが落札する仕組みとする。

＊　＊　＊　＊　＊

「私はつい先日、スポンサーになる意向がある人、二人に、別々に会いました。そのうち一人は当て馬になることに同意しました。和菓子屋草薙をぜひ手に入れたいと思っているし、自分が一番高い額の提示ができるという自信があるからでしょう。『和菓子屋草薙』の事業価値について公認会計士による鑑定書が作成されれば、その事業価値を踏まえたうえで、この価格であれば買うと、自分で値段を決めて、手を挙げると言っています」

森弁護士は話し続けた。当て馬がいてもいなくても、競争入札になれば、同業他社が最高額の札を入れるかもしれない。その結果、同業他者が事業を手に入れれば、それまでの経営者は追い出されるであろう。しかし、最高額の札を入れた人がシナジー効果を狙っている人だとすれば、おそらく、従来の経営者のうち同族一人に残って事業を続けてくれというであろう。

それ以上のことは、落札したスポンサーが従来の経営者の技術力と経営力をどの程度に評価しているかで決まるであろう。

「これは、あなたがたにとって、勝負です。あなた方が事業に残ることになれれば事業の価値が高くなるのか、あなた方を追い出せば事業の価値が高くなるのか、という戦いです」

森弁護士は一息つき、息を吐き終わって、言った。

「あなたがた債務者が競争入札の肚を決めているのは間違いないと銀行が信用できれば、先行して会社分割を実行して事業体を分離することに文句は言わないはずです。肚を括って、競争入札をすると銀行に申し入れましょう」

＊　＊　＊　＊　＊

森弁護士の長い説明が終わった。

黙って聞いていた日比沢が、おずおずと質問した。

「従業員は、新しくできた会社に移ってくれるでしょうか。お店の営業は続けられるものでしょうか」

よくある質問であった。森弁護士は落ち着いて答えた。

「会社分割に伴い労働者が解雇されることを避ける目的の〈会社分割に伴う労働契約の承継等に関する法律〉が制定されています。本件の会社分割のような場合は、労働者と旧『和菓子屋草薙』との労働契約は、労働者が厭だという場合は別として、新会社に承継しなければならない定めになっています。したがって、労働条件は従来と変わりません。私が今まで経験した会社分割の事例では従業員を集めて会社分割とその後の労働条件は変わらないと説明してきましたが、労働者から新会社に移るのは嫌だと言われたことは、一度も、ありません」

それまで沈黙を守っていた石沢部長が質問した。

「自分が銀行に勤めていた経験があるから、こんなことを言うのかもしれませんが、会社分割というのは債権者である銀行に債権の切り捨てを迫り、損失を強いる方法ではないかと思うのです。だから、銀行は黙って承諾するものでしょうか」

「よくある質問です。しかし御津穂銀行は、会社分割には反対だとはいわないと思います。債務者は現在かなりの債務超過であり、銀行としても、これ以上は貸せないと決めています。これ以上債務を弁済する能力がないと認識しているからでしょう。そうである以上、返済はもう不可能だと認識しているのに不可能を承知で、債務を弁済せよと迫ってどうなるでしょう、債務者としてはもう山道であっても越えていく道はないのです。倒産し、破産する以外にないのですから。それよりも、少しでも債権回収を実現できる道に転進しようと頭を切り替えることになります。銀行が考える点は、会社分割をしない場合より会社分割をしたほうが債権回収額が大きくなるかどうか、という点です。どちらが得なんだということです。本件で予定している会社分割と民事再生と事業譲渡とビットとの四つを結びつける方法は債権回収額が最も大きくなる方法です。債権者はこうとなった以上、少しでも得する道を行こうとするでしょう。私が説明した方法は、会社分割時点の債務者の将来にわたる経済価値を、この経済価値ということは会社分割で新設される会社が将来にわたって稼ぐ金額という意味です。その経済価値を金利で割り引いて現在価値に引き直したうえで、全部金銭で回収する方法なのです。この将来にわたっての経済価値が加わりますから、その分倒産させるよりも明らかに得するのです」

＊　＊　＊　＊　＊

日比沢がふたたび質問した。

「そうすると、私はどうしていたらいいんですか。破産はしょうがないと思っています。ただそれまで、私は、何をしていればいいんでしょうか？」

＊　＊　＊　＊　＊

森弁護士としては、依頼人である日比沢喜代治に向かって、あなたが社長として指揮を執る時代は終わったのだとは、言いにくい。民事再生に入ることを説明する弁護士にとって、最も難しいところだ。しかし、弁護士として、ここでいい加減な言葉でお茶を濁しても、同じ質問が、もっと暗く重い響きをもって繰り返されることは明らかだ。曖昧にはできない。

＊　＊　＊　＊　＊

「とても言いにくいことですが、今回の計画では、銀行にかなり大幅な債権切り捨てをお願いする予定で、そうしなければ事業の再生はもう無理ではないかと思っています。そうすると会社の代表者がその後も、同じ地位に留まれる可能性は、正直、かなり低いと思わざるを得ません。銀行としては株主にも金融庁にも税務署にも説明がつかない場合が想定されるからです。ただ、和菓子屋草薙には造るのが難しい、技術性の高いお菓子がありますし、日比沢さんは社長という前に、和菓子職人として高い技術をお持ちだから、銀行というより、スポンサーがその技術を評価して、会社に残ってくれと求めくることがないわけではないと思います」

＊　＊　＊　＊　＊

俯いたまま、萎れている日比沢を見て、森海津弁護士は唇を噛んだ。しかし、話しておかなければならない。

「業種が違うのですが、やはり民事再生に入った事例でした。事業自体には魅力があり買い取りたいというスポンサー候補は数件、あるにはあったのですが、いずれのスポンサーも事業を買い取るという条件でなければ資金を出す意思はないといいます。他方、債権者の中には銀行ではない金融業者がおり、要求してくる金額は極めて高額で、それが下がってこない。交渉は長引き、このままでは、再生の見込みはなくなる、競争入札に切り替えるしか事業を残す道はないと思い、その会社の社長に、入札にかけ、思い切って事業を手放す道しかないと、丸一日掛けて、説得したのです。ところがその社長は、自分には長男がおり、何としても長男に事業を承継させたいのだ、負債が多くても自分は収益を上げる自信がある、自分は頑張るから、競争入札ではない道を模索してくれと言います。私は社長の言い分は甘いとは思ったが、中小規模企業の社長の気持ちがわからないわけではない。結局、説得に失敗し、結局金融債権者は会社更生法の適用申請に踏み切り、そのため民事再生手続は中止、更生手続が開始されて競争入札になり、高額の買取り手がつき、その社長も息子も事業を失ったという事例があります」

＊　＊　＊　＊　＊

「競争入札に入ってしまえば、その局面では、民事再生でも会社更生でも同じですが、民事再生では債務者に発言の場がありますが、会社更生では、債務者に出る幕はなく、債権者が一切を主導します。本件では会社更生法が適用になる可能性はまずありませんが、債務者会社の社長がいつまでも事業を切り盛りする立場に固執すると、債権者の力で競争入札に持ち込まれ、債務者はなんの発言の機会さえ与えられなくなるということは、十分考えなければならないところです。

結局は、スポンサーがどう出てくるかで違ってきますが、まず社長が肚を括らないと、事業自体が、いままで債務者が築いてきた事業とは違ったものにさせられてしまうことになりかねない。

ここ当面は、しばらく、のんびりしたらどうですか。長い間先頭に立って働いてきたのですから」

5　銀行交渉

平成24年３月20日、火曜日午後１時から御津穂銀行清水口支店の支店長室で協議が始まった。

支店長と副支店長、「和菓子屋草薙」側からは日比沢喜代治と吉井浩二、それに森海津弁護士の三人が出席していた。

挨拶の後、森弁護士は、株式会社和菓子屋草薙が経済的苦境にあること、４月末にも銀行に対する金利支払いができなくなること、商売が静岡一の老舗のお菓子屋であるので、できるだけ店に傷がつくのを避けたいから、まず、債権者説明会を開き、「和菓子屋草薙」が新設会社分割を行うこと、会社分割後直ちに民事再生を申し立て、早い段階に事業価値鑑定、競争入札に踏み切り、落札者に事業譲渡をすること、その手順を説明した後、異論がないことを確認したうえで、債権の届出をしてもらい、手続を進めると説明した。

＊　＊　＊　＊　＊

この会社分割により、

◯銀行債務全額と本社不動産を旧会社甲に残し、営業資産並びに営業負債を新会社乙に承継させて営業を承継し、直ちに新会社乙で営業を開始する。

◯新会社乙の発行する新株式は、全株を旧会社甲に交付する。こうすれば旧会社の債権者は、旧会社が所持する新会社株式を介して新会社を間接支配できる。

◯静岡地方裁判所に民事再生開始決定の申立てをする。その後早期に債権者集会を開き、新会社乙に移転した事業の経済価値および旧会社甲に残留した資産の経済価値について、公認会計士に依頼して鑑定評価を得て、「当て馬」を決めた後に、競争入札に入る。

◯一番札落札者が決まり次第、裁判所の許可を得てその監督下にある旧会社甲が掌握する新会社乙の株式による新会社株主総会における議決を得て、新会社が新たに発行する乙株式１株を同落札者に売却する。

◯乙株式１株に対する一番札落札者から乙会社に入金があったときは、直ちに同入金額を甲会社に交付し、それと交換に甲会社が有する不動産を、それに付着する担保権の抹消を得たうえで、乙株式その他の残資産とともに乙に移転する。

◯同資産の移転と引き換えに甲会社に入金された資金によって債権者に対する第一次配当を実施し、その後分割会社に残留する動産類その他の雑資産を換金処分し、賃借り営業店舗の乙会社に対する転貸契約の解消と賃貸借契約の解約をしたうえ、それが終わったところで第二次配当を行って残債務を確定する。

◯その後、直ちに裁判所に再生計画案の議決を申請し、同議決案の可決を得た後裁判所の認可決定を得て残債務を消滅させ、その後分割会社甲の消滅手続をとる。

◯その後連帯保証人の破産手続を行う。

などの計画の骨格を話した。

＊　＊　＊　＊　＊

丸子支店長は、「和菓子屋草薙」の財務状況をよく理解していた。森弁護士の説明を聞いて、

「その方法が、この案件では一番ふさわしい処理方法でしょうなー」

と応じた。

このような表現であっても銀行支店長の回答としては、その処理方法に異論はないという意味であった。

日比沢も浩二も、終始何も発言せず、ただただ、申し訳ない、すみません、と頭を下げていた。

6　債権者説明会

平成24年３月28日水曜日、第一回債権者説明会が開かれた。裁判所の管理下で開かれる正規の債権者集会ではないのに、出席者の数はかなりに上った。著名な和菓子屋の倒産事件ということなのだろう。新聞社、業界紙の記者も来ている。金融機関６行はそれぞれ二人づつ職員を参加させている。日比沢も浩二も債権者に対面した席に俯き加減に座っている。

森海津弁護士が依頼した公認会計士が、これから実施する事業価値鑑定方法をかなり丁寧に説明した。DCF と呼ばれる、予測される将来時点で入金する現金額を予測金利によって現在額に引き直す方法を中心とし、若干の修正を加えた手法であった。この評価方法であれば、資産価値に依存するのではなく、将来の入金に大きく依存することになるから、今でも安定的な顧客を持っている草薙にとっては有利な方法である。

＊　＊　＊　＊　＊

次いで、森弁護士は、事業譲渡を早い段階でしたいと切りだした。手順として、会社分割を実行し新会社で営業を継続し現金を確保する作戦だ、

分割会社は民事再生開始決定を申立て、債権者から債権届出を受け債務を確定する、事業価値鑑定による事業価値を公表し、落札最低価格を設定する、従前から買取り意思を表明している業者に「当て馬」になってもらう、最終落札者が「当て馬」以外の業者になった場合にも「当て馬」に立ってもらったことに対する礼金を支払う予定はないこと、入札参加者による事業価値審査に対応する体制、入札、落札価格の最終調整の方法、落札者の決定方法と通知方法、新株式一株の売却手続、入金確認方法、担保抹消方法、配当金算定方法、裁判所における再生計画案の可決、認可、旧会社消滅手続の概略、とその手順、最後に、日比沢喜代治の個人資産は自宅以外はないこと、妻子供二人がいるので、できれば自宅だけは遺してほしいこと、見るべき個人資産はないから破産は勘弁してほしいこと、それが無理なら自己破産の申立てをすること、などを話した。

＊　＊　＊　＊　＊

突然、同業者の一人が立ち上がり、発言を求めた。「400年の歴史がある草薙を破産させないでくれ、私も債権者だ、小口の同業者だ。日比沢を破産させてはならない、草薙を絶対、絶対、破産させてはならない」と叫んだ。これに呼応して一連の業者たちが立ち上がった。そうだ、そうだ、破産させてはならない、日比沢も草薙も破産させてはならない、と拳を振り上げて口々に叫んだ。森弁護士は一瞬、事態が呑み込めなかった。債権者である同業者たちには、日比沢の破産と草薙の破産とが二重写しになっているようだ。日比沢が破産になれば草薙も連動して破産になると感じたのかもしれない。森弁護士は一瞬熱いものが込み上げてきた。そうだ、草薙を破産させてはならない。

森弁護士は立ち上がって声を張り上げた。

「明日からすぐに会社分割の手続に入り、すぐ、新会社で営業を開始する、同じ看板で、同じ場所で、同じ従業員で、同じ商品を生産し販売する。同じ商品なら必ず売れる。売れれば払える。だから皆さんにも、必ず支払う」と。キャッシュがなくとも、今までと同じ原料を売ってくれれば、今まで同じ商品が造れる、そうすれば売れる。売れればキャッシュは入ってくる。それが民事再生に入る直前に会社分割をすることのメリットなのだ。そう繰り返ししゃべりながら、森弁護士は草薙の事業再生は必ず実現すると確信した。

＊　＊　＊　＊　＊

会場は熱くなった。そうだ、誰もが知っている草薙を破産させてはならない。破産させないためには、債権者銀行の債権切捨ての協力がいる。新規に資金を投下してくれる出資家がいる。参加者全員が競争入札を歓迎した。が、質問もあった。

どの質問も、入札の方式が、誰でも参加できるオープン方式ではないのはなぜか、という点に集中した。

森弁護士は、クローズといっても、銀行の紹介のある企業に限るという意味であって、どの銀行でも無条件で紹介できるのだから、完全なクローズではないことを、以下の点とともに説明した。

◯落札価格はかなり高額になることが予想され、資金調達は銀行融資になる可能性が高い。

◯入札参加企業には自分が面談し、資金調達の確実さを質問する。

◯入札参加者による事業価値審査を受け入れるが、現場審査は店舗営業の妨げにならないよう自分の法律事務所が日程調整に入る。

◯自分が現場立会いをしたいから、銀行の紹介もない飛び込みはあらかじめ排除したい。

この説明で結局、了解が得られた。説明会は終了した。

7　会社分割

平成24年４月４日、水曜日、株式会社「和菓子屋草薙」の会社分割が実行され登記が申請された。旧会社（甲会社）の代表取締役には日比沢喜代治がなり、商号を株式会社白龍と変更した。新会社（乙会社）の代表取締役には吉井浩二がなり、商号を株式会社「和菓子屋草薙」とした。

従業員は動揺することもなく、全員が同一労働条件で新「和菓子屋草薙」に移籍となり、新「和菓子屋草薙」は何の混乱もなく、即日営業を開始した。

会社分割という法的手続は不思議なところがある。いま営業している株式会社和菓子屋草薙は、以前の株式会社和菓子屋草薙とまったく別の会社であるのに、会社の名前は以前とほとんど同じであり、本社に勤務している従業員たちも、お店で働いている従業員たちも以前とほとんど同じだ。店舗に並ぶ商品も、包装紙も、暖簾の色も字も、なにも変わらない。和菓子を買い求めるお客たちも、経営会社が変わったことをまったく知らない。

8　民事再生申立て

平成24年４月11日、静岡地方裁判所は民事再生の申立てを受けて、先になされた会社分割に異論の口を挟むこともなく、手続の開始を決定した。あわせて、再生債権の届出と調査の期間を定め、地元の40歳代の弁護士を監督委員に選任した。

9　入札開始

平成24年４月27日、裁判所内で債権者集会が開かれた。ほぼ全債権者が出席していた。

事業価値鑑定書が公認会計士から公表された。評価額は５億3000万円（税別）であった。写しが債権者に交付された。森弁護士としては５億3000万というのは少し高い、評価方法はDCF法を重要視したとはいうものの、不動産など資産価値をかなり織り込んでいるな、これでは入札がどの程度あるか、こりゃ大変なことにならなければよいが、と思った。

＊　＊　＊　＊　＊

債権者から公認会計士に対し質問があった。

「旧会社が所有している不動産は会社分割により旧会社に残るが、そのうち店舗の不動産は新会社が使用することとなる。新会社は旧会社に対し家賃を支払うことになる。それは鑑定対象として扱われているか」

という質問があった。公認会計士の回答はこうだった。

「評価の時点は会社分割の直前の時点であるから、不動産賃貸料は論理として成立しない。不動産の価値は当然鑑定価格に含まれている」

それ以上の質問はなかった。

＊　＊　＊　＊　＊

森弁護士は、「当て馬」を引き受けてくれる企業は東京都内の山本製餡であることを公表した。和菓子の原料生産だけではなく、清涼飲料の製造販売、冷凍食品の製造販売まで手広く食品原料の製造販売をしていた。工場を東京、北海道にも、広州にも持っていた。食品原料製造販売業界の最大手といってよかった。

＊　＊　＊　＊　＊

そのうえで最低落札価格を５億3000万円とすること、それ以上の価格による入札がない場合は、その額で落札することを承諾する旨の同社の承諾書が提出されていることをあわせて公表した。

債権者に入札参加企業の紹介を期待すること、参加企業には事前に直近の決算書の提出をお願いすること、最終の２社だけの競り合いになった場合は、直前期の法人税申告書の写しもお願いすることになると述べた。

入札が始まった。期間は３か月間であった。

10　落　札

平成24年７月27日の切り期限までに20指にあまる問い合わせが全国から寄せられた。草薙の倒産はその歴史の長さが飛び抜けているだけに、できればその入札の入口にだけでも立ちたいと言う覗き見だけの参加者も多かったということだ。その多くは最低入札価格が５億をはるかに超えると知って尻尾を巻いて消えて行った。応札した企業は結局４社であった。

【和菓子製造販売大手の同業者、麓苑】　京都に本店を置く。大阪、神戸に12店舗展開。工場を宇治に持ち、各店舗に生菓子の加工場を設備した大手の生菓子屋。店舗前を白地に黒く「生菓子　麓苑」と染め抜いた店頭幕は人目を引き、店舗内装は格調の高さで知られていた。事業価値審査は極めて熱心であった。希望価格は５億4000万円。それ以上は銀行融資が得られないとのことであった。

【高級和菓子、洋菓子店舗店を展開する同業者、扶壬】　やはり関西に高級カフェ店舗を展開。清水産寧坂に本店がある。そこの社長は歌舞伎役者の隠し子だとの噂があり、飛び抜けた美人で、自分で歌舞伎衣装にテーマをとった驚くほど小作りな菓子類を手作りする技術を持っている。事業価値審査は熱心であった。希望価格は５億4000万。銀行から全額を借り入れるという。自分の店と草薙との関係をどうするつもりなのか判然としない。

【生菓子類の原料卸業者、石津】　名古屋に本店を置き、「鬼武蔵」で有名な老舗「石津」。美濃から尾張にかけて一の和菓子屋だ。生餡、加糖餡、乾燥餡の製造販売に煎餅、乾きものに、栃餅、胡桃餅、栗餅など木の実モチ類を幅広く生産し販売している。それに、「和菓子屋草薙」に小豆、ささげ、砂糖、蜂蜜などを納入してもいる業者でもあった。希望価格は５億6000万円。全額を銀行借入れで賄う予定で、すでに銀行から内諾は得ているという。自分で和菓子屋を経営する意思があるという。資本金1億。意欲ある製菓屋だ。

【業界大手の菓子製造原料の卸業者、幸洋】「和菓子屋草薙」に小豆、白小豆、大納言、黒小豆、ささげ、インゲン豆など様々な豆類、砂糖類を納入している東京の大手業者。川崎の岸壁に大がかりな倉庫群を長期にわたって倉庫業社から借り受け、海外から直接輸入した穀類食材を保管していた。資本金は3億で非上場。業界ではトップクラスの力がある企業だろう。製菓店の経営に関心はなく、原材料の販量拡大にあることは明らかである。草薙を手に入れても自分で直接経営する予定ではないだろうと思われた。公認会計士を送り込み、事価値審査はきわめて熱心であった、希望価格は5億7000万。自己資金で賄えるという。

＊　＊　＊　＊　＊

応札者の4番目の1番札と3番目の2番札との調整が必要であった。しかし、森弁護士は、その両社だけでなく他の2社と「当て馬」企業に対し、1番札と2番札の入札企業の名を伏せ、入札価格だけを明示して、最終調整をすること、その期限を8月10日午後5時森弁護士事務所必着とする旨を通告した。「当て馬」企業は、ただちに、入札から抜ける旨の連絡があった。

＊　＊　＊　＊　＊

1番札と2番札の企業ははともに公認会計士を送り込み、「和菓子屋草薙」の財務諸表の調査と浩二と石沢との面接を短時間に精力的に行った。

「石津」は、代表者取締役である野尻昇一が浩二と石沢への面接にあたっていたが、入札期間締切日の午後4時すぎに、2000万円を上積みし、5億8000万円にすると申し入れてきた。直後に「幸洋」から、やはり1000万円を上積みし、5億8000万円にするとのの申出があった。時間切れであったが同額である。森弁護士は直ちに「当て馬」企業を除き、「幸洋」を含むと4件の応札業者に、「石津」と「幸洋」の社名を伏せたまま、二社が同額の5億8000万円を提示したこと、これに対し、さらに上積みすることができるかどうかを１週間後の８月17日午後５時必着で回答するよう求めるメールを送った。

「幸洋」から指定した日より早く８月15日に、５億9500万を提示するとのメールが入った。他の企業からは、降りる旨メールで連絡があった。

森弁護士が、「幸洋」に対し５億9500万円で落札する旨の書面の差入れを求めたところ、バイク便で社判と代表取締役印の押捺がある書面の提出があった。一番札が確定した。

11　手続終結

「幸洋」からの入金を得て予定どおり、裁判所の許可も得て乙会社の株主総会手続をとって乙会社の新株式一株を発行し、その一株の売却手続を先行した。「幸洋」は乙会社の新株式を獲得し、直ちに乙会社「和菓子屋草薙」の全従業員たちを集め協力を求めた。「幸洋」の代表取締役戸田俊吉の従業員たちに対する挨拶はさすがであった。

食材流通製造業「幸洋」は良質の食材を草薙に供給する。草薙は、日本人の心の中に住み続けてきた伝統ある和菓子を今以上に人々に愛されるよう精進してくれ、本日から草薙は食材流通製造業「幸洋」の一員なのだ、と。

＊　＊　＊　＊　＊

配当金額を算定し、第一次配当を実行した。２割７分を上回る配当金額に、森弁護士自身が少し驚いた。資産価値からみれば、これは上出来だ。やはり草薙の伝統ある名前が地力を見せたのか、いずれにせよ、ビットは成功であった、と思った。

＊　＊　＊　＊　＊

配当と同時に大量に残っていた不動産の抵当権抹消登記、所有権移転登記を経由した。登記手続完了までに４週間を要した。なにしろ筆数が大量であり、設定された担保形態が複雑であったからだ。９月半ばになり、裁判所で最後の債権者集会が開かれた。最後まで残った金融債権者の金融債権を消滅させるための再生計画案が上程され、即時可決され、その直後瞬時に裁判所は同計画案を認可した。これで旧会社草薙に対するすべての残債務が消滅した。官報公告ののち、旧会社白龍は消滅登記されることなる。

＊　＊　＊　＊　＊

最後に残ったのは、旧会社株式会社白龍代表取締役日比沢喜代治の個人連帯保証責任の処理の問題であった。資産は自宅以外はないこと、妻子供二人がいるので、できれば自宅だけは残してほしいこと、ほかに見るべき個人資産はないから破産は勘弁してほしいと森弁護士は再度お願いした。しかし、債権者銀行は日比沢喜代治個人の連帯保証債務の処理については、連帯保証債務が残債務16億0500万全部に及んでおり、莫大であったことと、日比沢の自宅は自宅というには広すぎるし、豪華すぎる、任意の残債務放棄は困難である、ケジメをつけるため処理せざるを得ないと要求した。やむを得ない要求であった。自宅の土地建物以外に日比沢個人の財産はなかったから破産の手続はとられなかったが、自宅の土地建物は抵当権実行の手続がとられ競売された。約8000万円で競落した。抵当権を有していた銀行３行に配当があった。日比沢とその家族は三ヶ日の長兄の家に戻っていった。

平成24年12月半ばになり、森海津弁護士が依頼された法律事務は一切が終結した。日比沢の最後は少し可哀そうではあったが、全体としては、成功だった。

＊　＊　＊　＊　＊

新会社草薙の労務関係の整理も一切終わったころ、森海津弁護士は新会社の顧問になってほしいと吉井浩二から頼まれた。依頼されていた仕事はすべて終結した。

12　新たな展開

「和菓子屋草薙」の新オーナーとなった「幸洋」から、落札代金が払い込まれてから、数日して、吉井浩二は、「幸洋」の社長戸田俊吉に面会を求めていた。

今後、自分は会社の中でどのように動いたらよいでしょうか、というお伺いを立てるためでもあり、自分の売り込みでもあった。新会社「和菓子屋草薙」が人手にわたった以上、このまま「和菓子屋草薙」の代表取締役のままでいられるはずはない。

それでも、できればなにか役割を貰って会社に残してもらえないだろうか、それともお前には用はないから出ていけと言われるのか。やってみなければ、わからない。

戸田俊吉には、一代で財を築いた人に共通の人を見る目があった。会社をいくつも支配していたから、「和菓子屋草薙」専属の番頭を必要としていた。草薙の内部事情を知り抜いている浩二の申し出は悪い話ではない。浩二に、１年ほどかかけて「和菓子屋草薙」の内部の引き締めをやってほしい、ゆくゆくは別の事業を手伝ってもらうことを考えていると申し渡した。

＊　＊　＊　＊　＊

新しい経営者の下で「和菓子屋草薙」の収益状態は順調に回復していった。従業員たちは戸田俊吉を会長と呼び、浩二を部長と呼ぶようになった。

今でも静岡市内の七間町通りに面して「和菓子屋草薙」の看板を見ることができる。

第2章　「和菓子屋草薙事件」法律問題の解説

1　会社分割と民事再生法の連携による事業再生

バブル崩壊で大量に発生した破産予備軍の処理法である民事再生法が施行されたのは、平成12（2000）年4月1日のことです。私は、その3年後の平成15(2003)年から民事再生法には欠陥があると主張し続けてきました。

民事再生法は、債権者平等の原則に基づく債権の回収と、債務者の再生をともに実現しようとする法律です。債権者平等の原則では、営業債権者と金融債権者の差を無視し、ともに債権者として平等に扱っていました。

債権者平等の原則は、債務超過の事業体を解体し、処分した資産売却代金を債権者に配当する局面では最も重要な原則です。

しかし、これから債務者を再生し、再生させることによって債権者に対する配当原資を取得しようとする局面では、金科玉条の原則とすべきではない、というのが私の考えです。

平等という概念は、達成しようとする目的との関係で定義づけられるべき、相対的な概念だと私は考えています。ある目的との関係では平等は大切な原則ですが、他の目的との関係ではある事を優先し、別の事は劣後すべきなのです。債務者を再生し、再生させることによって債権者に対する配当原資を取得しようとする局面では、収益を上げられることに向けての資源配分を優先し、収益を上げられないことに向けての資源配分は劣後すべきなのです。

2　会社分割の登場――債権者による無税償却、債務者による損金計上を実現する方法

不良債権の処理にあたっては、債権者としても不良債権を処理することができ、債務者にとっても不良債務を処理できなければなりません。もちろん国税との関係でも処理できなければならないのです。

債権者だけにとっての不良債権処理であれば、債務者は益金計上しなければならない場合があり、それは課税による債務者の死を意味しかねません。結局、このやり方では債権者としても、債務者が死なない限り、不良債権の処理は終わりません。

しかし債務者が死んでしまっては、実は、債権者も立ち上がれなくなる場合があります。永久かつ絶対に返済は期待できないからです。

では、債権者にとっても無税償却でき、同時に、債務者にとっても無税償却の反面で発生する益金を損金処理できる方法はないのでしょうか。

この問題は、不良債権の処理にあたって識者を悩ませた最大の問題でした。

私は、等価交換の原理に支配される物的新設会社分割を使い、分割会社は、最終的には、特別清算あるいは民事再生手続で消滅させ、そうすることによって債権者は無税償却でき債務者は無税で処理することができるはずだ、同時に分割承継会社は再生して返済能力を獲得して返済し、復活する方法があるはずだと考えたのです。

債権と一口にいっても、債権には性質がまったく違う二種類の債権があります。一つは金融債権。二つ目は営業債権や労働債権です。

設備資金さえ金融機関からの借入れに依存している中小規模企業では、

事業の収益性が低下し債務超過になり事業継続の見通しが困難になったときに、この二つの性質の違いがはっきりしてきます。

債務が金融債務であれば金融機関に借入債務を返済しても、新たな借入れは期待できず、返済が収益に結び付きません。

債務が商品の仕入れ債務などの営業債務か労働債務であれば、返済（弁済）は次の仕入れや雇用継続に結び付き、返済（債務の履行）は収益に結び付きます。

この意味で金融債務の返済は後ろ向きであり、営業債務、労働債務の返済は前向きです。

今、手元にある資金に限界があるとすれば、営業債務、労働債務を返済することが、より効果的です。もちろん金融債務は返済しなくてよいといっているわけではありません。営業債務、労働債務をいま返済すれば、明日は収益が上がってくることを重視すべきだといっているのです。

この過程で上がってくる収益で金融債務を返済する方法をとれば、事業は生き延び、営業債務、労働債務も、そして金融債務も返済できる道が開けるはずだと考えたのです。重要なことは、債務者に収益を上げ、返済できる道を開かせることなのです。

3　会社分割と民事再生との結合

この構想を実現するには、営業債務、労働債務を返済してから収益が回収できる道筋が見えてくるまでのしばらくの間、金融債権者による仮差押え、仮処分、担保権実行など、権利実行を控えてもらわなければなりません。控えてくれないのであれば、阻止しなければならない。最も困難なのは、この論理を債権者や裁判所に説明し納得を得る道筋です。

その手法が、金融債務を分割会社に残し、稼得能力のある営業債務を分割承継会社に移転する方法をとることです。

この場合の分割方式は、物的新設分割（税法では、新設分社型分割）という方法です。金融債務と分割承継会社の新株式全部を、担保の付着した不動産などと一緒に分割会社に残し、稼得能力のある資産を分割承継会社に移転するのが最も基本的な形です。

会社分割を実行した後、長期間にわたって債権者に説明もしないまま、分割承継会社が事業を継続すれば、金融債権者が詐害行為だといって訴訟を起こしてくることになるでしょう。

このため私は、会社分割を実行した後、金融債権者が仮差押えや差押え、担保権実行などを仕掛けてくる前に、債権者の権利実行を阻止するため、分割会社だけ民事再生の申立てをする方法をとったのです。

本件「和菓子屋草薙」の事例では、メイン銀行支店長との交渉の結果、債権者の仮差押えなどの権利行使はないだろうと予想できましたが、債権者銀行が６行あり、一行でも権利行使に入られれば計画全体が失敗します。つまり債権者銀行の全部の足並みを揃えさせる必要があります。そのためにも民事再生の申立てをしました。

民事再生の申立てをすれば、民事再生法の規定によって債権者の仮差え、仮処分、担保権実行などの権利行使を合法的に阻止することができます。そのうえで、直ちに債権者説明会を開いて、会社分割を実行したこと、分割承継会社の発行した株式は全部分割会社に交付したこと、分割承継会社の営業状況、その後の配当までの手順の見通しなどを説明しました（民事再生規則61条）。

物的新設会社分割により、分割承継会社の発行する全株式を分割会社に保有させるのです。こうすることによって、金融債権者から見て、当該債権についての債務者である分割会社に分割承継会社の発行する全株式を間接的に支配できる方法を用意し、提供しておくのです。

したがって金融債権者は、この分割承継会社の全株式を仮差え、差押えにより競売することも可能になります。しかしそうなっては、間違いなく商品納入業者などからの信用を失い分割承継会社は倒産し破産するでしょう。幸い、これまでそのような手段に出た金融債権者に出会ったことは、東日本大震災の直後に、災害被害の始末に振り回されていた福島県会津で、一度だけです。

銀行債権者たちは、最初は私の計画に驚愕し、不信感を抱き、資産の持ち逃げ計画ではないかと疑いました。しかし、次第に私が倒産直前の状態にあるにもかかわらず金融債務を返済しようとする計画であることを知ると、再度驚き、私のその後の計画を最後まで聞こうとしました。会社分割後に、債務者代理人である私が債務弁済を計画していること、その具体的方法を説明したとき、それ本気かね、と椅子から飛び上がった、ある都市銀行の支店長の顔を今でもよく覚えています。

分割承継会社に営業を継続させて収益を確保し、分割会社を民事再生法の定める裁判手続に乗せて債権者による勝手な権利行使を阻止し、分割承継会社から上がってくる収益、あるいはスポンサーからの買収金や貸付金で、民事再生手続を通して債権者に債権額に応じた公平な配当を実行する、と話し続けました。

この方法を理解した金融マンたちは目の色が変わり始め、これはひょっとすれば、何がしかの配当が本当に期待できるかもしれないと思い始め、次第に私の計画は評判がよくなりました。やがて銀行員や支店長、金融業者から、すぐれた方法だと銀行員たちが口に出して評価してくれるまでに状況が変わったのです。

このように私が実践してきた会社分割と民事再生の結合方式が、平成26年の会社法改正により（会社法759条７項、764条７項。詐害行為になるとして特定の債権者だけが利益を得る不公平な取扱いではなく、民事再生法上の否認権行使を通して全債権者との間で公平に配当原資になることが明確になった）、債権弁済方法として公明性を持つことがはっきりしました。この改正法立法の原案立案者は、私の考えを理解していたのです。

私は、以降、このような会社分割を、詐害行為だと目の敵にされることもなくなりました。「株式会社地域経済活性化支援機構」が、会社分割を事業再生の技法としてかなりの件数用いていますし、全国の第二地銀以上の規模の銀行の約８割が、事業再生の手法として会社分割を評価している状況になってきました。ある政府系金融機関の不良債権処理担当者は、明示的に私のこの処理方法を評価してくれています。

会社分割を債務超過の会社がその事業を再生する技法として用いる方法が、公認され、社会的認知を受けるようになったのです。

4　ビットの問題

(1)　早期事業譲渡

会社分割を実行したにもかかわらず自主再生の見込みが立たない事例でも、事業そのものには魅力があり、事業に出資したい、事業を買い取りたいと思う人がいる事案があります。

そのほとんどは売上げの入金までに期間がかからない、現金商売か、それに近い「和菓子屋草薙」のような店頭売上金が期待できる、普通、客商売と呼ばれる事業です。

そのような事例では、会社分割とビットと特別清算の手続をとることができさえすれば、民事再生に入らなくとも事業を再生させる方法はありうるでしょう。

しかし平成26年の会社法改正以降は、債務を履行できる見通しが立たないときには、直ちに会社分割を断行し、承継会社は営業継続に入り、分割会社についてだけ民事再生を申し立て、開始決定後早い段階で事業譲渡許可の申立て（民事再生法42条）をし、ビット（競争入札）に入る方法が、王道になってゆくでしょう。

ビットに入るときは、承継会社の事業価値に相当する事業譲渡代金を取得して債権者全体に一部弁済計画を提示します。そのうえで、事業譲渡の可否について債権者に意見聴取し同意してもらいます。さらに裁判所の許可を得て事業譲渡を実行するのです。事業譲渡代金は、一括取得して債権者に配当することになります。

当て馬を設定するかどうかについてですが、当て馬を立てた場合のほうが債権者の納得が得やすく、また債権者に対する高配当が実現できる場合が多くなるといえそうです。そのうえ、ビットに参加する企業がまったくいない場合でも歯止めがかかっている（当て馬がいる）という意味で、裁判所が納得しやすい方法なのです。

(2)　オープンかクローズドか

ビットに入ることについては金融債権者から同意が得られても、ビットの方法についてはなかなか金融債権者と合意できないことがあります。

一番揉めるのは、金融債権者は、入札者に制限を付けないオープンビットをせよと迫る点です。金融債権者はそのほうが入札者が多くなり、落札価格が高くなると信じています。

入札者としてはお金を出すこととなるのですから、当然売りに出ている物件の詳細を知りたいわけです。ところが債務者は営業を継続しています。本件のような場合は一般の顧客が毎日店舗に来店しています。そこに多くの入札者が店舗の点検、調査に入れば毎日の営業に差し障りが出ます。そこで債務者としてはできる限り抑制のついた点検、調査受入れにしたいため、クローズドビットにしたいのです。そのため本件では、金融債権者の推薦のある業者に限るという条件付きクローズドになったわけです。

(3)　当て馬の必然性

ビットを行う際は、入札者が多くなるように、幅広くビットの呼びかけをすることになります。金融債権者がそのような要求をするのは、もっともなのですが、実際に入札してくる業者は、ある程度債務者の営業内容を知っている業者に限られます。

最も高い入札をする業者は、債務者の業務内容を知悉している同業者か、商品納入業者になります。そうすると、実はビットをしないで、はじめから同業者か、商品納入業者に、買いませんか、と声をかけたほうがよいのではないか、という背理があるのです。

競争入札を維持しつつ、この背理を回避する方法として、当て馬を立てることが賢明な方策であるといえます。本件事案では商品納入業者の当て馬を立てることができたから、単なる入札よりも、高い金額での落札が実現できたのだといえるでしょう。

なお、本件で述べたビットの方法は、アメリカにおける倒産したGMやクライスラーの倒産処理方法と原理的には同じ方法です（両社とも2009年にチャプターイレブンの申立て）。もちろん上記の方法はGMやクライスラーの倒産処理方法を真似したものではありません。似ているのは最も理にかなった方法だからでしょう。

(4)　血縁者による事業承継の終焉

ビットに関しては、極めて厳しい性質の問題が伏在しています。それは事業承継を実現するといっても、親族や血縁者による事業承継は、その望みを絶たれることとなる場合が多いという現実です。負債総額が大きければ大きいほど、その傾向は顕著です。負債が大きいことは、事業再生の局面では債権者に要求する債務カットの額が大きくなることを意味し、債務カットの額が大きくなれば、それと並行して債権者の発言権は大きくなり、その反面、株主の発言権は縮小を余儀なくされるからです。本件「和菓子屋草薙」の事例でも、創業以来400年の歴史をもつ老舗中の老舗でありながら、日比沢喜代治の血縁者が経営者として残る見通しが立たないのです。このあたりは、事業承継事件を扱う弁護士として最もつらい判断をしなければならない点です。

ビットで最も高額の金額を提示してくる入札者は、それだけの金額を支払っても、元を取り戻すことができるという計算を立てることができる人でしょう。そのような計算が立てられる理由が、いま倒産し民事再生の申立てをした、その経営者の経営手腕を評価するからだという場合は、まず稀有でしょう。そうではなくて、経営者の個人的手腕やパーソナリティを離れた、事業そのものが持つ将来性とか、やり方を替えれば期待できる収益性とかを評価しており、自分がその事業をすることとなれば、従前よりもはるかに能率よく、高額の収益を上げる見込みがあると判断しているからでしょう。事業が倒産の危機に瀕すれば瀕するほど、事業価値の人的構成要素は剥落してゆき、客観的価値だけが表に出てきます。

そのうえ、弁護士としては、実はもう一つ正確に判断しなければならないポイントがあります。それは従業員のことです。つまり職場確保の使命です。従来の経営者かその血縁者が経営の実権を失うのであれば、スポンサーなどはいらないとはいえません。会社の倒産に直接の責任はない従業員たちに、どうしても続けて働く職場を確保しなければなりません。

弁護士としては、新しいスポンサーである戸田俊吉と妥協し、和菓子作りの技術を持っている番頭格の従業員が残らないことには、これからの円滑な事業運営に差し障りがでるのではないかと話を付けて、吉井浩二を残すところが精々ではないか、と思えます。

この意味で、事業承継事件を扱う弁護士にとって、自分の本当の「依頼人」は誰なのか、考えさせられるところです。真実の依頼人は、旧経営者から始まったのは本当ですが、事業再生の手続が進行するにつれて、従業員であり、これからの経営者に変貌していくようなところがあるのです。

つい最近、相談を受けている東北の海産物加工販売業者の経営者の事例は示唆的でした。大学を出た実の息子がその会社で働いています。私が、その社長に、民事再生に入っても実の息子に経営の実権を引き継げるようにと期待しますかと質問したとき、いや、それは考えていない、そういうことではなく、事業を潰さないよう続けていければ息子のことは、覚悟しているとキッパリと言い切ります。

血のつながりを越えて、事業そのものを継続することを第一とする方向へ向かって、事業承継の理念も転換しつつあるということでしょう。

5　駿河屋事件

最後に、本件のお話を書き終わった後になって「駿河屋」の倒産事件の存在を知りました。平成26年１月17日に和歌山地裁に民事再生の申立てをした老舗の和菓子屋の事例です。

駿河屋は室町時代中期に京都山城で初めて饅頭屋を開いたのを皮切りとして、５代目が伏見桃山城前で店を構え（そんな大それたことが本当にできたのでしょうか）、秀吉に煉羊羹を献上して評判を得て以降、煉羊羹の元祖といわれ、紀州藩ご用達を務め、紀州藩から御用菓子司として25石の扶持を得たといいます。当時の下級武士は、三人扶持、五人扶持などが珍しくなかった時代ですから、話は本格的です。その後の暖簾分けと分家で裾野は広がり、駿河屋の暖簾を継承する店は関西を中心に数知れません。民事再生申立ての時点では、直営店舗が19店舗、百貨店やスパーでも販売しており、それらを入れて全体で50店舗を擁していたといわれています。本家駿河屋は昭和25年に「株式会社駿河屋」に社名変更し、昭和36年には大阪、東京の両証券市場二部に上場し、平成４年には年間60億もの売上げを上げたのに、バブル崩壊で大コケにコケ、上記のように倒産の憂き目を見ることとなったという流れです。

事件の内容はきわめて類似しているし、事件の処理の仕方もよく似ている。民事再生に入ったこと、事業譲渡をしている（ただし、駿河屋事件では合意に至らず失敗している）点では同じことを試みているといえます。

しかし、平成26年６月に和歌山地裁は、民事再生が成立する可能性はないと見切ったのでしょう、破産手続開始の決定を下しました。破産管財人は一切の不動産類の競売入札に踏み切り、有田市の医薬部外品製造販売会社の会長である田中源一郎が約3.17億円で同社の土地建物機械類を一括して競落し、平成26年8月6日にそれら不動産の所有権が同田中源一郎に移転されています。世に名の知られた駿河屋がわずか3億円強の値段で競落されたのです。

本件「和菓子屋草薙事件」の事例と比較すると、駿河屋事件は上場会社であること、架空増資で逮捕者が出ている点で、事件性がまったく違います。上場会社でありながら架空増資に踏み込んだとなると有価証券報告書虚偽記載など形式犯にとどまらず、詐欺などの刑事事件化は必至ですから、社会的非難は内外から噴き出すはずで、救いようがありません。

また、民事事件的処理方法の側面からみても、会社分割をしていないこと、民事再生申立てが会社分割の後の申立てではないこと、事業譲渡も新会社に対する出資の形をとっていないこと（そのため投資見込みの買い手と合意に達することが極めて困難になっていたこと）、の各点で決定的違いがあります。この違いのうちでも、まず会社分割をして経営の基礎を固めておいてから民事再生申立てをし、次いで、いわば身内である新設分割承継会社に向かって事業譲渡する、という手順を踏んでいない点で、駿河屋事件の処理方法は基礎が軟弱で、失敗を決定づけたと思われます。

私のいつもの手順では、新設分割承継会社をスポンサーに事業譲渡するのではありません。旧会社、つまり分割会社が新設分割承継会社に向かって事業譲渡するのです。事業譲渡によって分割前に戻すのです。スポンサーは事業譲渡を受けるのではなく、事業譲渡完了後の、分割前に戻った会社が、金融負債が大幅に減少してしまった状態になった時点で、その会社に出資するのです。スポンサーから見て、分割会社に残留した巨額の金融負債は、自分の取引に全く影響を与えないという構造に仕立てるのです。スポンサーは、自己の出資と引き換えに事業譲渡完了後の会社が発行する新株式1株の経済価値だけを見ていればいいとのです。

もちろん、民事再生の申立てをする前に会社分割するかどうかは、その時点で存在するキャッシュフロー獲得能力が金融債権者や銀行債権者からの攻撃によって棄損されないよう温存する目的があってのことですから、そもそもキャッシュフロー獲得能力が存在しないのであれば会社分割をすること自体に意味はないことになります。私が扱ってきた事例で、上記に述べた、民事再生申立て前に会社分割をした事例は事実としてキャッシュフロー獲得能力が確実に存在していた事例です。逆にいえば、本業以外の、思いがけない理由で負債だけが膨れ上がった事例（たとえば、デリバティブ契約で銀行にカモにされた）が多かったのです。上記駿河屋事件ではこの点、どうだったのでしょうか。私が見た資料はネット上の報道記事だけなので、適格な判断ができません。もし駿河屋事件において、すでに民事再生申立てを考慮した時点において、会社分割をしても温存するだけの価値あるキャッシュフロー獲得能力は喪失していたとすれば、会社分割をせず、直ちに民事再生申立てに入り、全力を挙げて早期に事業譲渡に入るというのが破産防止の観点からも正しい選択であったというべきでしょう。

しかし、事実としては、駿河屋は平成26年６月25日に和歌山地裁で破産開始決定を受けています。民事再生申立時期から、わずか５か月後の破産です。実際にはそこまでキャッシュフロー獲得能力が衰弱していたということなのでしょう。事実は、おそらくそうでしょう。架空増資に踏み切るというのは、ただ事ではありませんから。

民事再生法に基づく再生手続は、事業再生手続として極めて優れているけれども、倒産の危機に瀕した会社が、民事再生手続にだけ凭（もた）れかかっていては助かりません。なぜなら、民事再生法自体には、キャッシュフローをつくる力はないからです。本件の「和菓子屋草薙」も、森弁護士の下に駆け込んだとき、キャッシュフローは尽きようとしていたのです。しかし、「和菓子屋草薙」の場合には、二つのことがキャッシュフローを生み出す源泉になっていました。一つは、債権者説明会の席で、拳を固めて空に突き上げ、草薙を破産させてはならないと叫んだ十数名の小口原材料供給業債権者の人たちの存在です。彼らは民事再生手続上の債権者ではありません。会社分割によって分割承継会社にすでに承継されている承継営業負債についての債権者です。この営業債権者たちに草薙は信用があったのです。同業者同士の信頼です。キャッシュそのものではありませんが、キャッシュフローから見れば履行期の先送りはキャッシュと同価値です。この意味での履行期の先送りができたのです。駿河屋事件ではそのような小口債権者さえいなかったのでしょうか。

草薙では民事再生申立て前に、会社分割ができていたことが大きな転換点になっています。巨額の金融負債を抱えて身動きできなくなった旧会社と、債務としては履行期の先送りに協力的な小口営業債権だけで、毎日の営業活動に専心できキャッシュを生むことができる新会社の二つに、会社を分割できていたことなのです。

民事再生の申立て前の会社分割は、決してキャッシュフロー獲得能力を向上させる方法ではありません。単にキャッシュフロー獲得能力を温存する手法に過ぎません。しかし、その「能力」さえ温存されていれば、第三者から見て、旧金融債務の総額が、民事再生の手続によって、キャッシュフロー獲得能力の将来価値が適切な金利で割り引かれた現在価額に匹敵する額まで減少していることが確実であれば、ディスカウント後の旧負債額の絶対額と将来価値としての資産額とは一致しているのですから、手を出すに値する買い物であると判断するであろう、と推測する十分な根拠があるのです。これが民事再生前に会社の分割をする手法の正しさを示す根拠なのです。

そして、会社分割によって、分割会社は民事再生開始決定を受けており、分割承継会社は営業活動を続行してキャッシュフロー獲得能力を日々温存しているから、民事再生手続の中で、金融機関を債権者とする債権は分割会社に残留させたまま、分割会社が未だ所有している資産（その多くは分割承継会社の100％株式を所有していることと分割承継会社に不動産賃貸業をしているだけ）と一部の金融負債（事業譲渡実行後直ちに金融債権者に弁済する部分の負債）を裁判所の許可を得て、分割承継会社に事業譲渡し、同時に、分割承継会社は１株だけ新株式をスポンサーを出資者として増資し、事業譲渡後の新会社に出資してもらうのです（同時に、融資も受けることがよくあります）。出資金は事業譲受金として事業譲渡後の分割会社に向かい、次いで分割会社から金融債権者に対する返済に向かうことになります。

この手法の妙味は、スポンサーは民事再生にも会社分割にも何の関与もせず、単に分割承継会社が分割会社に支払わなければならない、すでに確定した負債額がキャッシュフロー獲得能力の現在価値に見合うかどうかだけを見ていればよいのであって、それ以外に注意を向ける必要はないことです。そして、こうすることにより、分割会社の金融債権者は分割承継会社の現在価値に等しい額だけは返済を受けることができることになるのです。

このようなことが可能となるのは、民事再生手続に入る前に会社分割によって、会社を二つに分けていたからです。

会社強靭化の要諦を一言でいえば、会社を二つに分けることにあるのです。

あとがき

煉羊羹で広く世に知られた駿河屋は、和歌山地裁が下した破産決定で、平成26年8月に一切の財産が競売に付されたのでした。普通の企業ならそれで終わるところでしょうが、実は、それで駿河屋は終わったのではなかったのです。

競売によって駿河屋の土地建物機械類を競落した田中源一郎氏は、その同じ年の平成26年11月に新会社「株式会社総本家駿河屋」を自己資本100％で設立しました。その社長となったのは旧駿河屋の営業主任であった岡本良太氏でしたが、同氏は旧駿河屋の創業者岡本善衛門の子孫であるといいます。

新会社「株式会社総本家駿河屋」は、旧駿河屋の菓子職人7名を含む従業員15名を再雇用し、旧駿河屋と同じ和歌山市小倉と京都伏見の二か所に生産拠点を設け、平成27年2月には京都伏見店、和歌山市駿河町に駿河屋本舗を開設しました。続いて、同年4月に高松店を、同年10月には和歌山県海南市に海南店をそれぞれ開店して営業を開始しました。取扱商品も、旧駿河屋の看板商品であった練羊羹と本の字饅頭など代表的な銘菓30品目を発売するに至っています。

これだけの短期間に、倒産前とほぼ同様の事業を回復し得たのは、さすが500年以上の歴史を持つ老舗駿河屋の「のれん」が持つ力であると、唸らされるものがあります。多少、経路は違いましたが、裁判所の管轄下で行われる民事再生手続の中で田中源一郎氏に事業譲渡がなされたと同じような結果になり、事業再生の道を歩み始めたのですから、慶賀の至りといわねばならないでしょう。

しかし、です。このままでは、駿河屋が倒産に至った原因が払拭されているとはいえず、二度と同じ道に戻ることはなくなったとまではいえない点が、どうにも気にかかります。

駿河屋事件から学ぶべき点は、老舗が持つ強靭なまでの生命力であることは間違いありませんが、同時に、これだけの回復力を持つ企業ならば、バブル経済の崩壊に抗して、破産に至る事業壊滅を防ぐことはできなかったのだろうかという疑問です。駿河屋はバブル崩壊によって急激に売上げが減少したから倒産したという直線コースを走ったのではなく、売上げ減少に直面し、金融機関に融資を依頼したが望ましい返事が得られず、それならばと増資に踏み切ったが増資も思うようには進まず、ならばと奥の手の架空増資で資金繰りを潜り抜けようとして刑事事件にまで落ち込んだという紆余曲折があります。

駿河屋には、名にし負うその看板、煉羊羹を作り始めた1589年(天正17年)の昔から、信じられないほど数限りない、「暖簾分け」や「分家」を繰り返してきている事実があります。伏見京都駿河屋は1781年（天明元年)、大阪駿河屋は1811年（文化８年)、するがや祇園下里は1818年（文政元年）と、この３件はあまりにも古き昔の暖簾分けであるから別格としても、与謝野晶子の生家として知られもする堺駿河屋、京三条駿河屋、先斗町駿河屋、二条駿河屋、伏見駿河屋大手店、宇治駿河屋、河内駿河屋と、いわゆる「暖簾分け」や分家は切りがありません。

ところが昭和25年に「株式会社駿河屋」に社名変更し、昭和36年には大阪、東京の両証券市場二部に上場したのは本家駿河屋だけであって、これら末広がりに広がった暖簾分けや分家が一致団結して本家駿河屋の上場に力を合せて集結したというわけではないのです。

和菓子屋草薙においては、その歴史、知名度、規模などは比較すべくもありませんが、倒産局面に入った債権者説明会の席で、拳を固めて空に突き上げ、草薙を破産させてはならないと叫んだ十数名の小口原材料供給業債権者の人たちの存在がありました。彼らは分家でもなければ暖簾分けした先でもありません。民事再生法上の債権者でもなく、分割承継会社に承継された承継営業負債についての小口の債権者たちであったのです。和菓子屋草薙には、営業債権者たちが団結して草薙を守ろうとしたという事実がありました。

このような同業者同士の団結はキャッシュそのものではないが、キャッシュフローから見ればキャッシュと同じ経済的効果がああります。本家駿河屋にはそのような小口債権者さえいなかったと推測されます。まして、本家駿河屋の上場を、駿河屋一門の名誉と受け止め、上場株式を持ち合うことによって本家を盛り立てていこうとする程度の横のつながりもなかったのでしょうか。架空増資で司直の手が入る前に、分家と暖簾分け店舗が手をつなぎ、本家の一大事に抗し、小口なりとも応分の増資に応じようとする気概はなかったのでしょうか。

思えば、我が国のバブル崩壊とその後の「失われた30年」の惨めな過程は、日本国内の要因だけによって発生したわけではありません。1989年から1990年にかけての日米構造協議という名のアメリカ合衆国による強要に始まり、執拗に強要され続けた年次改革要望、その後の日米経済調和対話という名の政治的強圧は、日本の伝統的な商慣習、企業のあり方、日本の伝統文化を破壊し、日本の産業力を弱体化することがアメリカ合衆国の利益であるという愚かしい信念によって推し進められたのです。この圧力に屈して、日本企業の株式持合い、企業同士のグループ化など企業家、それに株主が団結して相互扶助を図る信念が著しく弱体化させられました。駿河屋の企業としての衰弱の過程は、株主同士が団結して相互扶助を図る信念の弱体化と同時進行していったように思われてならないのです。

時代は巡り、アメリカ合衆国と日本に助けられて、いまや中華人民共和国が不気味に膨れ上がり、アメリカ合衆国にとっても日本にとっても、軍事的脅威として立ち現れてきました。日本は、日米構造協議という名の下にアメリカ合衆国が強要してきた構造改革の恫喝に、これ以上付き合う必要はありません。

我々は、会社分割による企業防衛の考え方を越えて、株主同士が手を取り合って相互の繁栄を図る、株主間契約の理念を新たに開発する時代に入ったのではないでしょうか。つい最近、「株主間契約」論の新しい論理構築の検討に入りました。

〈著者紹介〉

弁護士　**後　藤　孝　典**（ごとう　たかのり）

……プロフィール……

- 1938年名古屋生まれ。1965年名古屋大学法学部卒業、1967年東京弁護士会に弁護士登録し現在に至る。
- 1979年ハーバード・ロースクールに客員研究者
- 1982年 -87年、筑波大学大学院講師。講義名『法と経済』
- 2008年一般社団法人日本企業再建研究会　理事長に就任
- 2012年４月事業承継 ADR 法務大臣認証取得、事業開始

……業績……

- 1969年国学院大学映研フイルム差押事件　最高裁判決勝訴
- 水俣病：一株運動を指揮し、1970年度チッソ株主総会議決取消を原告として提起、1983年最高裁判決勝訴
- 1978年新幹線100円運賃払戻し請求事件　東京地方裁判所勝訴
- 1980年チッソ川本刑事事件　最高裁で【公訴棄却の決定】を取る。
- 薬害事件：クロロキン薬害事件　厚生省を相手にした最高裁判決では勝訴を勝ち得なかったものの、一審勝訴で医療機関、薬品会社からの賠償金は取得した。

また、厚生省を相手に最高裁まで持ち込まれ判断を求めた薬害事件はこの事件のみである。

- チリのアニータに対する豪邸競売事件　青森県住宅供給公社の代理人
- 税法訴訟や多国籍船舶運輸関係事件。NY 港、名古屋港で船舶をアレスト。三河港で外国船舶による日本人の死亡事件、PI 事件。
- 外資系会社と日本商社との海外融資契約後のトラブル事件
- 2001年よりの商法並びに税法の改正に伴い、多くの中小企業の倒産防除のための会社分割並びに営業譲渡を扱う。

- 事業承継 ADR 理事長、ふるさとずくり有識者会議委員（内閣府)。
- ネットテレビ「チャンネル桜　魂の事業、その承継」キャスター

……著作……

- 1971年　『一株運動のすすめ』ぺりかん社
- 1982年　『現在損害賠償論』日本評論社
- 1985年　『日本警察の生態学』けいそう書房
　　ウオルター・エイムズ著作 “Police　and Community” の翻訳
- 1988年　責任編集『クスリの犯罪』有斐閣〔クロロキン網膜症事件裁判を通して厚生省指導の問題点を追及、残念なことに同じ過ちが、薬害エイズ事件として起こる〕
- 1991年　『Japan's dark side to progress』まんぼう社〔『クスリの犯罪』を翻訳〕
- 1995年　『沈黙と爆発』集英社〔チッソ創設者野口譲の大陸に広がる壮大な夢、戦前戦後の日本経済高度成長期におけるチッソの立場にも思いを寄せる水俣事件の集大成的書籍〕
- 2003年『会社分割』（初版）かんき出版
- 2004年12月　『会社分割活用法』中央経済社
- 2006年７月　『実践会社法』かんき出版
- 2011年９月　『会社分割』（第６版）かんき出版
- 2012年10月　『事例にみる　一般社団法人活用の実務』（共著）日本加除出版
- 2015年５月　『中小企業のおける　株式管理の実務』（共著）日本加除出版
- 2018年２月　『会社の相続　事業承継のトラブル解決』小学館

〔著者事務所所在地〕

弁護士法人虎ノ門国際法律事務所
虎ノ門後藤法律事務所

〒105-0003　東京都港区西新橋１－５－11
　　　　　　第11東洋海事ビル９階
TEL：03-3591-7377　FAX：03-3508-1546
http://www.toranomon.com/

会社分割をきわめる

2020年２月４日　第１刷発行

定価　本体 3,200円＋税

著　者　後藤　孝典
発　行　株式会社　民事法研究会
印　刷　株式会社　太平印刷社

発行所　株式会社　民事法研究会
〒150－0013　東京都渋谷区恵比寿３－７－16
〔営業〕☎03－5798－7257　FAX 03－5798－7258
〔編集〕☎03－5798－7277　FAX 03－5798－7278
http://www.minjiho.com/　　info@minjiho.com

落丁・乱丁はおとりかえします。　ISBN978-4-86556-336-8　C2032　¥3200E
組版／民事法研究会（Windows10 Pro 64bit+InDesignCC 2020+Fontworks etc.）